Piper Sozialwissenschaft Band 39

Politologie
Herausgegeben von Professor Klaus von Beyme
und Professor Kurt Sontheimer

Volker Ronge

Forschungspolitik als Strukturpolitik

R. Piper & Co. Verlag München

ISBN 3-492-02278-2

Gesetzt aus der Linotype-Aldus
Umschlagentwurf Gerhard M. Hotop
Gesamtherstellung Clausen & Bosse, Leck/Schleswig
Printed in Germany

Inhaltsverzeichnis

Einleitung 9

1. *»Politisierung« – die politikwissenschaftliche Frage* 21
1.1. Der evolutionstheoretische Kontext 21
1.2. Struktur und Entwicklung 25
1.3. Das Politik-Ökonomie-Verhältnis als theoretischer Ansatzpunkt 26
1.4. Die Hypothese der »Politisierung« 31
1.5. Abgrenzung zu: Politik als »Integration« (Exkurs) 39
1.6. »Politisierung« in anderen Ansätzen (Exkurs) 41
1.7. »Politisierung« des gegenwärtigen Kapitalismus – Die Fragestellung 43
1.8. Politisierung als Problem – »Simultanpolitik« als Lösung 50

2. *»Strukturpolitik« – die politikpraktische Antwort?* 52
2.1. »Strukturpolitische Orientierung« als neues Selbstverständnis der Politik 52
2.2. Sektorale Strukturpolitik 60

3. *Forschungs- und Technologiepolitik* 63
3.1. Forschungspolitik als Strukturpolitik 63
3.2. Wandel der forschungspolitischen Selbstdarstellung 72
3.2.1. Die institutionelle Ausdifferenzierung der Forschungspolitik .. 74
3.2.2. Forschungspolitische Parteiprogrammatik 77
3.2.3. Wandel der supranationalen forschungspolitischen Programmatik (am Beispiel der OECD) 81
3.2.4. Regierungsamtliche Darstellung der Forschungspolitik 86
3.2.5. Zusammenfassung 97
3.3. Die strukturpolitische Realität der Forschungspolitik 99

3.3.1. Fragestellungen 99
3.3.2. Die Strukturierung der Forschungspolitik 104
3.3.3. Staat und Wissenschaft: die institutionelle Forschungsförderung 109
3.3.4. Staat und Wirtschaft: die Projektförderung in der Forschungspolitik 118
3.3.5. Ergebnis: entpolitisierte Forschungsförderung 125

4. *Politisierung und »politische« Konflikte* 130
4.1. Das Argument »politischer« Konflikte bei Habermas und Offe .. 131
4.2. Die Legitimation der Forschungspolitik 137
4.2.1. Legitimatorisch eingesetzte Selbstdarstellung 138
4.2.2. Selbstdarstellungsmuster 140
4.2.3. Forschungspolitische Legitimierung und parlamentarische Aktivität 144
4.3. Zusammenfassung 150

Anmerkungen 153

Tabellen 161

Literaturverzeichnis 166

»Die Trennung der Wirtschaft in einen *öffentlichen* und einen *privaten* Sektor ist nicht lediglich eine für statistische Zwecke bedeutsame Unterscheidung, sie deutet vielmehr auch das entscheidende Element unserer gegenwärtigen Wirtschaftsverfassung an. Im Bereich der privaten Wirtschaft sind die Teilnehmer am Marktgeschehen keinem direkten staatlichen Diktat unterworfen; der Staat nimmt zwar durch eine Vielzahl von Gesetzen, Verordnungen etc. erheblichen Einfluß auf das wirtschaftliche Geschehen, doch bleiben die Konsumenten ebenso wie die Unternehmen in ihren Entscheidungen innerhalb dieser vom Staat gestalteten ›Rahmenbedingungen‹ autonom. Die Koordination der Vielzahl von Einzelentscheidungen erfolgt über den Marktmechanismus ...« (Issing 1975, 69)

»Der Tauschwert hört auf, Tauschwert zu sein, die Ware hört auf, Ware zu sein, wenn die Tauschproportionen von einer außerhalb der immanenten Gesetze des Marktes stehenden Autorität bestimmt werden.« (Paschukanis 1970, 123)

»Ganz grob könnte der Gebrauchswert als Refugium für alles das bezeichnet werden, was sich der Logik des Kapitals entzieht ... Daher seine eminente ... Bedeutung für die Krisentheorie.« (Pohrt 1976, 27)

Einleitung

Eine Untersuchung der Forschungspolitik als solcher bedürfte keiner besonderen Rechtfertigung. Wohl aber verlangt die spezifische Art ihrer Thematisierung, wie sie hier vorgenommen wird, – oder konkreter: der lange »theoretische« Vorspann – nach einer Begründung. Hier wird ja kein allgemeiner Abriß der Forschungspolitik gegeben – das leisten die Forschungsberichte der Bundesregierung viel besser –, sondern hier wird die in bestimmter Weise – als Strukturpolitik – interpretierte (a) Forschungspolitik auf den allgemeineren – evolutionären – Kontext der Veränderung des Staat-Ökonomie-Verhältnisses im Spätkapitalismus bezogen (b).

Die vorliegende Untersuchung verfolgt zweifellos ein – zunächst – theoretisches Interesse. Ob »Politisierung« einen charakteristischen Zug gegenwärtiger Gesellschaft ausmacht, wird gefragt; womit die weitere Frage impliziert ist, was denn mit »Politisierung« überhaupt gemeint ist. Nur scheinbar weit allerdings erhebt sich dieses theoretische Interesse (und die von diesem geleitete Untersuchung) über konkrete Probleme. Ein einziger Hinweis mag das belegen. In den letzten Jahren spielten in der Bundesrepublik Begriffe und Strategien der »Reformpolitik«, einer »aktiven« Politik, einer Investitionslenkung eine bedeutsame Rolle. Wie sehr diese doch zweifellos »hautnahen« Probleme mit der hier verfolgten theoretischen Frage zu tun haben, mag folgende Interpretation von »Investitionslenkung« zeigen, der man praktische Relevanz kaum wird absprechen können: »Ob es um Investitionslenkung, um Vergesellschaftung von Produktionsmitteln, um paritätische Mitbestimmung in den Aufsichtsräten großer Unternehmen oder um gewerkschaftlich beherrschte kollektive Vermögensbildungsfonds geht, allen diesen Forderungen ist eines gemeinsam: die Verdrängung wettbewerblich kontrollierter individueller Entscheidungsrechte durch Schaffung kollektiver Machtbefugnisse. Die einseitige Profitorientierung der Unternehmer soll von ›demokratischen‹ Entscheidungen über die wünschenswerten ›gesellschaftlichen‹ Produktionsergebnisse abgelöst werden.« (Hamm 1976, 134) Mit der Frage der »Politisierung« ist also die grundsätzliche »Systemfrage« gestellt, deren alternative Beantwortungsmöglichkeit in diesem Zitat ebenso aufscheint wie die spezifische sozialstrukturelle »Verdichtung«, mit der die Systemfrage bisher beantwortet wird.

Auch das wohl umstrittenste parteipolitische Programm der jüngsten Vergangenheit, der Orientierungsrahmen 1985 der SPD (1976), dokumentiert die »praktische Relevanz« der hier von mir in den Vordergrund gerückten Fragestellung. Dort heißt es im Kontext von Ausführungen zur staatlichen Investitionslenkung: »Im Rahmen einer ... zielorientierten Wirtschaftspolitik werden den einzelwirtschaftlichen Entscheidungen Daten gesetzt durch Steuern, Anreize, Bereitstellung oder Verweigerung öffentlicher Leistungen, wobei diese Datensetzung den einzelwirtschaftlichen Entscheidungsspielraum u. U. erheblich einengen kann ...« (Tz 2.6.5.)

Zugleich (und damit eine bestimmte Widersprüchlichkeit anzeigend) wird »Politisierung« als faktisch gegeben unterstellt: »Es gibt heute keine wichtigen gesellschaftlichen Problemfelder mehr ..., für die der Staat nicht zuständig geworden wäre und für die er nicht verantwortlich gemacht würde.« (Tz 2.4.1.) Freilich werden im gleichen Atemzug Restriktionen der Politik genannt: »Mit dieser Verantwortlichkeit für gesellschaftliche Probleme haben die Möglichkeiten der Politik zur Steuerung nicht Schritt gehalten. Inflation und Rezession, Arbeitslosigkeit und Strukturkrisen müssen heute politisch bearbeitet und gelöst werden, ohne daß der Politik entsprechende Einwirkungsmöglichkeiten auf Unternehmensstrategien und Investitionsentscheidungen, auf Preise und Löhne zugestanden würden ...« (ebd).

Liegt hier nicht ein Widerspruch vor? Kann der Staat zuständig sein für etwas, das er nicht steuern kann? Wird der Staat von irgend jemandem verantwortlich gemacht werden, wenn seine Handlungsrestriktionen offenbar sind? Vermischen sich hier nicht Empirie und Programmatik?

*

Es ist zumindest erstaunlich, in welch unterschiedlicher, ja entgegengesetzter Weise unsere heutige Gesellschaft beschrieben werden kann. In bestimmten soziologischen Konzeptualisierungen ist von der Ununterscheidbarkeit von »öffentlich« und »privat« und der Verschränkung zwischen

Staat und Ökonomie die Rede. Andererseits stoßen radikale politische Programme wie z. B. die jungsozialistische Investitionslenkungsstrategie auf eben in dieser Begrifflichkeit zu bestimmende, »ordnungspolitische« Schranken: die private Unternehmerentscheidung und der Funktionsmechanismus des Marktes (heute zusammengefaßt in weltmarktbestimmten ökonomischen Erfordernissen und Zwängen) verweisen den die demokratische Öffentlichkeit repräsentierenden Staat auf bloß indirekte und indikative »Lenkung« und Planung. Weit stärker als nüchterne (bzw. ernüchterte) politische Praktiker sehen manche Politologen im Markt ein bloßes, nach politischen Erwägungen veränderbares, effizientes Instrument der Gesellschaft. Ökonomen andererseits setzen die Autonomie von Marktmechanismus und Unternehmerentscheidungen als real, rational, wünschbar, systemspezifisch allen Versuchen der Politik entgegen, die staatlichen Handlungs- und Entscheidungsbefugnisse auszudehnen. In der volkswirtschaftlichen Statistik diskutiert man unbefangen über die Staatsquote, und in der politischen Öffentlichkeit entzündet sich ein Parteienstreit über die angemessene Höhe der Staatsausgaben; in Soziologie und Politikwissenschaft hält man demgegenüber das »Konzept des Staates« schlichtweg für überholt.

In dieses umstrittene »Feld« möchte die folgende Untersuchung vorstoßen: mit der Absicht begrifflicher Klärung – insbesondere des Begriffs der »Politisierung« im Kontext des Staat-Ökonomie-Verhältnisses – einerseits und (wie immer beschränkter) empirischer Fundierung andererseits.

Interventionen des Staates in die (kapitalistisch oder »marktwirtschaftlich« organisierte) Wirtschaft stellen seit einigen Jahren ein zentrales Thema der Politikwissenschaft dar. Man kann das Aufkommen der Thematik für die Bundesrepublik Deutschland recht genau datieren: die konjunkturelle und strukturelle Aspekte kumulierende Wirtschaftskrise von 1966/67 erzeugte zum erstenmal in der westdeutschen Nachkriegsgeschichte ein keynesianisches politisches Programm, das zu Recht als staatliche Reaktion auf »Marktversagen« interpretiert wurde.

Es kommt dabei gar nicht darauf an, daß es viel weitreichendere staatliche Interventionen in der Zwischenkriegszeit bereits gegeben hat; daß auch die Nachkriegszeit keineswegs ohne staatliche Interventionen war; daß die exakte Wirksamkeit der Interventionen im Gefolge der 66/67er Krise nicht feststeht (und deshalb auch nicht Art und Ausmaß des Marktversagens, auf das die Interventionen reagierten). Worauf es ankommt, ist, daß hier – in der Krise 1966/67 bzw. durch diese verursacht – eine tiefgreifende Veränderung des Staat-Ökonomie-Verhältnisses und der Staat-Ökonomie-Beziehungen stattfand – jedenfalls auf der Ebene von Selbstverständnis und Programmatik, aber auch, wenn auch nicht gleichermaßen, in der Faktizität –, für deren Theoretisierung (und Ideologisierung) eine radikale Modifizierung der herrschenden ökonomischen und »ordnungspolitischen« Doktrin erforderlich wurde: vom Neoliberalismus zum Keynesianismus, vom Wettbewerb zur Planung, vom Markt zum Staat – alles selbstverständlich graduell verstanden (und, wie sich inzwischen erweist, umkehrbar).

Diese skizzierte Realentwicklung hat auch die Entwicklung der politikwissenschaftlichen Theorie in nicht unerheblichem Maße beeinflußt: sowohl die am Ende der 60er Jahre entstandene Regierungslehre mit ihrem Kern der Planungsdiskussion (vgl. Ronge/Schmieg 1971, Einleitung), aber auch die etwas später einsetzende marxistische Staatsdiskussion, die jedenfalls anfangs um das Phänomen des Staatsinterventionismus kreiste (vgl. Offe 1972, Altvater 1972).

Es verdient hervorgehoben zu werden, daß diese am Ende der sechziger Jahre von weiten Teilen der Politikwissenschaft und der politischen Soziologie angegangene Frage von J. Habermas schon fast ein Jahrzehnt früher – vor allem: bevor die soziale Realität »so weit war« – gestellt und diskutiert worden ist: in seinem »Strukturwandel der Öffentlichkeit« (1962). Habermas diagnostizierte bzw. prognostizierte damals die reale Aufhebung der Staat-Gesellschaft(Ökonomie)-Differenz, die zu den Grundannahmen Hegelschen und Marxschen Denkens gehört, und zog nicht zuletzt daraus sein Argument gegen die Angemessenheit des marxistischen Modells für die heutige gesellschaftliche Situation (Habermas 1971, 228).

Das Thema der vorliegenden Untersuchung ist damit umrissen; allerdings ist noch die Richtung der Fragestellung zu bezeichnen. Ich gehe davon aus, daß der Staatsinterventionismus für die Gesellschaftstheorie in Marxscher Tradition tatsächlich eine Herausforderung darstellt (vgl. Ronge 1977). Deshalb kommt es darauf an, ihn genau zu analysieren und zu erfassen. Die angedeutete theoretische Konsequenz bei Habermas ist weitreichend: Aufgabe des Marxschen Gesellschaftsmodells (Bewahrung bestenfalls der allgemeinen Annahmen des historischen Materialismus); andererseits gründet sie sich auf *empirischen* – und das heißt empirisch prüfbaren und auch widerlegbaren – Annahmen. Eben darum geht es mir, da ich die Habermas'sche theoriestrategische Entscheidung für empirisch nicht ausreichend begründet halte. (Ich werde mich später weit weniger an Habermas'sche Vorstellungen adressieren, als dies hier in der Einleitung um der Abkürzung willen geschieht.)

*

Während in der (weiteren) Untersuchung selbst auf theoretische Ansätze rekurriert wird, welche den Spätkapitalismus aus der Perspektive und vor dem Hintergrund des Hoch- oder Liberalkapitalismus herleiten, mag es nicht ohne Interesse sein, auch die evolutionstheoretisch »umgekehrte« Perspektive wenigstens (hier in der Einleitung) anzudeuten: nämlich eine Betrachtung des Spätkapitalismus aus der Optik der nächstfolgenden – sozialistischen – Gesellschaftsformation. Das kann hier nicht systematisch geschehen; die Zitierung eines einzigen, freilich renommierten, sozialistischen Autors muß genügen.

Die Fragen, um die es geht, lauten: Wie stellt sich das Staat-Ökonomie-Verhältnis des (Spät-)Kapitalismus aus der (evolutionär fortgeschrittenen) Sicht des Sozialismus dar? Bedeutet der »Übergang zum Sozialismus« – gemeint ist hier der realisierte Übergang, wobei die Übereinstimmung von realem und »idealem« Sozialismus freilich in Frage steht – auch eine Veränderung im Staat-Ökonomie-Verhältnis und, wenn ja, welche? Falls gerade in dieser Hinsicht eine Differenz zwischen Kapitalismus und Sozialismus herrscht – wie erfolgt der Transformationsprozeß?

Der polnische Ökonom Brus hat in zwei Arbeiten (1971, 1975) diese Fragestellung behandelt. Im Hinblick auf das von mir hier verfolgte Interesse ist zunächst hervorzuheben, daß er die Differenz zwischen kapitalistischem und sozialistischem System zwar nicht allein, aber doch auch gerade in einem veränderten Staat-Ökonomie-Verhältnis sieht. Ein Charakteristikum (neben anderen) des sozialistischen Systems besteht darin, daß »die wirtschaftlichen Belange in die öffentliche Sphäre gehören« und von daher leitungsmäßig »in den Händen des Staates konzentriert« sind (Brus 1971, 15). Brus (ebd., 16) spricht (für den Sozialismus) von einer »engen Verknüpfung, ja, Symbiose der politischen Macht mit der Wirtschaftsführung« (vgl. auch Sieber/Söder 1970).

Evolutionstheoretisch gesehen hebt Brus die Entwicklungskontinuität hervor, welche vom Kapitalismus zum Sozialismus führt (Brus 1975, 19). Zunehmende »Vergesellschaftung« ist der dafür treffende Begriff. Damit ist gesagt, daß einerseits *im* Kapitalismus bereits evolutionäre Fortschrittsprozesse und -strukturen realisiert werden, daß andererseits – aber darauf kommt es hier weniger an – auch der realisierte Sozialismus noch Vergesellschaftungs-Defizite aufweist (ebd., 27, 190). In einer derart »dynamisierten« Perspektive (ebd., 18) erscheint der Sozialismus als »Resultat und weiterführendes Element jener Tendenzen . . ., welche die Entwicklung der Produktionsverhältnisse schon im Schoße des Kapitalismus charakterisieren« (ebd., 13 f.).

Welche Vergesellschaftungsprozesse aber finden bereits *im* Kapitalismus statt (und markieren damit den *Spät*kapitalismus) bzw. worin besteht die spezifische kapitalistische Limitierung der Vergesellschaftung? Die »wachsende Bedeutung des öffentlichen Sektors« wird (auch) von Brus als Charakteristikum fortgeschrittener kapitalistischer Vergesellschaftung angesehen (1975, 15). Allerdings äußert er sich dazu differenziert. Einerseits betont er das Neuartige und Weiterführende dieser Entwicklung des öffentlichen Sektors; andererseits führt ihn die Erkenntnis ihrer kapitalismusspezifischen Restringierung zu einer wichtigen kategorialen Differenzierung (die ich später aufnehmen werde). Im entstehenden und sich ausdehnenden öffentlichen Sektor wird nur die *formale* »Unterordnung der Disposition über die Produktionsmittel unter das Privateigentum« beseitigt; demgegenüber bleibt eine *faktische* Abhängigkeit des Staates insoweit bestehen, »als der Staat Herrschaftsapparat der Klasse der Privateigentümer von Produktionsmitteln ist« (ebd.).

Eine »geschlossene«, funktionalistische Interpretation des (kapitalistischen) Staates und insbesondere des »Staatsinterventionismus« im Spätkapitalismus (auf den Bezugspunkt der Kapitalverwertung oder der herrschenden Klasseninteressen) ist damit entscheidend relativiert: »Trotz der engen Verbindung mit der Entwicklung des monopolistischen Kapitalismus darf der staatliche Interventionismus nicht lediglich als ein ergänzendes Element der bisherigen Umwandlungen im Rahmen des Privateigentums betrachtet werden. Er ist gleichzeitig Ausdruck einer neuen, höheren Entwicklungsstufe der Produktionsverhältnisse in den Grenzen des Kapitalismus.« (ebd., 17) Der entwickelte Staatsinterventionismus »modifiziert die Relationen zwischen der ökonomischen Basis und dem politischen Überbau. Versteht man unter Eigentum im ökonomischen Sinne die faktische und relativ stabile Verfügung über die Produktionsmittel, dann beginnt sich hier das Abhängigkeitsverhältnis umzukehren, denn es folgt nicht mehr die Macht aus dem Eigentum, sondern das Eigentum aus der Macht.« (ebd.)

Diese These erscheint nicht nur mir einleuchtend (obwohl noch nicht ausreichend präzise: *inwiefern* kehrt sich an diesem Beginn das Basis-Überbau-Verhältnis um? wo liegen die – kapitalistischen – *Grenzen* der Umkehrung?); die später noch darzustellenden Spätkapitalismus-Konzepte (von Habermas und Offe) stimmen damit weitgehend überein. Worauf es mir allerdings ankommt, ist, daß die Auffassung von Brus keine empirischen Vorentscheidungen enthält (vgl. Brus 1975, 21, 23). Sowohl das Ausmaß der Ausdehnung des öffentlichen Sektors – der »Politisierung der Wirtschaft« (ebd., 17) –, als auch das Verhältnis von formaler und faktischer Politisierung bzw. Determinierung bleiben »offen«, d. h. bedürfen empirischer Bestimmung.

*

Bevor ich zum speziellen Thema der folgenden Untersuchung komme, sei eine Arbeit erwähnt und kurz skizziert, in der die gleiche Fragestellung wie hier an einem ganz unterschiedlichen Politikbereich exemplifiziert worden ist. Ein solches *Abstract* mag dazu beitragen, die hier vorgestellte Untersuchung verständlicher zu machen. Darüber hinaus entlasten derartige »Parallelarbeiten« ein wenig vom Vorwurf mangelnder Repräsentativität, der jede historisch-empirische Analyse ausgesetzt ist.

Hart (1974) hat die Frage, »wieweit das Steuerungspotential des politischen Systems gegenüber dem ökonomischen zugenommen hat, also das ökonomische System in den Verfügungsbereich staatlicher Interventionen gelangt ist« (ebd., 282), am Beispiel des Privatrechtswandels untersucht und ist dabei zu folgender These gelangt: »in der Form des klassischen Privatrechts werden faktisch politische Problemverwaltungen vollzogen, deren Entscheidungskriterien ... nicht offengelegt werden« (ebd., 281). Diese These impliziert die folgenden vier Behauptungen:

1. Das Privatrecht wandelt sich zur politischen (in diesem Falle: Justiz-) Verwaltung und wird insofern *politisiert;* »Leistungen«, die ehemals der Markt erbrachte, z. B. Abwägungen ökonomischer Äquivalenz, werden jetzt von der Justiz erbracht.

2. Diese Politisierung bedeutet allerdings nicht notwendig (sondern höchstens potentiell) auch einen sozialstaatlichen Fortschritt. *Faktisch* setzen sich vielmehr die das »alte System« stützenden Beharrungskräfte durch: über die schichtspezifische Rekrutierung der Richter, »individuellen Richtergeist« und die einseitige Übernahme (ideologischer) ökonomischer Theorien.

3. Die Politisierung erfolgt »unter der Hand«, verdeckt, stillschweigend

und kann von daher *als* traditionelles Privatrecht »*dargestellt*« werden (und wird so dargestellt).

4. Als stillschweigende ermöglicht die Politisierung den – von der gesellschaftlichen Entwicklung (die einzelnen Faktoren brauchen hier nicht spezifiziert zu werden) geforderten – (Form-)Wandel, ohne Legitimationsprobleme zu erzeugen, welche eigentlich mit dem Übergang »von der Sphäre des Tauschs (Vertrag) in die Sphäre der Entscheidung (politisches Gesetz und Rechtssprechung)« (ebd., 283) zu erwarten wären.

Mir kommt es hier nicht auf die einzelnen Inhalte und die Schlüssigkeit der Beweisführung von Hart an (vgl. auch den ähnlichen Ansatz von Perels 1973), sondern allein auf den Argumentationsgang, der dem folgenden *dieser* Arbeit grob entspricht. Die erste Frage zielt empirisch auf die Politisierung: werden ehemals marktmäßig erbrachte »Leistungen« durch politische Entscheidungen (formal politischer Instanzen) ersetzt? Die zweite Frage betrifft die Faktizität hinter der als Form interpretierten Politisierung. Die dritte Frage richtet sich darauf, ob dieser Wandel zur Entscheidung (wenn er stattfindet) offen oder versteckt erfolgt, in welcher Form er »dargestellt« wird. Davon abhängig ist die vierte Frage nach einem neu gestellten Legitimierungsproblem. – Sachlich geht es in der folgenden Untersuchung, im Unterschied zur Hart'schen Analyse, um das Medium »Geld« und exekutivische Politik-Instanzen.

*

Die hier vorgelegte Untersuchung steht in mehreren Bezügen. Angeregt und angeleitet wurde sie durch eine sowohl relativ abstrakte wie makroskopische gesellschaftstheoretische Fragestellung, die mit den Hypothesen der »Politisierung« und der Entwicklung und Zunahme spezifisch politischer Konfliktphänomene theoretisch zu beantworten versucht wurde (vgl. Offe 1973). Die *Forschungspolitik* sollte für die Untersuchung des »*Politikformulierungsprozesses*«, die eine Konsequenz der genannten Hypothesen darstellt (vgl. Offe/Ronge 1976; Ronge 1977), ein *empirisches* Exempel abgeben. Die Auswahl gerade des Bereichs der Forschungspolitik ist dabei nicht ganz willkürlich. Aus der explorativen theoretischen Vorarbeit hatte sich die empirisch gerichtete Frage nach einem »bifunktionalen« Politiktyp – »Simultanpolitik« – ergeben (vgl. Funke/Offe/Ronge 1973), der theoretisch die Lösung darstellen könnte für eine dilemmatische Staatstätigkeit, die einerseits zunehmend (kapitalistisch-)ökonomisch erzeugte Krisenhaftigkeit bearbeiten, abbauen, verhindern muß, die andererseits dabei nicht in Legitimationsschwierigkeiten kommt, d. h. keine (politischen) Konflikte erzeugt. Weniger administrativ-organisatorisch präfixiert und dafür mehr funktional-inhaltlich bestimmt, erwies sich der Begriff der *»Strukturpolitik«* als das möglicherweise empirische Korrelat zum theoretischen Konstrukt der »Simultanpolitik«. In diesem theoretischen Kontext ist die Forschungspolitik doppelt interessant:

1. sie ist ein markantes Feld des *Staatsinterventionismus* (vgl. für die BRD Hirsch 1970 und 1974; für die USA Rödel 1972; für Frankreich Papon 1975) und deshalb für die Politisierungshypothese relevant;

2. sie läßt sich gut als *Strukturpolitik* ableiten und ist deshalb für die empirisch gerichtete Frage nach dem Typus derzeitiger (»spätkapitalistischer«) Politik relevant.

Die Grenzen der Bedeutung der Forschungspolitik für die genannten theoretischen Fragestellungen ergeben sich einerseits erst in der genaueren Explikation der Hypothesen, folgen aber andererseits auch aus dem spezifischen »Politikcharakter« der Forschungspolitik. Versteht man, wie ich das tue, »Politisierung« als eine Hypothese, die sich spezifisch auf das Staat-Ökonomie-Verhältnis im kapitalistischen System bezieht, dann läßt sich eine relativ starke Repräsentativität des forschungspolitischen Falls vermuten. Versteht man dagegen »Politisierung« unspezifischer als Veränderung in der Gestaltung von »Lebensverhältnissen«, dann wäre die Repräsentativität erheblich geringer. Selbst unter Voraussetzung der ersteren Fassung der Hypothese ergibt sich allerdings eine nur begrenzte Generalisierbarkeit der an der Forschungspolitik gefundenen Ergebnisse dadurch, daß Forschungspolitik einen Typus »abstrakter« Politik derart darstellt, daß sie keine unmittelbare, breite exekutivische Betroffenheit erzeugt. Dieser Aspekt wird vornehmlich im Bereich der Konfliktfolgen bedeutsam.

Um falschen, überzogenen Erwartungen und Interpretationen vorzubeugen: der theoretische Stellenwert dieser Untersuchung ist durchaus begrenzt. Es wird hier in keiner Weise Anspruch auf eine »evolutionär gerichtete Gegenwartsanalyse« (Habermas 1976, 41) im Sinne einer Erfassung der ganzen (sozialen) Gegenwart erhoben. Worum es allein geht, ist, eine bestimmte, begrenzte Hypothese, die freilich von erheblicher theoretischer Relevanz – jedenfalls in Ansehung der aus ihr gezogenen theoriestrategischen und konzeptionellen Konsequenzen – ist, mit der Faktizität zu konfrontieren, statt ihre Evidenz zu unterstellen.

*

Das primär »evolutions-theoretische« Interesse, das ich eingestanden habe, bedeutet keineswegs, daß nicht auch für denjenigen etwas »abfiele«, der in erster Linie an Forschungspolitik und insoweit »praktischer« interessiert ist. Sicherlich wird die Forschungspolitik von mir als »bloßes« Beispiel, das durch andere Politikbereiche ersetzt werden könnte, ge- oder mißbraucht. Man könnte allerdings auch mit guten Gründen umgekehrt argumentieren, daß erst der explizierte theoretische Kontext und Bezugspunkt einer empirischen Analyse die Struktur und Qualität gibt, welche radikale Kritik ermöglicht und über bloß pragmatische ad-hoc-Reformvorschläge hinausführt.

Sicherlich dürfte eine »Entschleierung« der forschungspolitischen Reformprogrammatik, durch die der Forschungsbericht IV gekennzeichnet war, inzwischen nicht mehr nötig sein. Daß Forschungspolitik ein Element der Wirtschaftspolitik ist, braucht nicht mehr hervorgehoben zu werden. Allerdings macht es möglicherweise noch Sinn, diejenigen, die Forschungspolitik schon immer als industrielle Strukturpolitik verstanden haben, darüber aufzuklären, was das in evolutionärer Perspektive, d. h. im Hinblick auf die Transformation bzw. Reproduktion des Kapitalismus, eigentlich bedeutet.

Dieses zweite Verständnis der vorliegenden Arbeit läßt eine Bemerkung zum »Ansatz« der Untersuchung angebracht erscheinen. Die Analyse eines Bereichs praktischer Politik kann einerseits den Zweck haben, technokratisch-systemanalytische Handlungsmodelle und -vorschläge bei untangierten sozialen Basisstrukturen zu erarbeiten; im Bereich der Forschungspolitik stellt die »Bewegung« des Technology Assessment den Prototyp dieses Ansatzes dar. »Yet the dynamic influence of new technology in contemporary society must *also* be acknowledged as a fact reflecting influences and interests of a *political* nature.« (Wynne 1975, 118) Die Untersuchung eines Feldes praktischer Politik kann deshalb andererseits den Sinn haben, bestimmte soziologische Abstraktionen über Zustand und Entwicklung gesellschaftlicher Systeme bis in ihre konkreten Ausprägungen hinein zu erfassen oder, umgekehrt, aus der empirischen »Bestandsaufnahme« Abstraktionen möglich zu machen. Auf Formeln gebracht, handelt es sich bei diesen Ansätzen um den Unterschied zwischen präskriptiver, unkritischer und empirischer, kritischer Wissenschaft (vgl. zu entsprechenden Paradigmata in der politologischen Planungswissenschaft Naschold 1972, 76 f.).

*

Der Argumentationsgang der Untersuchung läßt sich folgendermaßen skizzieren. Im ersten Kapitel werden Begriff und Hypothese der »Politisierung« des »Spätkapitalismus« mit dem Ziel diskutiert, den Ansatz der Spätkapitalismus-Theorie zu operationalisieren und einer (sicherlich vorläufigen und, vor allem, sicher nicht zur Falsifizierung ausreichenden) empirischen »Testung« zu unterwerfen. Der (wissenschaftstheoretisch vorausgesetzte) enge Zusammenhang von sozialer Reflexion und sozialwissenschaftlicher Rationalisierung (vgl. u. a. Koch/Narr 1976, 304) begründet das zweite Kapitel, in welchem versucht wird, den in der Politikpraxis sich immer mehr durchsetzenden, sich generell auf die Staat-Ökonomie-Beziehungen im heutigen Kapitalismus beziehenden Begriff der »Strukturpolitik« als diejenige soziale Reflexionskategorie (bzw. politisch-administrative Selbstreflexions- und Darstellungskategorie) zu beschreiben, die der evolutions-theoretischen Kategorie der »Politisierung« entspricht – und die im übrigen die gleiche begriffliche Ambivalenz enthält. Die beiden ersten Kapitel dienen der Entwicklung der Fragestellung, unter der im dritten Kapitel der Politikbereich »Forschungspolitik« empirisch analysiert, sozusagen »aufbereitet«, wird. (Die empirischen Ergebnisse wurden zum großen Teil in einem anderen Kontext bereits einmal verwendet; siehe Leviathan 1975, S. 307 ff.) Das vierte Kapitel behandelt (nur ansatzweise) das sozusagen »zweite Bein« der Spätkapitalismus-Theorie: die »*politische* Krisentheorie«, welche die theorie- wie praxis-strategische Konsequenz aus der – als faktisch gegeben angenommenen – Politisierung darstellt. Ohne die politische Krisentheorie am Fall der Forschungspolitik (wegen deren Besonderheit und mangelnden Repräsentativität) »widerlegen« zu können, wird dort eine bisher nicht ausreichend gewürdigte legitimatorische Ressource herausgestellt: die politische Selbst-»Darstellung«.

1. »Politisierung« – die politikwissenschaftliche Frage

»Natürlich unterscheidet sich der gegenwärtige Kapitalismus von dem, den Marx analysierte.«
(Mattick 1973, 141)

1.1. Der evolutionstheoretische Kontext

Jede Gesellschaftsformation – unterstellt man einmal den theoretischen Sinn eines solchen Konzepts, d. h. insbesondere eine befriedigende Abgrenzbarkeit von Formationen – ist historisch »eingebettet«: sie entwickelt sich aus der ihr vorangehenden und führt zu einer folgenden. So hat im Konzept des Marxschen historischen Materialismus die kapitalistische Gesellschaftsformation sich aus der feudalen entwickelt, um in die sozialistische einzumünden. Aus dieser Konstellation bzw. Betrachtungsweise des »woher« und »wohin« erhält in jedem Zeitpunkt der Geschichte die Frage Gewicht, ob die jeweilige Formation (die in erster Linie durch die jeweilige Produktionsweise definiert ist) – unterstellt man sie einmal als gewiß – noch im Aufstieg, in der Vervollkommnung, oder schon im Abstieg, im »Übergang«, begriffen ist. Diese Frage stellt sich ungeachtet der Annahme, daß jede Formation *als ganze* (nur) eine »Übergangsformation« darstellt. Die Phaseneinteilungen etwa des Kapitalismus – Frühkapitalismus, Hoch-(oder Liberal-)Kapitalismus, Spät-(oder organisierter)Kapitalismus – sind aus diesem Kontext heraus zu verstehen.

Die Interpretationen und Charakterisierungen einer bestimmten Epoche sind selbstverständlich immer umstritten; sie sind dies um so stärker, je näher man an die jeweilige Gegenwart heranreicht. Die Auseinandersetzung wird dabei oft durchaus grundsätzlich: so ist es umstritten, ob die Gegenwart (industrialisierter Gesellschaften wie der Bundesrepublik Deutschland) als *Spät*kapitalismus oder als sich erst *durchsetzender* Kapitalismus adäquat bestimmt ist (vgl. Habermas 1976, 42).

Die Interpretation einer bestimmten Epoche wird dadurch noch weiter kompliziert und umstritten, daß sich der »Ansatz« des historischen Materialismus in argumentativer Auseinandersetzung befindet und partiell vermischt mit Konzepten und Epochalisierungen ganz anderer – häufig nicht spezifisch soziologischer – Art: etwa mit Charakterisierungen des gegenwärtigen »Zeitalters« als industriell, postindustriell, technetronisch, komplex oder ähnlich.

Meine weitere Untersuchung basiert auf dem historischen Phasenschema und damit den Klassifikationskriterien des historischen Materialismus; sie unterstellt (für die BRD) die kapitalistische Produktionsweise als (noch) herrschend. Ihre Fragestellung bewegt sich *innerhalb* dieser Formationsannahme und sucht nach historisch-empirischen Spezifika, welche eine genauere Charakteristik ermöglichen, und insbesondere nach »Brüchen«, in denen sich historische Veränderungen anzeigen. Dabei kann auf einen Set von bereits in der Diskussion befindlichen Attributen Bezug genommen werden: Bezeichnungen wie »liberaler«, »organisierter«, »monopolistischer«, »staatsmonopolistischer«, »staatsinterventionistischer« Kapitalismus weisen ja auf bestimmte, empirisch aufweisbare Strukturen jeweiliger Gesellschaft hin.

Verglichen mit den »Formanalysen« und »Ableitungen« der neueren marxistischen »Staatsdiskussion« ist mein »Ansatz« vor allem durch eine Betonung *empirischer* Analyse charakterisiert. Aufgrund des (hier nur) angedeuteten evolutionstheoretischen Konzepts kann es m. E. kein Apriori analytischer Kategorien vor den Fakten geben (wiewohl man Kategorien braucht und Kategorien nicht empirisch erhoben werden können); die empirisch zu erhebenden Fakten müssen die immer nur vorläufigen Kategorien zu modifizieren in der Lage sein (vgl. ausführlicher Ronge 1977; ferner Blanke 1975). Insbesondere die verbreitete Vorstellung, daß auch zur Analyse des gegenwärtigen Staates »zunächst die spezifische ›Rechtsförmigkeit‹ allen Staatshandelns begründet werden muß«, weil alle, auch die interventionistische, Staatstätigkeit »rechtsförmig« erfolge (Bader et al. 1976, 326), halte ich für falsch. Selbst wenn man die Rechtsförmigkeit allen Staatshandelns unterstellt – womit man, angesichts der gerade heute herrschenden Aushöhlung der Rechtsförmigkeit durch Ermessen, der Selbstlegitimation der Verwaltung aufsitzt –, bleibt einzuwenden, daß das Recht von der faktischen (Verwaltungs-)Politik längst funktionalisiert, d. h. zum Überbau der *Politik* geworden ist (vgl. Blanke 1975, 466). »Vom Recht her« oder von der Rechtsförmigkeit her läßt sich heutige Politik nicht mehr erklären; diese Form ist sekundär und in hohem Maße manipulierbar geworden. »Ableitungen« des Staates, die hier (literarisch bei Paschukanis 1970) ansetzen, erreichen die moderne Politik nicht.

Den folgenden, für die »Ableitungsdiskussion« typischen Satz gilt es zu problematisieren, d. h. empirisch zu füllen, historisch zu spezifizieren wie eventuell zu korrigieren: »Die kapitalistische Gesellschaft ist – im Gegensatz zu anderen historischen Gesellschaftsformationen – dadurch charakterisiert, daß sie sich als Klassengesellschaft durch das stumme, sich hinter dem Rücken der Individuen durchsetzende Wirken des Wertgesetzes und ohne äußeren Eingriff permanent selbst reproduziert ...« (Hirsch 1974b, 88) Unterstellt man eine Vorstellung evolutionären Wandels (die mit dem Konzept der »Revolution« durchaus zusammengehen kann), nach der eine neue (z. B. sozialistische) Produktionsweise sich aus der alten heraus und bereits in der alten (z. B. kapitalistischen) allmählich, stückweise und nicht in einem totalen historischen Bruch entwickelt[1], konzipiert man entsprechend die jeweilige historische Realität als ein (wechselnd zusammengesetztes) Gemisch von Produktionsweisen bzw. von deren Elementen (vgl. etwa Poulantzas 1974, 13; Basso 1975, 33 ff.), dann muß eine Ausgangsformel wie die zitierte in höchstem Maße problematisch erscheinen, insbesondere dann, wenn aus ihr weitreichende analytische Konsequenzen gezogen werden: hiermit würden die Kategorien, die doch zur Erfassung von sich wandelnder Realität dienen sollen, festgeschrieben; die soziale Wirklichkeit würde »eufunktionalistisch« aufbereitet; sozialer Wandel (oder Revolution) wäre nur noch als totaler denkbar (und damit gänzlich unwahrscheinlich).

Bereits der hier eingeschlagene evolutionstheoretische Weg ist nicht unbestritten. Weil er gerade auch von Autoren verworfen wird, an deren empirischen Hypothesen sich die weitere Untersuchung orientiert, ist eine entsprechende Abgrenzung vonnöten. Insbesondere Offe hat zum Zweck der Begründung des Konzepts »*Spät*kapitalismus« eine konzeptuelle Fassung von »Kapitalismus« eingeführt, die m. E. doppelt problematisch ist: zum einen interpretiert Offe den Marxschen Ansatz in einer »überabstrakten« Weise um; zum anderen läßt sich ein derart überabstrakter Ansatz – entgegen Offes Vorstellung – nicht mehr evolutionstheoretisch, empirisch und »praktisch« spezifizieren oder »operationalisieren«. Um das kurz zu begründen, beziehe ich mich auf Offes neueste Darstellung, die in einem zusammen mit Narr verfaßten Aufsatz (Narr/Offe 1975) enthalten ist (vgl. die erste Fassung: Offe 1972, 7 ff.).

Offe geht zwar zu Recht und in Marxscher Tradition von der »Frage nach der Entwicklungslogik bestehender Gesellschaftsformationen« (Narr/Offe 1975, 9) aus, definiert aber »Gesellschaftsformation« betont »merkmals-los«, nämlich als Antagonismus »selbstdestruktiver Tendenzen, die sich (in einem Gesellschaftssystem; VR) aus dem Auseinanderklaffen von institutionalisierten Programmen der Problem*verarbeitung* und jenen Mechanismen ergeben, die Probleme oder Widersprüche *hervorbringen*« (ebd., 10 f.). Dies erscheint mir problematisch. Offe »addiert« ein abstraktes und ein konkretes – in seinen Begriffen: ein logisches und ein soziologisches – Bestimmungselement zur »kapitalistischen Produktionsweise« in zweifelhafter und widersprüchlicher Weise. Einmal scheint es, als konkretisiere erst »Privatheit« die »Selbstnegatorik« zur *kapitalistischen* Produktionsweise (vgl. ebd., 10, 14). Andererseits aber – und dies ist wohl seine eigentliche Intention – definiert Offe bereits die »Selbstnegatorik« als kapitalismusspezifisch und Privatheit als Grund derselben oder besser: als damit identisch (ebd., 12). Der erste Ansatz wäre mir akzeptabel: Kapitalismus wäre als Tauschwertdeterminierung von Gebrauchswerten (Kapitalisierung der Gesellschaft) zu begreifen; das erscheint Offe jedoch als zu konkret und elementaristisch. Der zweite Ansatz, den Offe vertreten möchte, definiert nur und gerade den Kapitalismus als selbstnegatorisch – das ist m. E. für den Kapitalismus zu wenig und im Hinblick auf andere Gesellschaftsformationen zu viel: der Kapitalismus ist durch das »Merkmal« der Selbstnegatorik nicht ausreichend bestimmt, und dieses Merkmal gilt wahrscheinlich nicht nur für den Kapitalismus.

Offes Ansatz einmal unterstellt, so erscheint alles, was ihn »kapitalismusspezifisch« macht, als willkürlich hinzugefügt. Auf abstraktester Ebene sehe ich, wie gesagt, nicht, wieso »privat« und »selbstnegatorisch« in einem eindeutigen Zusammenhang stehen. Darüber hinaus eröffnet das unterstellte Verhältnis von logischer und empirischer Analyse zuviel an Kontingenz: die Empirie füllt bestenfalls die logische Definition mit historischem Stoff an, sie besitzt keine weitere Funktion – wie etwa die der Klärung des jeweiligen Entwicklungsstands einer Gesellschaftsformation bzw. Produktionsweise. Die von mir in dieser Untersuchung gestellte Frage des Zusammenhangs von *Spät*kapitalismus und *Politisierung* kann unter Zugrundelegung des Offeschen Ansatzes überhaupt nicht beantwortet werden. Seine Bestimmung des Spätkapitalismus weicht in die fragwürdige, historisch »offene« »*kategoriale* Erschöpfung« von »Auffangmechanismen« aus (ebd., 18 f.). Das Problem zeigt sich insbesondere dort, wo es um die – ja auch »praktisch« bedeutsame – Frage des epochalen Übergangs – über den Kapitalismus hinaus – geht. Offe kann von seinem im Prinzip grenzenlosen, unhistorischen Konzept her nichts darüber aussagen, ob es sich bei einer bestimmten Veränderung in der Realität »um die adaptive Reorganisation oder um die revolutionäre Überwindung der kapitalistischen Formation« handelt (ebd., 15).

Nach meiner Auffassung handelt es sich keineswegs, wie Offe suggerieren möchte, um eine wissenschaftliche Tugend (marxistischer Wissenschaft!), statt historischer Aussagen – die nicht notwendig »Spekulationen über die langfristige historische Überlebensfähigkeit dieser Formation« (ebd., 16) darstellen – ein analytisches Schema für empirische Deskriptionen (mit einem problematischen, ahistorischen Bezugspunkt) zu präsentieren (ebd., 16 f.). Die Frage der Überlebensfähigkeit und Überwindung – des »Endes« – einer historischen Formation *gänzlich* aufzugeben, ist einer auf *Praxis* ausgerichteten *historisch*-materialistischen Wissenschaft nicht möglich. Offe hat das Konzept der Gesellschaftsformationen eigentlich aufgegeben, ohne dabei allerdings konsequent zu verfahren.

Weil ich diesen historischen (und »praktischen«) Aspekt nicht aufgeben mag, muß ich mich auf das von Offe als zu konkret und elementaristisch abgelehnte evolutionstheoretische Konzept der »kapitalistischen Produktionsweise« stützen, die bestimmt werden kann durch den Grundwiderspruch »zwischen fortschreitender (sic!) Vergesellschaftung der Produktion und profitorientierter Disposition über das Produktionsergebnis« (ebd., 18). Daß Offe »Kapitalismus« *auch* (noch) in dieser Weise bestimmt, zeigt konzeptuelle Inkonsequenz. Es liegt an dieser Inkonsequenz, daß ich in der weiteren Untersuchung auf bestimmte empirische Hypothesen Offes zurückgreifen kann, ohne sein evolutionstheoretisches Konzept übernehmen zu müssen.

1.2. Struktur und Entwicklung

Die Gesellschaft (und alles Gesellschaftliche) ist als System in Geschichte zu begreifen (vgl. Schmidt 1971, 55 ff.). Die Gesellschaft ist in Entwicklung begriffen; soziologische Kategorien enthalten deshalb notwendig ein historisches Moment. Für die theoretische Analyse folgt daraus, daß Annahmen über das *Organisationsprinzip* einer Gesellschaft mit einer Theorie der gesellschaftlichen *Entwicklung* (vgl. Habermas 1976, 41), anders formuliert: *Strukturanalyse* mit einer *Entwicklungshypothese* (vgl. Ronge 1977) zu vermitteln sind.

Um dies an einem erst weiter unten zu erläuternden Beispiel zu illustrieren: Man kann die kapitalistische Gesellschaft (vielleicht auch alle »modernen« Gesellschaften – das braucht hier nicht entschieden zu werden; vgl. dazu Huar 1976, 75) – strukturell durch die Ausdifferenzierung und ein bestimmtes Verhältnis von Politik (bzw. Staat) und Ökonomie (bzw. »bürgerliche Gesellschaft« im Sinne Hegels) charakterisiert sehen (vgl. u. a. Basso 1975, 18); dafür bedarf es bestimmter Kategorien. Von dieser Strukturanalyse herkommend, kann man dann etwa eine Entwicklungshypothese der »Politisierung« im Sinne des Eindringens politischer Organisation in die ökonomische Organisationsweise und der Verdrängung letzterer durch erstere behaupten. Zweifellos kommt es dabei darauf an, was eigentlich mit »Politik« gemeint wird: die Institution Staat? das inhaltliche Prinzip der Allgemeinheit bzw. Gemeinschaftlichkeit?

1.3. Das Politik-Ökonomie-Verhältnis als theoretischer Ansatzpunkt

Seit Hegel gilt die Ausdifferenzierung (und ein bestimmtes Verhältnis) von Staat und »bürgerlicher Gesellschaft«, in moderner systemtheoretischer Terminologie: von Politik und Ökonomie, als das wichtigste Charakteristikum der »modernen«, nach-feudalen, kapitalistischen Gesellschaft (vgl. Hintze 1970, 165 ff.; Riedel 1969, 135 ff.; Habermas 1962). Freilich ist diese Konzeptualisierung, insbesondere für die Gegenwart, nicht unbestritten. Das Politik-Ökonomie-Verhältnis zum Ausgangspunkt zu nehmen, markiert vielmehr einen bestimmten (kompetitiven) »Ansatz« (vgl. Habermas 1976, 42 f.). Das Spektrum der konkurrierenden Alternativen sei nur angedeutet:

– Nach der herrschenden, »bürgerlichen«, Auffassung ist die Trennung und Entgegensetzung von Staat und bürgerlicher Gesellschaft im Zuge der Demokratisierung einerseits, der Entwicklung zum Interventions- und Sozialstaat andererseits ins »Politische« – das m. E. »grenzenlos« und damit analytisch unbrauchbar ist – aufgehoben (vgl. u. a. Krockow 1972, Bußhoff 1975).

– Eine orthodoxe (vom »Kapital« her argumentierende) marxistische Ansicht definiert den Kapitalismus (in all seinen Phasen) – m. E. in Mißachtung der ceteris-paribus-Abstraktionen und evolutionären Unterstellung des Marxschen »Kapital« – durch das Klassenverhältnis von Lohnarbeit und Kapital, beläßt dabei den – »nicht-subjektisch« über die Kategorie des Rechts (oder der Organisationsgewalt) definierten – Staat (analytisch vorentschieden!) mehr oder weniger am Rande (vgl. u. a. Poulantzas 1974, Agnoli 1975).

– Die soziologische Systemtheorie Luhmanns formuliert die Staat-Gesellschaft-Trennung und -Entgegensetzung um: sie geht aus von gesellschaftlichen (Teil-)Systemen, u. a. Politik und Wirtschaft, ohne sie freilich (a) in der materialistischen und herrschaftssoziologischen Weise wie Marx zu definieren und (b) entgegenzusetzen und in ein Determinationsverhältnis zu bringen (vgl. Giegel 1975, Ronge/Weihe 1976). (Auf die systemtheoretischen Anleihen des Offeschen Ansatzes habe ich bereits hingewiesen.)

– Eine Theorie der »Technostruktur« (Galbraith) schließlich behauptet eine Elitenherrschaft, welche die ehemaligen Sphären von Politik und Ökonomie inzwischen übergreift:

»Der Spätkapitalismus in all seinen nationalen Spielarten hat, sogar in den USA, wo die ganze Gesellschaft mit nichts soviel Ähnlichkeit hat wie mit einem gigantischen Markt, die Unterscheidung zwischen der ökonomischen und der politischen Sphäre ausgelöscht. Natürlich ist es leicht, ein Unternehmen von einem Ministerium, eine Gewerkschaft von einer politischen Partei, privates von staatlichem Eigentum zu unterscheiden. Doch es ist unmöglich, privilegierte Sphären des Handelns abzugrenzen, in denen Ökonomie und Politik gegeneinander stehen oder (wie im 19. Jahrhundert) von der Gesellschaft unterschieden werden könnten. Die Eliten müssen ihre Herrschaft in allen Sphären wahren – oder in keiner. Die Sphären interagieren miteinander, durchdringen einander sogar, um ein geschlossenes System zu bilden.« (Birnbaum 1976, 196 f.)

Diese, sozusagen »großen« Alternativen werden (jedenfalls als solche) in der weiteren Untersuchung nicht verfolgt werden. Hier geht es vielmehr um eine kleiner zugeschnittene Fragestellung. Selbst innerhalb der Hegelisch-Marxschen Theorietradition, die, wie gesagt, von der Ausdifferenzierung und einem bestimmten (Determinations-)Verhältnis von Staat und bürgerlicher Gesellschaft (bzw., insofern hier die materielle Produktion erfolgt, Ökonomie) bestimmt ist, besteht nämlich, was die Charakterisierung der *derzeitigen* Gesellschaftsepoche angeht, keine einheitliche Auffassung, sondern vielmehr eine Situation konkurrierender Hypothesen.

Die umstrittenen Fragen gehen – an dieser Stelle noch relativ vage formuliert – dahin, in welchem Verhältnis Staat und Ökonomie *heute* (in kapitalistischen Gesellschaften wie der BRD) stehen; in welcher Weise und

Richtung sich dieses Verhältnis ändert; ob und in welcher Weise Staat und Ökonomie *heute* verschränkt oder noch getrennt und entgegengesetzt sind. Mit anderen Worten, es geht darum, ob man heute von *Spät*kapitalismus reden kann und in welcher Weise sich der *Spät*kapitalismus im Staat-Ökonomie-Verhältnis ausdrückt. Hinter diesen Fragen steht, ebenfalls noch vage formuliert, die empirische Evidenz von *Staatsinterventionismus* in die – nach »klassischer«, Marxscher wie »bürgerlicher«, Vorstellung idealtypisch »automatisch« selbst-steuernde – Ökonomie.

Es ist offensichtlich, daß Antworten auf diese Fragen von der kategorialen Konzeptualisierung von Staat, Ökonomie und Staat-Ökonomie-Verhältnis abhängig sind. Obwohl es mir in dieser Untersuchung vornehmlich auf die Entwicklungshypothese (die ich unten noch als »Politisierung« einführen werde) ankommt, ist es erforderlich, auf die strukturelle Konzeptualisierung in Kürze einzugehen (vgl. oben 1.2.). Die Ausführungen dazu können insofern begrenzt gehalten werden, als aufgrund der (später einzuführenden) Fragestellung hier allein die Hegelisch-Marxsche Theorietradition thematisiert zu werden braucht: denn die *Spät*kapitalismus-Theorie versteht sich ja noch als *Kapitalismus*-Theorie und rekurriert insofern auf die »klassische« Marxsche Analyse.

Habermas (1962) hat m. E. die Hegelisch-Marxsche Theorietradition in Hinsicht auf die Konzeptualisierung von Staat, Ökonomie und das Staat-Ökonomie-Verhältnis so treffend formuliert, daß eine Beschränkung auf seine Arbeit gerechtfertigt ist und für den vorliegenden begrenzten Zweck als ausreichend erscheint.

Habermas interpretiert die Scheidung oder Ausdifferenzierung zwischen (öffentlich-allgemeinem) Staat und (privat-besonderer) Gesellschaft – in stärker marxistischer Terminologie: die Verdoppelung der »bürgerlichen Gesellschaft« in Gesellschaft (i. e. S.) und Staat – als fundamental für die bürgerlich-(hoch-)kapitalistische Epoche (1962, 45, 211; ferner Habermas 1976, 238) und versteht dabei beide als *soziale Sphären* (Habermas 1962, 19, 24).

Der (moderne) bürgerliche Staat ist dann – immer im Gegenüber zur (Teil-)Sphäre der Gesellschaft (i. e. S.) – durch zwei Merkmale zu charakterisieren, ein *institutionelles* und ein *funktionales*.

1. Das institutionelle Merkmal wird historisch übernommen: der Staat ist *Amt* (vgl. auch Böckenförde 1976, 213, Anm. 11). Hiermit schleppt sich sozusagen die alte Differenzierung von *Obrigkeit* (oder Hoheitlichkeit) und Untertanen fort. Die Gesellschaft (i. e. S.) ist in dieser Hinsicht nur negativ

zu charakterisieren: »privat« heißt »ohne öffentliches Amt« (Habermas 1962, 24, 32). Der »positive Sinn von ›privat‹« bildet sich dann erst »am Begriff der freien Verfügung über kapitalistisch fungierendes Eigentum« (ebd., 96).

Aus dem Amtscharakter des Staates lassen sich zwei (Sub-)Bestimmungen ableiten:

a) Der Staat ist – als Obrigkeit – die Sphäre legitimer (bzw. legitimierter bzw. zu legitimierender[2]) *Gewalt*anwendung (Habermas 1962, 32). Demgegenüber ist die bürgerliche Gesellschaft – idealtypisch-fiktiv (und deshalb ideologisch) – herrschaftsfrei (ebd., 43, 101, 264).

b) Der Staat besteht aus *Institutionen*, er ist *Organisation* oder *Apparat* (ebd., 24). Er besteht aus permanenter *Bürokratie*, incl. Militär, Gerichtsbarkeit und Parlament, und existiert materiell auf der Basis eines öffentlichen Budgets, das vornehmlich aus *Steuern*, d. h. Zwangsabgaben, gespeist wird (ebd., 25, 31). Das Gegenüber zu den »Institutionen der öffentlichen Gewalt« (ebd., 25) bilden die »Institutionen« der bürgerlichen Gesellschaft: Arbeit, Eigentum, Warenverkehr, Markt (ebd., 33 f., 96).

In dieser Gegenüberstellung liegt ein bedeutsamer regelungstheoretischer Aspekt, der in der Dichotomie von – einheitlicher und hierarchischer – *(Entscheidungs-)Organisation* (incl. Plan) versus – »anarchischer«, dezentraler – *Konkurrenz auf Märkten* begrifflich erfaßt werden kann (vgl. u. a. Dahrendorf 1966; Hoppmann 1971, 287 f.; Offe 1972, 12) und der von Luhmann abstrakter als Differenz zwischen entscheidungsmäßiger und struktureller Selektion formuliert worden ist (1970, 221).

2. Im Unterschied zu diesem institutionellen Merkmal ist die Funktion, welche die »alte« Institution »Staat« mit Ausdifferenzierung und Ausbildung der Partialsphäre »Gesellschaft« übernimmt, das eigentlich Neue, Moderne (Habermas 1962, 38). Nach – oder: in der – Differenzierung von »*öffentlichem* Wohl« und »privatem Nutzen« (ebd., 24) spezialisiert sich der Staat auf ersteres – im Gegenüber und, qua Obrigkeit, jedenfalls formell im hierarchischen Überordnungsverhältnis zum »genuinen Bereich privater Autonomie« (ebd., 25). Hier liegt das wesentlich Neue. »Der Staat ist die ›öffentliche Gewalt‹. Er verdankt das Attribut der Öffentlichkeit seiner Aufgabe, für das öffentliche, das *gemeinsame* Wohl aller Rechtsgenossen zu sorgen.« (ebd., 14, Hervorhebung von mir, VR; vgl. auch ebd., 172).

Im Hinblick auf die weiteren Ausführungen ist im Gedächtnis zu behalten, daß die Hegelisch-Marxsche Theorietradition, die Habermas hier ausdrückt, zur Charakterisierung von Staat, Ökonomie und ihres Verhältnisses *zwei* Merkmale *zusammen* verwendet: ein institutionelles und ein funktionales, wobei es mir besonders auf das institutionelle ankommt. Die Charakterisierung von Staat und »Gesellschaft« als soziale *Sphären;* die eindeutige *regelungs*theoretische Differenz zwischen ihnen (hierarchisierte Organisationsentscheidung vs. »Anarchie«); die Verwendung der *Institution* (Organisation, Amt) als begriffliches Merkmal – all dies geht über eine nur funktionalistische Charakterisierung hinaus. Eine historische Modifikation von Staat, Ökonomie und ihres Verhältnisses, die von dieser konzeptuellen Basis her formuliert wird (s. u.), muß diese Spezifik des Ansatzes berücksichtigen, kann sich nicht mit rein funktionalistischen Kategorien von ihm lösen.

Man kann den dargestellten konzeptuellen Sachverhalt auch in der folgenden Weise formulieren. Die kapitalistische Gesellschaftlichkeit wird doppelt hergestellt: Einerseits beziehen sich Warenbesitzer und -verwerter über Märkte in Konkurrenz aufeinander und werden damit, d. h. durch Verfolgung ihrer privat-ökonomischen Interessen, zur Gesellschaft; andererseits werden daneben allgemeine, d. h. allen Warenbesitzern gemeinsame Interessen durch eine besondere Institution – den Staat – verfolgt, dessen Politik wiederum auf dem Wert-Input aller Gesellschaftsmitglieder beruht (allgemeines Wahlrecht). Die kapitalistische Gesellschaft wird also durch *zwei* – potentiell gegensätzliche – *Prinzipien* bestimmt, die systemisch sich »verdichten« (Organisation, Rollen) und damit auch eine relative Unabhängigkeit ausbilden. Beide Prinzipien bzw. Systeme sind – in historisch wechselnder Weise – aufeinander bezogen, voneinander abhängig. So funktioniert die ökonomische Vergesellschaftung nur, wenn mittels Gewaltmonopol des Staates bestimmte rechtliche Vorkehrungen (Eigentums-, Vertrags-, Arbeits-, Strafrecht) gesichert sind. Umgekehrt ist die politische Vergesellschaftung materiell abhängig von der funktionierenden ökonomischen: Der Staat gelangt zu materieller Existenz nur durch (geduldete) Abschöpfung von Ressourcen aus dem produzierten gesellschaftlichen Wert. Für den Staat ergibt sich daraus seine Qualifikation als Rechts- und Steuerstaat.

Dieses »zwei-systemige« Modell[3] der kapitalistischen Gesellschaft ist auf den Bezugspunkt der materiellen Reproduktion (der Gesellschaft) hin formuliert. Dieser Bezugspunkt schließt die Reproduktion von sozialer Herrschaft (und deren Legitimation) – als Bezugsdimension – ein, die konkreten Inhalte (sozio-)individueller Bedürfnisse und Bedürfnisbefriedigungen jedoch aus. Die analytischen Elemente des Modells sind – historisch variable – soziale *Strukturen* (Institutionen, Verfahren, Normen etc.), die bestimmte *Funktionen* erfüllen (sollen) und als solche, wie in ihrer Funktionsleistung, bestimmten (systemspezifischen) *Determinationen und Restriktionen* unterliegen.

Diese grobe Modellstruktur des kapitalistischen Systems hat eine wichtige forschungsstrategische Konsequenz: Staat/Politik und Ökonomie können adäquat nur *in bezug aufeinander* analysiert werden (vgl. Hirsch 1974a, 229). Welche Bedeutung diese Konsequenz besitzt, sieht man leicht, wenn man sie mit der systemtheoretischen Politik- und Ökonomie-Konzeption vergleicht (vgl. Ronge/Weihe 1976), in der ein soziales (Teil-)System zum Objekt der Analyse gemacht wird, zu dem dann – aus analytischen Gründen, vorentschieden – alle übrige »Sozialität« im bloßen Verhältnis der »Umwelt« steht und insofern relativ unstrukturiert bleibt (vgl. Giegel 1975); auf diese Weise wird die Autonomie oder Grenzerhaltung des betrachteten Teilsystems analytisch sowohl vorausgesetzt wie postuliert, wie zum zentralen Systemproblem stilisiert.

1.4. Die Hypothese der »Politisierung«

Das skizzierte Modell der kapitalistischen Gesellschaft ist inzwischen problematisch geworden: Das Realphänomen des sog. *Staatsinterventionismus* – wie »real« es eigentlich ist, soll bis hierhin noch offenbleiben – hat konzeptuelle Konsequenzen provoziert, die in der Formel vom *Spätkapitalismus* ihren zusammenfassenden Ausdruck gefunden haben. Gemäß der oben eingegrenzten Fragestellung verfolge ich die konzeptionellen Konsequenzen nur, soweit sie in der Hegelisch-Marxschen Tradition und das heißt: auf der Basis des skizzierten Staat-Ökonomie-Modells formuliert sind. Von daher geht es mir um die durch Fakten gebotene veränderte Formulierung des Staat-Ökonomie-Verhältnisses.

Vor diesem konzeptuellen Hintergrund ist auch der hier gewählte Begriff der »Politisierung« zu lesen. Im Unterschied zu einer, vielleicht herrschenden, Verwendung des Politik- und dann auch des Politisierungsbegriffs ist, wie gezeigt, in der Hegelisch-Marxschen Tradition die institutionelle Dimension konstitutives begriffliches Merkmal von »Politik«. »Die sozialen Beziehungen sind *dann politisch*, wenn sie über den *Staat* vermittelt werden.« (Huar 1976, 72) Von daher wäre es eigentlich angebracht, vom »Staat« und von »Verstaatlichung« zu sprechen – was im Begriff des »Staatsinterventionismus« auch geschieht (vgl. auch den Begriff des »Staatskapitalismus« bei Pollock 1975, 72 ff.). Nachdem aber auch innerhalb der Hegelisch-Marxschen Tradition und mit expliziter institutioneller Dimension von »Politisierung« gesprochen wird (vgl. Offe 1972, 35, 177 ff.), werde ich diesen Terminus hier übernehmen[3a]. »Politisierung« ist also im Sinne der Ausdehnung der staatlichen Funktions- und Handlungs-»Sphäre«, des »politisch-administrativen Systems« (vgl. Offe 1973), in die und auf Kosten der Ökonomie zu verstehen. Daß die begriffliche Ambiguität die Konzeptualisierungen nicht unberührt gelassen hat, wird sich noch zeigen.

Ich kann wieder bei Habermas ansetzen, der in der gleichen frühen Arbeit (1962), aus der ich das Staat-Ökonomie-Modell entnommen habe, auch bereits dessen durch historische Veränderungen der Wirklichkeit angeregte Modifikation formuliert hat (vgl. zum Habermas'schen Politisierungskonzept Schluchter 1972, 237, 248 ff.). Habermas hat mit der von Hegel und Marx stammenden Begrifflichkeit den heutigen »organisierten oder staatlich geregelten Kapitalismus« (ebd., 306) charakterisiert. Er behauptet, daß seit dem ausgehenden 19. Jahrhundert eine *Entdifferenzierung* von Staat und Ökonomie stattfindet, die er (zunächst) als »strukturellen Wandel des Verhältnisses von öffentlicher Sphäre und privatem Bereich« (ebd., 173) qualifiziert. Der evolutionäre Vorgang besteht in der »staatlichen Intervention in die gesellschaftliche Sphäre« und der »Übertragung öffentlicher Kompetenzen auf private Körperschaften« (ebd.). Nicht »Politisierung« *oder* Entpolitisierung wird hier freilich behauptet, sondern beides zugleich. Einerseits: »Der Staat greift durch Gesetz und Maßnahme tief in die Sphäre des Warenverkehrs und der gesellschaftlichen Arbeit ein ...« (ebd., 179), wodurch übrigens das Merkmal des *Rechts*staats ebenso an relativer Bedeutung einbüßt wie die Handlungs*form* des Gesetzes (vgl. ebd., 263, 214). Andererseits: »Mit der Ausdehnung der öffentlichen Autorität über private Bereiche ist ... der gegenläufige Prozeß einer Substitution staatlicher Gewalt durch gesellschaftliche verbunden« (ebd., 173).

Bevor ich näher auf diese Doppelthese eingehe, sei das Ergebnis des von Habermas behaupteten evolutionären Vorgangs beschrieben. Es besteht in einer »repolitisierten Sozialsphäre, die sich weder soziologisch noch juristisch unter Kategorien des Öffentlichen oder Privaten subsumieren läßt« (ebd., 211; vgl. auch 273). Die ehemalige Sphärentrennung – des »Hochkapitalismus«, wie man nun sagen muß – von Staat und Ökonomie entlang der Funktionskriterien »öffentlich/privat« wird – im Spätkapitalismus – abgelöst durch etwas undifferenziert »Mittleres«, das »halbprivat« oder »halböffentlich« mit gleicher Berechtigung genannt werden kann (ebd., 273): »die privaten Einrichtungen selbst nehmen zu einem guten Teil halböffentlichen Charakter an; man kann geradezu vom quasi political character of private economic units sprechen. Aus der Mitte der öffentlich relevanten Privatsphäre der bürgerlichen Gesellschaft bildet sich eine repolitisierte Sozialsphäre, in der sich staatliche und gesellschaftliche Institutionen zu einem einzigen, nach Kriterien des Öffentlichen und Privaten nicht länger mehr zu differenzierenden Funktionszusammenhang zusammenschließen« (ebd., 180).

Diese Entdifferenzierung oder »Refeudalisierung« (ebd., 173, 273) nimmt Habermas zum Anlaß, das Modell der Trennung von Staat und Gesellschaft zu verwerfen: »Im Maße der Verschränkung des öffentlichen mit dem privaten Bereich wird dieses Modell unanwendbar.« (ebd., 211) Und an anderer Stelle formuliert er: »Die für die liberale Phase der kapitalistischen Entwicklung typische ›Trennung‹ von Staat und Gesellschaft ist im Stadium des organisierten Kapitalismus zugunsten einer wechselseitigen Verschränkung aufgehoben. Der Bereich des Warenverkehrs und der gesellschaftlichen Arbeit bedarf der zentralen Gestaltung und Verwaltung so sehr, daß die einst den Privatleuten nach Regeln des freien Marktes überlassene bürgerliche Gesellschaft in vielen Sparten ihren Verkehr bereits politisch vermitteln lassen muß.« (Habermas 1971, 228) Habermas sieht also die ehemalige systemische *Ausdifferenzierung* (»Sphären«) von Staat und Ökonomie heute weitgehend rückgängig gemacht; jedenfalls ist für ihn »der qualitative Unterschied ... zu einem graduellen herabgesetzt« (Habermas 1962, 272). Und damit sei auch das ehemalige *Determinationsverhältnis* – Ökonomie als Basis, Politik als Überbau – hinfällig geworden: die Ökonomie, nicht mehr systemisch ausdifferenziert, müsse »als eine Funktion der mit politischem Selbstbewußtsein ausgetragenen Konflikte begriffen werden« (Habermas 1971, 228).

Die Habermas'sche These zur Entwicklung des Staat-Ökonomie-Verhältnisses setzt zunächst in der Dimension an, in der auch der Übergang vom Feudalismus zum Kapitalismus in der Hauptsache festgemacht worden war: bei den veränderten *Funktionen* des Staates. »Erst als dem Staat *neue Funktionen* zuwachsen, gerät die ›Barriere‹ zwischen ihm und der Gesellschaft ins Wanken.« (Habermas 1962, 176; Hervorhebung gegenüber dem Original geändert, VR) Zu den alten Ordnungs- und Rechtsfunktionen des

Staates kommen *Gestaltungsfunktionen* (ebd., 178) hinzu. In funktionaler Hinsicht, so die These, lassen sich »öffentlich« und »privat« nicht mehr unterscheiden. Nun war, wie gezeigt, das Staat-Ökonomie-Modell auch durch eine zweite, institutionelle, Dimension definiert. Das Problematische an der Habermas'schen These besteht von daher m. E. darin, daß er von der Entwicklung in der funktionalen auf eine parallele Veränderung in der institutionellen Dimension – ohne weitere Argumente und, wie ich meine, empirisch nicht gedeckt – schließt. Nicht nur »öffentlich/privat« wird demnach ununterscheidbar – darüber könnte man diskutieren; in den USA z. B. war diese Trennung zu keiner Zeit so scharf wie in Deutschland (vgl. Leibfried 1975, 478 und 1976, 108, 115) –, sondern die Sphären – Staat und Ökonomie – lassen sich nach der Behauptung von Habermas nicht mehr differenzieren (und in ein bestimmtes Verhältnis bringen). Mit dieser Ausdehnung des Arguments auf die institutionelle Ebene entsteht freilich ein Problem, das sich in der funktionalen Dimension so nicht stellt. Die »Wechselseitigkeit« in der funktionalen Dimension, nach der das Private/ die Ökonomie politisiert *und* das Politische privatisiert wird, läßt sich auf die institutionelle Ebene nicht einfach übertragen; hier bestehen vielmehr Nullsummen-Verhältnisse: Entweder dehnt sich die staatliche auf Kosten der ökonomischen Sphäre aus *oder* umgekehrt – beides zusammen geht nicht. Ich behaupte nun, daß Habermas im – vom Ansatz her allerdings gebotenen – Übergang von der funktionalen zur institutionellen Dimension die in ersterer noch mögliche Dialektik – »Politisierung«/»Privatisierung« – aufgibt (oder doch aufgeben müßte) zugunsten einer gerichteten Hypothese – und zwar der Hypothese der Politisierung (im Sinne der Ausdehnung der staatlichen Sphäre bzw. der politischen Vermittlung und Determinierung der Ökonomie). »Der Staat (sic!) greift durch Gesetz und Maßnahme tief in die Sphäre des Warenverkehrs und der gesellschaftlichen Arbeit ein ...« (Habermas 1962, 179) »Der Bereich (sic!) des Warenverkehrs und der gesellschaftlichen Arbeit bedarf der zentralen Gestaltung und Verwaltung (sic!) so sehr, daß die einst den Privatleuten nach Regeln des freien Marktes überlassene (sic!) bürgerliche Gesellschaft in vielen Sparten ihren Verkehr bereits politisch vermitteln lassen muß.« (Habermas 1971, 228)

Es kann sein, daß Habermas eine derartige Politisierungsthese nicht vertritt bzw. nicht vertreten möchte. Deswegen wird meine Behauptung aber nicht einfach zu einer falschen Unterstellung. Ich meine, daß Habermas die Hypothese so vertreten muß, wenn er – im Rahmen des »Ansatzes«, der Hegelisch-Marxschen Tradition, bleibend – die institutionelle Dimension berücksichtigt. Andernfalls hat er diesen Ansatz verlassen. Zumindest aber läßt sich in dieser Hinsicht eine Unentschiedenheit der Habermas'schen Position und Argumentation behaupten. Ich möchte das, zur Bestätigung, an einer neueren Arbeit von ihm zeigen.

Nach Habermas (1973) ist einer von zwei definierenden Aspekten des politisierten Spätkapitalismus – im Gegensatz zum Liberalkapitalismus (ebd., 36 ff., 51 f.) –, »daß der interventionistische Staat in die wachsenden Funktionslücken des Marktes einspringt« (ebd., 50 f.), womit »der *Bereich* des privatautonomen Verkehrs der Warenbesitzer administrativ *eingeschränkt* wird« (ebd., 51; Hervorhebung von mir, VR). Im gleichen Atemzug mit dieser Politisierungsthese vertritt Habermas freilich einen restriktiven Begriff staatlicher Aktivität, insbesondere Planung: »Eine politische Planung der Allokation knapper Ressourcen tritt so lange nicht in Kraft, wie sich die gesamtgesellschaftlichen Prioritäten naturwüchsig, nämlich als Nebenfolgen privater Unternehmensstrategien, herausbilden« (ebd.). In einer anderen Formulierung findet sich die gleiche Doppelthese: »Der Staatsapparat ... reguliert den gesamtwirtschaftlichen Kreislauf mit Mitteln globaler Planung ... Die Globalplanung bestimmt sich negativ an den Grenzen privatautonomer Verfügung über die Produktionsmittel ...« (ebd., 52)

In institutioneller und regelungstheoretischer Hinsicht (Kompetenzen!) ist doch die Frage relevant, wo die *Grenze* zwischen der ökonomischen und der staatlichen »Sphäre« verläuft und in welcher Weise und Richtung sie sich *verändert*. Will Habermas einen gleichbleibenden Grenzverlauf behaupten und gleichwohl von »Politisierung« und »Staatsinterventionismus« sprechen (und hierin eine relevante evolutionäre Veränderung – zum *Spät*kapitalismus – sehen)? In institutioneller wie regelungstheoretischer Sicht sind privatökonomische Handlungsautonomie plus Marktkräfte einerseits und staatliche Entscheidungstätigkeit andererseits klar zu differenzieren; hier handelt es sich um eine »Nullsumme«: es kann nicht beides gleichzeitig der Fall sein. Entweder konterkariert und verdrängt staatliche Aktivität die privatökonomische Naturwüchsigkeit oder nicht. (Zur Möglichkeit dimensionaler Differenzierung s. u.)

Offenbar möchte Habermas die Konsequenz vermeiden, die sich aus der Tatsache der Nullsumme in der institutionellen Dimension notwendig ergibt. Wenn staatliche Aktivität (Planung) »an den Grenzen privatautonomer Verfügung über die Produktionsmittel« haltmachen muß und haltmacht und »die Investitionsfreiheit der privaten Unternehmen« nicht einschränken darf und tatsächlich nicht einschränkt, dann schränkt eben der Staat den »Bereich des privatautonomen Verkehrs der Warenbesitzer« *nicht* administrativ ein (ebd., 52). *Derart* beschränkte Planungskapazität des Staates würde die *behauptete* (institutionelle) Form der Politisierung verunmöglichen (vgl. dagegen etwa die konsistente Argumentation von Mattick 1974, 140, 168, 187 f.). Wozu der Staat nicht in der Lage ist, das kann er auch nicht tun (Politisierung ist eine *empirische* These!).

In regelungstheoretischer Hinsicht läßt sich eine entsprechende »Offenheit« der Habermasschen Argumentation nachweisen. Habermas beschreibt die (staatsinterventionistische) Politik als Handeln »im Rahmen eines Zielsystems, das durch den leerformelhaft geforderten Ausgleich zwischen den konkurrierenden Imperativen des stetigen Wachstums, der Geldwertstabilität, der Vollbeschäftigung und der ausgeglichenen Außenhandelsbilanz bestimmt ist« (ebd., 53), und als »Vermeidung von Instabilitäten« (ebd., 52). Nun ist allgemein bekannt, daß das sog. magische Vieleck kein handlungsinstruktives Zielsystem abgibt und abgeben kann (vgl. Krüper 1975, 43; auch Ronge/Schmieg 1973, 53 ff., 125 ff.). Ein »leerformelhaftes Zielsystem« ist ein Widerspruch in sich. Die Politik braucht – als »entscheidungsmäßige Selektion« (Luhmann 1970, 221 f.) – handlungsinstruktive, »positive« Ziele – im Gegensatz zur *strukturell*-selektiven ökonomischen »unsichtbaren Hand«. Am Beispiel der Forschungspolitik: »Die selektive Forschungsförderung verlangt allerdings notwendig eine positive Zielformulierung ...« (Littmann 1975, 227) Der den naturwüchsig-anarchischen Markt ersetzende, ökonomische Bedingungen und Daten administrativ korrigierende Staat braucht auch schon dann Zielfunktionen, wenn er »nur« Randbedingungen der privaten Unternehmensentscheidungen manipuliert, den Marktmechanismus »nur« partiell ersetzt oder Instabilitäten vermeiden will. Habermas weiß das alles und nennt z. B. folgende »positive« Zielfunktionen der Politik: Planungsprioritäten bestimmen sich als »Nebenfolgen privater Unternehmensstrategien« (Habermas 1973, 51); die Politik erfüllt »Imperative des Wirtschaftssystems«, »schafft und verbessert Verwertungsbedingungen für überschüssig akkumuliertes Kapital« (ebd., 52). Wieso aber soll ein evolutionärer Vorgang, in dem die staatliche Politik sich (weiterhin) an politik-extern gesetzten Zielen ausrichtet, »Politisierung« (»staatliche Regelung«) heißen, die Staat-Ökonomie-Grenze (die in zwei Dimensionen, u. a. einer institutionellen, definiert ist) tangieren, verschieben oder aufheben (Staats*interventionismus*), überhaupt ein systemisches Novum (*Spät*kapitalismus) darstellen?

Die Habermassche Version der Politisierungsthese bleibt nach all dem zu »offen«, um empirisch gehaltvoll und entscheidbar zu sein. Ich werde sie deshalb hier, in einer empirisch orientierten Untersuchung, nicht weiterverfolgen und auf eine andere, zweifellos durch Habermas inspirierte Version der Hypothese zurückgreifen, die, jedenfalls ursprünglich, eindeutiger formuliert worden ist: den Ansatz von Offe.

Offe (1972) hat die Entwicklung zum *Spät*kapitalismus zunächst »kategorial«, also auf explizit hypothetischer und nicht-empirischer Ebene, aber doch in empirischer Absicht behauptet: »Das selbstadaptive Instrumentarium der Partialkontrollen, d. h. also der institutionalisierten Möglichkeiten, die Manifestation des (kapitalistischen; VR) Widerspruchs abzuschwächen, zu verdrängen oder durch Rationalisierung der politisch-ökonomischen Organisation temporär zu umgehen, ist mit der Einführung der drei ... Mechanismen (Marktorganisation; Institutionalisierung des technisch-wissenschaftlichen Fortschritts und seine direkte Integration in Produktion und Politik; staatliche Globalregulierung sämtlicher bestandswichtiger Variablen des Systems) ... *kategorial erschöpft*« (ebd., 23 f.). Die »*staatliche Globalregulierung sämtlicher bestandswichtiger Variablen des Systems*« stellt die logisch und auch annähernd historisch (vgl. ebd.) letzte – heute erreichte – Stufe kapitalistischer Entwicklung dar. Hierin besteht die *Politisierung* – Offe verwendet den Begriff selbst (z. B. ebd., 35 und 176) –, und diese rechtfertigt die Charakterisierung der Gegenwart als *Spät*kapitalismus.

Da Offe sich in der Hegelisch-Marxschen Theorietradition bewegt, vom »zwei-systemigen« Gesellschaftsmodell ausgeht (vgl. Offe 1973), ist zu fragen, welche Auswirkungen in seinem Ansatz die Politisierung auf das Staat-Ökonomie-Verhältnis hat; ob und wie sie die funktionale Dominanz und institutionelle Autonomie der Privat-Ökonomie tangiert.

Im hier zunächst zugrundegelegten ursprünglichen Konzept versteht Offe »Politisierung« als Ausdehnung des Bereichs »konkreten Zweckhandelns« – wie es auf gesamtgesellschaftlicher Ebene nur und gerade dem Staat eigentümlich ist – in der Gesellschaft (Offe 1972, 35). »Politisierung« meint hier eine Tendenz zu *autonomer* werdender staatlicher Politik (Offe 1973, 211); eine »*freigesetzte* Dynamik des politischen Prozesses der Parteienkonkurrenz« (Offe 1972, 35); die staatliche Übernahme ganz konkreter Funktionen (Aufgaben, Regelungsbereiche – und Verantwortlichkeiten!) aus ökonomischer Selbststeuerung (ebd., 175). »Politisierung« wird hier also (auf hypothetischer Ebene zu Recht) im Sinne der »Verstaatlichung«, als Ausdehnung des staatlichen Handlungsbereichs auf Kosten der ökonomischen Wirkungssphäre verstanden. Sie bedeutet zudem eine entscheidende evolutionäre Veränderung: den Abbau von »Anarchie« zugunsten gesellschaftlicher Bewußtheit (vgl. ebd., 10, 16). Je mehr »Anteil« die staatliche Politik an der gesellschaftlichen Reproduktion hat, desto größer die Rationalität und die Reformmöglichkeiten im Sinne sozial *bewußter* Steuerbarkeit. Politisierung erzeugt – jedenfalls potentiell (vgl. auch Offe 1974a) – »systemfremde Resultate« (Offe 1972, 28). Die Politik, als vom Privateigentum abgespaltene soziale Funktion, institutionell »verdichtet« im demokratischen Staat, wird – so Offes Hypothese, von der her allein seine politisch-legitimatorische Krisentheorie (vgl. Offe 1973) zu verstehen ist – allmählich zur sozialen »Leitungsfunktion«; sie bricht stellenweise als »alternative, *nicht-kapitalistische Organisation* der gesellschaftlichen Arbeit«, als zur Privat-, d. h. Warenproduktion »*heteronomes* Strukturelement« in die private Ökonomie ein. »Die wachsende Inanspruchnahme des markt-externen Steuerungsmediums staatlicher Gewalt erzeugt kumulativ Einbruchsstellen nicht-kapitalistischer Strukturen ...« (ebd., 209).

Aus diesen Formulierungen wird klar ersichtlich, erstens daß Offe die institutionelle Dimension des Politik-Ökonomie-Verhältnisses nicht unterschlägt, sondern im Gegenteil explizit einschließt – er spricht häufig genug vom »Staatsapparat«, von »formell politischen Organisationen« (Offe 1972, 175), von Einbruchsstellen etc. –, woraus sich eine eindeutige, empirisch prüfbare Grenz-Aussage ergibt, und zweitens, daß (folgerichtig) »Politisierung« – in der Nullsumme sozialer Sphären – die Ersetzung und Verdrängung des ökonomisch-»anarchischen« Wirkungsbereiches – die »kompensatorische Ausfüllung von Funktionslücken« (ebd., 176) – meint. »Politisierung« heißt die Mediatisierung der Ökonomie durch politische Organisationsleistungen (ebd.); meint, daß »die Produktion ... administrativ zugeteilten oder zumindest sichergestellten Verwertungschancen« folgt (ebd., 179); bedeutet, daß insofern die »Gesetzmäßigkeiten der Produktion« ent-ökonomisiert (politisiert) und damit ent-anarchisiert (rationalisiert) sind.

Im Vergleich zur Habermasschen scheint mir die Offesche Version der Politisierungsthese den Vorteil zu haben, so eindeutig formuliert zu sein, daß sie empirisch prüfbar wird. Die entsprechenden, zu operationalisierenden Fragen zielen dann auf den Verlauf der *Grenze* zwischen Politik und Ökonomie und die *Determinationsverhältnisse.*

1.5. Abgrenzung zu: Politik als »Integration« (Exkurs)

Das im vorangehenden Abschnitt dargestellte, der hier verfolgten empirischen Untersuchung zugrundegelegte Politisierungskonzept von Offe (1972) ist »aus aktuellem Anlaß« abzugrenzen gegen eine neuere Konzeptualisierung von Offe (1975), die m. E. sich nicht nur erheblich von der ursprünglichen unterscheidet, sondern auch die Hegelisch-Marxsche Theorietradition verläßt (vgl. die ganz ähnliche Kritik von Blanke 1976).

Mit einem neuen Politikbegriff, der nicht mehr *konkretes*, sondern (zweck-)*abstraktes* Handeln beinhaltet, hat sich die Bedeutung des Politisierungsbegriffs verändert. Offe definiert neuerdings »Politik« als »kontinuierliche Erzeugung zweckabstrakter und konsistenter Ordnungsleistungen« (1975, 31), als »Optionsmaximierung durch Integration« (ebd., 36); sie sei »außer auf die *abstrakte Erhöhung von Variationsspielräumen* auf keinerlei materiale Zwecke« festgelegt (ebd.; Hervorhebung von mir, VR)[4].

Dieser neue Politikbegriff ist »politikzentristisch« und systemtheoretisch[5], insofern sich Politik hier auf ihre nicht weiter bestimmte und differenzierte gesellschaftliche *Umwelt* bezieht. Er steht außerhalb der Hegelisch-Marxschen Theorietradition, für die der Ausgangspunkt des Politik-Ökonomie-*Verhältnisses* konstitutiv ist. Selbst wenn man die Marxsche Determinationsthese, daß die ökonomische Basis den politischen Überbau determiniere, überhaupt oder für den Spätkapitalismus verwirft, so verbleibt doch als bedeutsame Annahme der Marxschen Theorie, daß gerade die Politik zweck-konkret zu definieren ist. Im abgekürzten Verständnis der Politik als der (institutionell) besonderten Verfolgung allgemeiner (gemeinschaftlicher) Zwecke sind die Zwecke konkreter Natur (Gebrauchswerte), geht es nicht um die umformulierte Selbsterhaltungsfunktion »Erhöhung von Variationsspielräumen«.

Offe unterläuft den Ansatz (und die Problematik) des Politik-Ökonomie-Verhältnisses mit Hilfe einer dimensionalen Differenzierung von Form und Inhalt. Indem er die Politik in die Formalität abstrahiert, gelingt es ihm, sie aus dem Politik-Ökonomie-Verhältnis herauszulösen – und zugleich aus der ökonomischen Determination zu befreien. In formeller Hinsicht, d. h. aber: hinsichtlich ihrer als eigentliche apostrophierten Funktion, wird die Politik auf diese – analytische! – Weise *autonom und selbstgesteuert* (vgl. ebd., 12 f.). Die ökonomische Umwelt des »politischen Systems« ist dann bestenfalls noch Anstoß zur Politik (vgl. ebd., 18), demgegenüber die Politikproduktion jedoch unabhängig bleibt. Aus der Dimensionsdifferenzierung – formell/materiell – ergibt sich eine grundsätzliche Trennung von Politik und Ökonomie (und kein konkretes, z. B. machtbestimmtes oder funktionales, Verhältnis) und dann eine spezifische Version von »Politisierung«.

Politik ist nach Offe aus sich selbst heraus zu bestimmen; »Besonderung« ist hier radikalisiert zum *Interesse des Staates an sich selbst* (ebd., 13). »Der Inhalt staatlicher Tätigkeit erschöpft sich (sic!) in der Verfolgung dieses Interesses des Staates ... an sich selbst, an der eigenen Widerspruchsfreiheit und Bestandsfähigkeit.« (ebd.) Erst wenn »die Konsistenz des Systems staatlicher Organisationsmittel verletzt wird«, handelt der Staat; und sein Handeln besteht dann in der »Wiederherstellung von Konsistenz« (ebd., 14).

Die Ökonomie (bzw. das Kapital) erscheint als Umwelt der Politik. Die Differenz zu einem systemtheoretischen Ansatz, der die Umwelt unspezifiziert und »gleichgültig« belassen würde, besteht im Offeschen Ansatz nur darin, daß hier ein jedoch unvermitteltes, abstraktes, »feindliches« Gegenüber von Politik und Ökonomie (Kapital) unterstellt wird. Aktivität und Macht des Kapitals bestehen nach Offe darin, »das System staatlicher Organisationsmittel ... beständig zu *desorganisieren* und dadurch jenes ›Selbst-Interesse‹ tätig werden zu lassen« (ebd., 18).

»Politisierung« im Sinne der staatlichen Intervention in die Ökonomie kann in diesem im Prinzip systemtheoretischen Ansatz nicht vorkommen. »Interventionen« des Staates sind sowohl abstrakt wie selbstbezogen: »Strategisches Ziel von Interventionen, die ›Integration‹ fördern wollen (und andere gibt es ja in der Politik nicht; VR), ist ... nicht die *Verursachung bestimmter Ergebnisse* des Handelns (in der Ökonomie; VR) ..., sondern die – gegenüber konkreten Zwecken konsequent abstrahierende – *Erweiterung des Variationsbereichs möglicher Resultate.*« (ebd., 35)

Um des problematischen Zieles willen, die Politik schon analytisch als nicht ökonomisch determiniert zu konzeptualisieren – was als empirische Frage zu formulieren wäre –, trennt Offe Politik und Ökonomie bzw. Umwelt *dimensional* voneinander ab. Hierdurch gelingt es ihm sogar, die marxistische Determinationsthese der Politik durch die Ökonomie tendenziell umzukehren. Offe argumentiert, »daß ökonomische Faktoren und gesellschaftliche Interessen sich immer nur in dem Maße *durchsetzen* können, in dem ihnen durch den Staat bereitgestellte und sanktionierte *Organisationsmittel* zur Verfügung stehen« (ebd., 9 f.). Daraus folgt, daß der Staat »durch die *Ausgrenzung* einer ›staatsfreien‹ Sphäre von Produktionen und

Reproduktion diese Sphäre mit einem spezifischen staatlichen *Organisationsmittel ausstattet,* nämlich dem der (Vertrags-)Freiheit« (ebd., 10 f.). Die Ökonomie erscheint so als staatlich gesetzt – jedenfalls in formeller Hinsicht. Als ob nur der Staat »Organisationsmittel« bereitstellte!

1.6. »Politisierung« in anderen Ansätzen (Exkurs)

Der für die weitere Untersuchung zugrundegelegte Politisierungsbegriff ist im Rahmen der Hegelisch-Marxschen Theorietradition definiert, bezieht sich auf ein zwei-systemiges (kapitalistisches) Gesellschaftsmodell »mit Staat«. Um Mißverständnisse zu vermeiden, ist es sinnvoll, diesen Ansatz abzugrenzen gegen Politisierungsbegriffe in anderen konzeptuellen Zusammenhängen.

Auf gleicher – nämlich gesamtgesellschaftlicher – Ebene, wie die von mir betrachtete, liegt eine Politisierungsthese, nach der »immer mehr Bedürfnisbereiche unmittelbar oder mittelbar von staatlichen Entscheidungen befriedigt oder frustriert werden« (Badura 1972, 10). K. W. Deutsch hat sie treffend folgendermaßen beschrieben:

»All of us know that politics affects our lives, but do we know the full extent of its importance? Clearly, we live in an age of growing *politicization.* Many matters that did not involve politics in the past, or that did not involve it directly, now are seen as political issues. Many decisions which in earlier times did not need to be made, or were made automatically by custom, or were made by private individuals, now must be made by public agencies and by the political process.« (zitiert nach Badura 1972, 135)

Die Politik- und Gesellschaftskonzeption, in der *dieser* Politisierungsbegriff seinen Platz hat, unterscheidet sich von der Hegelisch-Marxschen freilich total. Das Gesellschaftsmodell ist »einsystemig«: Die politischen Institutionen werden verstanden als die demokratisch-repräsentativ »angebundene«, professionalisierte und institutionalisierte, hierarchische, »intern-souveräne« Spitze der Gesamtgesellschaft (vgl. Scharpf 1973, 41). Der Begriff des »politischen Aktivsystems« (Mayntz/Scharpf 1973, 116) kennzeichnet dieses Modell treffend. Die einzige systemische Differenzierung von Gewicht ist politischer Art, rollenmäßig und variabel: an politischen Entscheidungen Beteiligte und von politischen Entscheidungen Betroffene (vgl. Badura 1972, 121). Die Ökonomie stellt in diesem Modell kein zur Politik konkurrierendes Vergesellschaftungssystem dar; sie ist nicht herrschaftlich charakterisiert, sondern wird instrumentalistisch interpretiert (vgl. Jochimsen 1975, 37; Apel 1975; Krüper 1975, 23). Privatheit verbindet sich nicht mit Ökonomie (und Herrschaft) gegen Politik, sondern ist nur der vor-politische, immer schon »politisch relevante« (vgl. Krockow 1972, 7) und unbegrenzt politisierbare Zustand der Gesellschaft.

Auf der Folie dieses Modells verfließen historisch – aus Gründen von Komplexität und Interdependenz, der »Einheitlichkeit der Lebensverhältnisse« oder einfach, weil die Mehrheit es so will – die Grenzen von Staat und Gesellschaft, dringt der Staat immer tiefer in die Gesellschaft ein: »Der immer fortschreitende Prozeß der *Fundamentalpolitisierung* durchbricht die ›Auffangstellung‹ der Trennung von Staat und Gesellschaft; er schmilzt die Sphären ins gleiche Medium, eben des Politischen, ein.« (ebd., 16; vgl. auch Bußhoff 1975, 86 und einen empirischen Ansatz bei Mirow 1976)

Die Politisierungshypothese bedeutet in diesem Kontext also eine – herrschaftsfrei formulierte – Ausdehnung der politisch vermittelten (sozialen, öffentlichen) auf Kosten bzw. zur Entlastung privat-individueller Bedürfnisbefriedigung. Bezugspunkt also ist die Bedürfnisbefriedigung, welche in zwei Formen gedacht wird: als individuelle oder als kollektiv-aggregierte, d. h. soziale. Das einzige wichtige Systemproblem in diesem Kontext ist die »Sensibilität politischer Systeme gegenüber den Bedürfnissen ihrer Bürger« (Badura 1972, 11). Es gibt keine systemisch verfestigten Herrschaftsprobleme, sondern nur Legitimationsprobleme bestimmter Natur: Sie stellen sich in der politischen »Abbildung« (oder »Wertberücksichtigung«) der privaten Bedürfnisstruktur der Gesellschaft, die im Rahmen von Informations- und Kommunikationsbeziehungen optimiert werden muß (vgl. ebd., 121 ff.). Systemtheoretisch gesprochen, wird hier das politische System herausgehoben und einer unstrukturierten gesellschaftlichen Umwelt konfrontiert. Mit anderen Worten: das Gesellschaftsmodell ist politikzentristisch.

Während die eben zitierte Politisierungshypothese als konkurrierend zur von mir verfolgten anzusehen ist, insofern sie dasselbe Thema in einem alternativen Gesellschaftsmodell mit alternativem Bezugspunkt angeht, befaßt sich eine weitere Hypothese mit einem ganz anderen, engeren Thema und braucht deshalb nur gestreift zu werden. Unter Voraussetzung der Unterscheidung zwischen Politik und Verwaltung innerhalb des politischen Systems bedeutet dort »Politisierung« das Eindringen von politischen Rationalitätskriterien in das Entscheidungshandeln der als »unpolitisch« konzipierten Verwaltung (vgl. Luhmann 1971, 66 ff.; Luhmann 1972; Merikoski 1973). Dieser »Ansatz« verfolgt also keine Gesellschaftstheorie, sondern thematisiert ein gesellschaftstheoretisch voraussetzungsreiches Teilproblem. Dabei ist nicht zu bestreiten, daß zwischen beiden Ebenen und »Politisierungen« theoretisch formulierbare Konnexe bestehen, aber darauf soll hier nicht eingegangen werden (vgl. Offe 1974b; Ronge 1974).

Schließlich ist noch eine dritte Verwendung des Politisierungsbegriffs aus dem Blickfeld auszuscheiden. Weingart (1976, 183 f.) etwa spricht von dem Prozeß der »Politisierung« eines öffentlichen Themas (»issue«) und bezeichnet damit die Übernahme eines Themas (z. B. aus der wissenschaftlichen oder literarischen Diskussion) in den engeren Kontext staatlicher Bearbeitung, Programmatik und Rechtfertigung. Diese Begriffsverwendung ist als solche nicht zu beanstanden; sie unterscheidet sich bloß von derjenigen, die hier – unter Bezug auf die »Systemfrage« – vorgenommen wird.

1.7. »Politisierung« des gegenwärtigen Kapitalismus – Die Fragestellung

Der allgemeinere Kontext der Fragestellung der folgenden Untersuchung sei noch einmal wiederholt. Es geht (letztlich) um empirische Argumente zum Problem, ob der Kapitalismus (in seiner spezifischen Ausprägung in der BRD) sich noch in der Aufstiegs-(Vervollkommnungs-)Phase oder – wie im Ansatz der Theorie des Spätkapitalismus behauptet – bereits in der Abstiegs-(Auflösungs-)Phase befindet und wie er sich dabei verändert. Dabei wird an empirischen Indikatoren zugrundegelegt, was die Theorie des Spätkapitalismus (im übrigen auch die Theorie des Staatsmonopolkapitalismus) selbst für ihre These heranzieht: der zunehmende Interventionismus des Staates in die Ökonomie, die politische Vermittlung der Produktion.

Die Aufstiegsphase des Kapitalismus könnte beim vorgestellten zweisystemigen Modell – Politik-Ökonomie in ihrem Verhältnis – als Ökonomisierung (oder Kapitalisierung), die Abstiegsphase als Politisierung bezeichnet werden (vgl. Habermas 1976, 42). Mit diesen Formeln würden die entsprechenden Marxschen Kategorien sozusagen institutionalisiert. Marx sah – für die Aufstiegsphase (dies ist meine Hypothese!) – die Tendenz darin, daß das Kapital alle gesellschaftlichen Lebensbereiche erfaßt und durchdringt bzw. daß alle Gebrauchswerte zu Tauschwerten werden bzw.

daß die Gesetze der Tauschwertproduktion = Kapitalverwertung alle anderen sozialen und politischen Gesetzmäßigkeiten überwölben und determinieren. »Systemisch« spezifiziert ergäbe sich etwa folgende Alternative. *Ökonomisierung* (sie wäre sachlich, wenn auch nicht unbedingt historisch identisch mit Entpolitisierung) würde bedeuten, daß der Politikprozeß so durch ökonomische Einflüsse oder Daten bestimmt wird, daß dessen eigentliches Regelungsprinzip, die soziale-politische Willensbildung, ebenso zur privaten Entscheidungsgewalt pervertiert, wie dessen Entscheidungsoutput, statt im allgemeinen Interesse zu sein, primär besonderen Interessen dient[6]. Umgekehrt würde *Politisierung* die Verdrängung und Ersetzung privater Willensbildung – regelungstheoretisch (auf der Makroebene): »Anarchie« oder Naturwüchsigkeit – durch politisch-demokratische Willensbildung und Entscheidung und damit die Überlagerung der vielen besonderen Interessen und Zwecke durch das allgemeine Interesse und die Ersetzung der Tauschwert- durch Gebrauchswertproduktion bedeuten (vgl. Zoll 1976, 177 ff.).

»Politisierung« und »Ökonomisierung« thematisieren evolutionäre Veränderungen im Verhältnis von Staat und Ökonomie. Diese Veränderungen sind nicht von einem imaginären Nullpunkt vollständiger Autarkie oder total-einseitiger Determinierung her zu denken. Der Prozeß der Ausdifferenzierung beider sozialer Sphären oder Funktionsbereiche produzierte vielmehr von Anfang an Interdependenzen und wechselseitige Abhängigkeiten, Beeinflussungen und Determinationen – wobei es freilich auf deren historisch variable Gewichtung (»*relative* Dominanz«; »*in letzter Instanz*« determiniert) ankommt.

Diese Wechselwirkung ist allerdings erst noch zu dimensionieren. Gemäß der Politisierungsthese verdrängen und ersetzen heute zunehmend staatliche *Entscheidungen* die »anarchischen« Kräfte der Ökonomie (die selbst ein Konglomerat von – aber gerade – dezentralen, unkoordinierten Entscheidungen darstellen); tritt entscheidungsmäßige an die Stelle struktureller Selektion (Luhmann 1970, 221); verdrängt das Prinzip des (staatlichen) Plans das Prinzip des Marktes (Dahrendorf 1966, 6) als »Vergesellschaftungsmechanismus«[7].

Was aber bedeutet es eigentlich, wenn der »Vergesellschaftungsmechanismus« staatlich-hoheitlicher Entscheidungen in wachsendem Ausmaß zum Zuge kommt (den der ökonomischen Naturwüchsigkeit verdrängend)? Ist damit der evolutionäre Trend schon ausreichend präzise charakterisiert? Im Versuch, »Politisierung« im Sinne des zunehmenden Einsatzes staatlicher Entscheidungen zu operationalisieren, stößt man auf die Möglichkeit der Dimensionierung der Politik*entscheidungen* als *formal* und *materiell*.

Konzeptualisiert man die Politik *systemtheoretisch* und begreift sie entsprechend (ansatz-notwendig) als relativ autonom, so kann und muß man sie – und folglich dann auch Politisierung – ausschließlich *formal* fassen: als organisierte Produktion von Entscheidungen (vgl. Easton 1965, 21; Luhmann 1970, 154 ff.). Darin liegt Konsequenz: Die systemtheoretische Konzeption stellt auf eigenbestimmte Regeln und Prozesse der Teilsysteme ab (bis hin zur Funktionsbestimmung: vgl. Luhmann 1972); die oberste Systemfunktion besteht in der Erhaltung entsprechender Autonomie – ein formaler Bezugspunkt, aus dem nur formale »Ableitungen« möglich sind. Die »Inhalte« der Funktionsleistung können und müssen unbestimmt bleiben oder kontingent gesetzt werden. Das gilt für Bezugspunkte wie Überleben, Stabilität oder »Komplexitätssteigerung und -reduktion« ebenso wie für »Widersprüchlichkeit«. Die systemtheoretische »Inhalts-Abstraktion« wird selbst dann beibehalten, wenn – ausnahmsweise – einmal das Verhältnis eines Teilsystems (nicht zu seiner gesamten Umwelt, sondern) zu einem bestimmten anderen Teilsystem untersucht wird. So kann Luhmann das Konzept der »Risikoverlagerung« zwischen Ökonomie und Politik in formal-prozessualen Kategorien beschreiben und die formale Politikdefinition – als Entscheidungsproduktion – aufrechterhalten (1970, 218 f.). Nichts prinzipiell anderes tut Offe (1975, 13, 17 f., 31 ff., 303 f.), wenn er Politik generell mit den formalen Konzepten der »Integration« und des »Interesses des Staates an sich selbst« ohne Rekurs und Bezug (bzw. mit nur kontingentem Bezug) auf bestimmte Inhalte, ja gerade argumentativ gegen einen solchen Rekurs erfassen will. Politisierung kann in diesem konzeptuellen Kontext nur heißen, daß vor- oder nichtpolitische Regelungen und Regelungssysteme politisch eingeholt, übernommen oder mindestens infiltriert werden. »Politisierung« bedeutet dann eine Vermischung, Verbindung oder letztlich Ersetzung von nicht- oder vor-politischen *Regelungen* und Regelungssystemen. *Was* damit vermischt, verbunden oder ersetzt wird, ob eine systemische Verschiebung von Funktionen oder eine Veränderung oder Übernahme von Zielen vorliegt, bleibt (ansatz-spezifisch) außerhalb der Betrachtung bzw. kann nur kontingent eingeführt werden. – Der systemtheoretisch-formale »Ansatz« blockt Politikinhalte mit Hilfe der Kategorie der »Perzeption« ab: Was zum politischen Thema und zur politischen Entscheidungsfrage werde, stehe in der Disposition der Politik selbst. Das bedeutet eine analytische Vorentscheidung: Die Bestimmung politischer Inhalte und Ziele erscheint als Dispositionsfrage der Politik selbst.

Die analytische Beschränkung auf diese formale Dimension von »Entscheidung« erscheint mir problematisch. Unter den eingeführten evolutionären Gesichtspunkten darf die materielle Dimension nicht vernachlässigt werden. »Politisierung« und »Ökonomisierung« sind analog dem Begriffspaar Gebrauchswert-Tauschwert konstruiert. Von daher ist es aber relevant, ob eine veränderte soziale Regelung materieller Reproduktion den Bereich politischer Gebrauchswertproduktion erweitert oder, im Gegenteil, die system-eigentliche Tauschwertproduktion unterstützt und befördert. Anders formuliert: Formelle Politisierung kann Anbindung der Politik an ökonomische Rationalität und deren (sowohl zufällige wie in spezifischer Weise herrschaftliche) Inhalte bedeuten *oder* soziale Durchsetzung inhaltlich-»politischer« Rationalität; entsprechend würde sich der »Stand der Herrschaftsverhältnisse« ändern oder nicht. Der zunehmende Anteil des Staates an sozial-ökonomischen *Regelungen*, der zunehmende politische Einsatz des *Hoheitsmediums* zur Gestaltung der sozialen Verhältnisse, besagen als solche zu wenig, als daß allein daran eine *evolutionär relevante* Modifikation der kapitalistischen Systemstruktur und Herrschaft abgelesen werden könnte. Ein derart beschränkter Politik- und Politisierungsbegriff würde nicht die theoretische Aufgabe erfüllen können, welche die evolutionäre Fragestellung aufwirft.

Die *alternative* Konzeptualisierung von »Politik« (und »Politisierung«) ist damit schon vorgezeichnet. In dieser wird Politik mit Bezug auf *Ziele* oder *funktionale Aufgaben* – allgemeiner: *Inhalte* – bestimmt, dabei aber die formal-strukturelle Dimension nicht aufgegeben. Die Hegelsche und Marxsche Staatsbestimmung, der das Selbstbewußtsein der politischen Akteure in weit höherem Maße entspricht, als es die ansonsten herrschende bürgerliche Ideologie vermuten läßt, lautet in aller Kürze: das Allgemeine besondert zu verfolgen. Hirsch (1974a, 226) beschreibt den bürgerlichen Staat in dieser Theorietradition »als ›besondere‹, gegenüber dem gesellschaftlichen Reproduktionsprozeß und den Produktionsagenten relativ verselbständigte Instanz«. Der Staat ist demnach (zwar) Nichtkapitalist und außerdem eine repräsentativ »delegierte« Institution und *insofern* strukturverschieden von (besondert aus) der ihn umgebenden sozialen Umwelt incl. Ökonomie. Andererseits ist aber das allgemeine Interesse ein *Inhalt* der Staatstätigkeit, der – als gegeben oder nicht gegeben – nicht erschöpfend aus dieser strukturellen und prozeduralen Besonderung erklärt werden kann. Nicht nur, daß dieser Inhalt historisch variiert; wichtiger ist, daß er mit politik-externen Entwicklungen variiert, durch diese mit-bestimmt wird. Das gilt sowohl für die ökonomische Entwicklung und deren »Anforderungen« wie für die Entwicklung von politisch-sozialen Bedürfnissen (die nicht unabhängig von der ökonomischen Entwicklung sind, allerdings wohl durch diese auch nicht erschöpfend erklärt werden können).

Mit dieser Politik-Bestimmung wird, darauf kommt es hier an, die Ausschließlichkeit des Hoheitsmediums als Politikdefiniens, die Formalität des Begriffs politischer Entscheidung, der formale Bezugspunkt von Politik, relativiert. Jetzt wird nämlich deutlich, daß Politik zwar durch das abstrakte »Interesse des Staates an sich selbst«, durch Organisationsmittel, durch das hoheitlich-rechtliche Handlungsmedium, durch die Monopolisierung legitimer Gewalt, durch Entscheidungstätigkeit etc. bestimmt ist, aber außerdem und zugleich durch ihre *inhaltlich* bestimmten Funktionen und *materiellen* Handlungsressourcen (Geld, Macht). Hofmann (1969, 6) hat folgerichtig unterschieden zwischen der »Verhoheitlichung von Privatmacht« einerseits und der »Privatisierung von Hoheitsgewalt« andererseits.

Die »Inhaltlichkeit« politischer Entscheidungen ist aber kein kontingentes oder zu konkretes Additum zu ihrer »eigentlichen« (abstrakten, formalen) Bestimmung, sondern ist Bestimmungselement (vgl. zum Zusammenhang auch Borner 1975, 26 f.). Die »Herstellung von Warenförmigkeit« (vgl. Offe/Ronge 1976) ist eine derartige inhaltliche Politikbestimmung[8] (s. u. 2.1.).

Nach dieser Unterscheidung von Form und Inhalt politischer Entscheidungen braucht man dann »Politisierung« und »Ökonomisierung« nicht mehr als »entweder-oder« zu begreifen (vgl. die problematische Formulierung von Offe 1975, 284), sondern kann sie als gegeneinander variabel behandeln. Die tatsächliche Variation ist eine historisch-empirische Frage. Gibt man die Privilegierung formaler Organisations- und Entscheidungsaspekte auf und läßt Form und Inhalt von sozialer Aktivität gegeneinander variieren, so ergibt sich die Möglichkeit einer Hypothese (spät-)kapitalistischer Entwicklung, bei der wachsende formelle staatliche Intervention in ökonomische Prozesse einhergeht mit zunehmender privat-ökonomischer Inhaltsbestimmung eben dieser Politik. Eine so gefaßte Hypothese macht allerdings von vornherein die Charakterisierung des evolutionären Trends als »Politisierung« ebenso problematisch wie das Attribut »spät«-kapitalistisch für die gegenwärtige Epoche. Vom Politik*inhalt* her gesehen, kann eine sog. Politisierungsentwicklung nämlich auch als »Durchkapitalisierung« realisiert und begriffen werden. Nur als auf die Form sozialer Entscheidungsprozesse bezogen wäre der Begriff der »Politisierung« dann adäquat; in bezug auf die Inhalte müßte man von »Ökonomisierung« sprechen.

Bereits Huffschmid (1969) hatte mit der Differenzierung politischer Entscheidungsprozesse nach Form und Inhalt argumentiert, als er schrieb: »Der Wettbewerb, einst koordinierender Freiheitsmechanismus, wird jetzt zum geplanten politischen Parameter der *angeblich* nicht mehr durch die Priorität unternehmerischer Gewinnmaximierung bestimmten Wirtschaftspolitik. Die Verantwortung für die Optimierung der wirtschaftlichen Prozesse *scheint* also von den einzelnen Unternehmen ... übergegangen zu sein auf die wirtschaftspolitische Instanz, die bestimmt, welche Ziele mit welchen Mitteln erreicht werden sollen.« (ebd., 133 f.)

In der folgenden Bestimmung des Staatsinterventionismus von Basso (1975, 28) zeigt sich die gleiche dimensionale Differenzierung von Form und Inhalt der Politik: »Die wachsende und immer engere Verzahnung zwischen ökonomischer und politischer Sphäre hat eine zweifache Wirkung gezeitigt: Während sie einerseits den Bereich der Autonomie oder der scheinbaren Autonomie des politischen Personals durch die Verwaltung des staatlichen Wirtschaftssektors erweitert hat, hat sie andererseits die öffentliche Gewalt enger an den Funktionsmechanismus der wirtschaftlichen Prozeßabläufe gebunden und so ihre Autonomie eingeschränkt.« Mit diesem Zitat kann freilich höchstens die Richtung meiner weiteren Argumentation angedeutet werden. Denn als solches enthält es noch tiefgreifende Unklarheiten: z. B. die Gleichsetzung von wirklicher und scheinbarer Autonomie. Hervorzuheben ist noch die Konsequenz, die Basso aus seiner Interpretation des Staatsinterventionismus für die Charakterisierung des heutigen Staates zieht: Er verweigert dem inhaltlich heteronomen Staat einen Subjekt-Charakter, wie er einer autonomen Entscheidungsorganisation zukäme, und bezeichnet ihn als »aktiven *Mechanismus*« (ebd., 28, 30).

Eine ähnlich differenzierte Interpretation des Staatsinterventionismus findet sich bei Böckenförde (1976), der den Funktionszuwachs des interventionistischen Staates anerkennt, aber vor einer daraus zu ziehenden Konsequenz der »Politisierung« warnt. Der Staatsinterventionismus, so meint er, »könnte die Vorstellung vom Moloch Staat entstehen lassen, der Wirtschaft und Gesellschaft zunehmend in sich einbezieht und beherrscht. Es ist jedoch für die gegenwärtige Identifikation Staat und Wirtschaft kennzeichnend, daß der Staat in eine Dienstfunktion gegenüber dem industriell-wirtschaftlichen Prozeß gerät. Es wächst zwar die Weite seiner Aufgaben, aber in gleichem Maße wächst die Schwäche seiner eigenen Entscheidungsmacht. Bei seiner Regulierungs- und Steuerungsfunktion ist er nicht in der Position des ›höheren Dritten‹, der selbst die Zügel in der Hand hält, sondern Träger einer *Komplementärfunktion* für den industriell-wirtschaftlichen Prozeß. Er setzt nicht seinerseits die für die Entwicklung und Regulierung des wirtschaftlichen Prozesses maßgeblichen Daten, sondern handelt re-aktiv auf die aus dem wirtschaftlichen Prozeß ihm gegenüber autonom sich ergebenden Daten und Tendenzen. Subjekt des sogenannten globalen Steuerungsprozesses ist nicht der Staat, sondern der industriell-wirtschaftliche Prozeß selbst ...« (ebd., 209) Auch dieses Zitat dient nur dazu, die Richtung meiner Hypothese anzudeuten. Denn noch bleibt ungeklärt, worauf es beruht und wie es kommt, daß formale und inhaltliche Autonomie des Staatshandelns auseinanderfallen. Die Funktion der empirischen Analyse ist, Licht in dieses Dunkel zu bringen.

Schließlich sind auch im Kontext der Diskussion über Investitionslenkung Entscheidungsfaktor und -inhalt quasi auseinandergezogen und gegeneinander variiert worden. So definiert Meißner (1974, 32) Investitionslenkung als »selektive öffentliche Beeinflussung der sektoralen und regionalen Struktur privater Investitionen«, sieht aber zwei mögliche Auswirkungen: »Diese Beeinflussung kann sowohl erfolgen in Richtung auf quantitative Wachstumssteigerung durch Forcierung produktivitätssteigernder Investitionen (Wachstumsbranchen, Zukunftstechnologie) als auch in Richtung auf eine bessere Qualität der Produktionsstruktur.« (ebd.) »Die zunehmende quantitative Bedeutung öffentlicher Investitionen braucht aber ihren ›Folgecharakter‹ nicht zu verändern. Ihre Richtung und ihre lokale Placierung kann in hohem Maße von der Art der privaten Investitionen bestimmt sein.« (ebd., 24)

Die Politisierungshypothese der Spätkapitalismustheorie, die ich hier als Folie zugrundelege, tendiert m. E. dazu, entweder die beiden Dimensionen von (sich ausdehnender) politischer Entscheidungsproduktion nicht klar genug zu trennen und getrennt empirisch zu untersuchen oder sich ausschließlich auf die formale Dimension zu stützen (aber dann doch inhaltlich-praktische Konsequenzen daraus abzuleiten).

Für meine empirische Analyse der Politik in ihrem (sich verändernden) Verhältnis zur Ökonomie folgt nach der bisherigen Argumentation die getrennte Untersuchung von

a) formalen Regelungsverhältnissen: politisch-hoheitlich oder privatautonom bzw. marktreguliert;

b) Ziel- und Inhaltsbestimmung: allgemein-politisch oder besonders-ökonomisch.

Ein dritter »Aufmerksamkeitsbereich« ergibt sich unter der für die vorliegende Thematik gebotenen Berücksichtigung der *Kosten*verteilung, die für »kostende Politiken« eine Rolle spielt; denn Nutzen und Kosten einer Investition können auseinanderfallen:

c) Regelung der Kostenverteilung: sozial-politisch oder privat-ökonomisch.

1.8. Politisierung als Problem – »Simultanpolitik« als Lösung

»Politisierung« der Ökonomie – als evolutionärer Trend oder als politische Strategie – hat leicht einen normativ-reformistischen Beigeschmack. Staatliche »Planung so weit wie nötig« unterstellt nicht nur eine entsprechende politische Potenz, sondern auch einen bestimmten positiven Effekt: auf diese Weise werde Instabilität stabilisiert, ein destruktiver Effekt der Markt- und Unternehmersteuerung neutralisiert, eine (ökonomisch verursachte) Krise (politisch) behoben. »Politisierung« müßte deshalb jeder Fortschrittliche wollen.

Die Politisierungsthese der Spätkapitalismustheorie hat diese Konnotation nicht, wenn auch Anklänge in dieser Richtung nicht fehlen. »Politisierung« bedeutet hier nicht nur Reform, sondern zugleich Erzeugung von *Folgeproblemen.* Insofern schließt die Spätkapitalismustheorie an die Marxsche Konzeption der *Krisenhaftigkeit* des Kapitalismus an. Ihre Differenz dazu besteht in der These der Krisenverlagerung, daß nämlich die Krisenphänomene von heute nicht mehr ökonomische Funktionsstörungen sind – die sind durch »Politisierung« zu beheben; »Politisierung« ist insofern ein systemischer »Auffangmechanismus« –, sondern in legitimatorischen Problemen und Konfliktphänomenen – als Folge der »Politisierung« – bestehen (vgl. Offe 1973).

Dieses Konzept läßt sich zu der Vorstellung verfeinern, daß eine Politik, die erfolgreich als »Auffangmechanismus« fungieren will, nicht nur die (primären) ökonomischen Funktionsprobleme, sondern zugleich auch die (sekundären) Legitimationsprobleme lösen muß. Man kann davon ausgehen, daß die Politik um diese möglichen Folgeprobleme weiß und sie immer schon mit bearbeitet: entweder erfolgreich, dann erzeugt sie keine Legitimationskonflikte; oder ohne Erfolg, dann entstehen derartige Konflikte (die dann von der Politik gesondert »weiterbearbeitet« werden müssen).

Diese Konzeption, die modifiziert auch für eine Politik gilt, deren inhaltliche Entscheidungsautonomie hinter der formellen zurückbleibt, braucht hier nicht detaillierter beschrieben zu werden, da dies andernorts geschehen ist (Funke/Offe/Ronge 1973; ansatzweise auch in Offe 1973 und 1975). Hier kommt es nur auf bestimmte Aspekte an. Die Politik, die vom Ansatz her das (primäre) ökonomische Funktionsproblem und *zugleich* das (sekundäre) legitimatorische Problem, das zu erwarten steht, zu lösen versucht bzw. löst, ist als »Simultanpolitik« bezeichnet worden (Funke/Offe/Ronge 1973). Dieser Politiktypus ist insofern *neu,* als er ja erst im Zuge der Politisierung auftritt. Denn erst im Zuge der Politisierung stellt sich der Politik dieses ausdifferenzierte, *zweifache* Problem.

Der Begriff der Simultanpolitik stellt ein theoretisches Konstrukt dar, das der »Übersetzung« in den Kontext faktischer Politik bedarf. Zunächst einmal handelt es sich ja um eine Hypothese: Politisierung erfolgt in Form einer *neuen Politik,* und diese neue Politik hat die *Form der Simultanpolitik.* Beides sind von daher empirische Fragen. Sollte diese Hypothese sich als richtig erweisen, ergäben sich zwei weitere (empirische) Fragen: *wie* Simultanpolitik konkret »funktioniert« und *ob bzw. in welchem Maße* sie »funktioniert«, d. h. Legitimationskonflikte tatsächlich verhindert.

2. »Strukturpolitik« – die politikpraktische Antwort?

2.1. »Strukturpolitische Orientierung« als neues Selbstverständnis der Politik

Eine inhaltlich spezifische und nicht bloß formal gefaßte Politisierungsthese könnte behaupten, daß der (kapitalistische) Staat in wachsendem Ausmaß und zunehmend reiner Form die Bedingungen erzeugt, unter denen der ökonomische Produktionsprozeß (autonom) funktioniert (vgl. Offe/Ronge 1976, 57 f., 61 ff.). (»Politisierung« wäre freilich zur Kennzeichnung dieses Vorgangs ein problematischer Begriff.) Es ließe sich – als empirische Hypothese – ein Phasenschema kapitalistischer Entwicklung, speziell der Staat-Ökonomie-Beziehung, konstruieren, nach dem der Staat

a) zunächst in den ökonomischen Prozeß (über allgemeine Rechts-, Ordnungs- und Sicherungsfunktionen hinaus) *nicht einzugreifen braucht,* weil dieser Prozeß autonom funktionsfähig und »fortschrittlich« ist;

b) später, mit zunehmenden negativen sozialen Effekten und Kosten des ökonomischen Prozesses, die »Ausfälle« – sozialen Kosten – dieses Prozesses »auffängt« und *spezifisch sozial-politisch versorgt* (wodurch eine sozusagen zweisektorielle Gesellschaft entsteht);

c) schließlich (heute), aus verschiedensten (ökonomischen) Gründen, den »dekommodifizierten« sozial-politischen Sektor dadurch wieder »aufzuheben«, rückgängig zu machen versucht, daß er die ökonomischen »Ausfälle« *»rekommodifiziert«,* d. h. ihre Reintegration in den ökonomischen Produktions- und Verwertungsprozeß betreibt.

Die letztgenannte, neueste Strategie der Politik könnte im übrigen als »Simultanpolitik« im erläuterten Sinne verstanden werden: diese Politik leistet eine (primär) ökonomische Funktion (für die allerdings der Begriff des »Interventionismus« nicht ganz treffend wäre), die über das hinausgeht, was frühere Politik tat, und die von daher in neuer Weise legitimationsbedürftig ist.

Meine These ist nun, daß sich zu diesem zunächst wissenschaftlich-analytisch konstruierten (wenn auch empirisch informierten), hypothetischen neuen Politiktyp ein reales Pendant findet – und zwar sowohl in der faktischen Politik wie im Selbstverständnis politischer Praxis[9]. Dieser neue Politiktyp heißt in der Politikpraxis *»Strukturpolitik«*. Ich werde zunächst darstellen, welche Ausprägung und welche Bedeutung der Begriff der Strukturpolitik im politischen Selbstverständnis aufweist. (Daß Selbstverständnis und reale Praxis nicht notwendig übereinstimmen, ist klar.)

Seit etwa einem Jahrzehnt ist der Begriff der »Strukturpolitik« (in seiner heutigen erweiterten Bedeutung) »aufgebaut« worden (vgl. aus der Literatur vor allem Schlecht 1968, Peters 1971, Tholl 1972, Kleps/Peters/Pachucki 1972; ferner die Schwerpunkthefte der WSI-Mitteilungen 11 und 12 1976). In allerjüngster Zeit erst hat er eine »globale« Bedeutung erlangt. Der Pendant-Charakter des Begriffs zur Hypothese der Politisierung wird deutlich, wenn etwa Mensch (1976, 63) schreibt: »Der Strukturpolitik kommt in der jetzigen Situation erste Bedeutung zu. Denn durch sie wird das Ordnungsprinzip der Marktwirtschaft konkret gestaltet.« Und Jochimsen (1975, 30) hat den evolutionären Aspekt herausgestellt, wenn er von Strukturpolitik »die systematische Fortentwicklung unserer Volkswirtschaft« erwartet[10]. Er versteht Strukturpolitik als ein Medium zur »Erweiterung staatlicher Steuerungsmöglichkeiten« (im Rahmen des kapitalistischen Systems) angesichts eines (partiell) versagenden Marktmechanismus (ebd., 35, 37). Der Offesche Begriff des »Auffangmechanismus« staatlicher Intervention drängt sich hier unmittelbar auf. Auch an die oben angestellten staatstheoretischen Überlegungen scheint Jochimsen direkt anzuschließen. Für ihn bedeutet Strukturpolitik, »unter anderem auch bestimmte Fehlleistungen des marktwirtschaftlich organisierten Prozesses zu korrigieren, bzw. den Marktprozeß in bestimmten Bereichen ganz außer Kraft zu setzen« (ebd., 38). »Der Eingriff in den Marktprozeß oder gar sein Ersatz durch einen politischen Abstimmungs- und Planungsprozeß bedeutet ..., den Bezugsrahmen für diesen Prozeß ... bewußt festzulegen, und zwar – sofern es sich um einen wirksamen Eingriff handeln soll – in Abänderung des sich marktwirtschaftlich ergebenden.« (ebd.) Beim Thema »Strukturpolitik« geht es um die mehr oder minder weitreichende »Substitution der Marktfunktionen durch politisch-administrative Organisation« (ebd., 42), und das erzeugt das Problem eines positiven, inhaltlichen »Bezugsrahmens«, einer

Zielfunktion (ebd., 38). Die strukturpolitische Aufgabenstellung »erhöht die Komplexität der Zielsysteme und verstärkt gleichzeitig ihre Bedeutung für die praktische Entscheidung« (ebd., 45).

Auch in einer neueren Publikation der OECD (1975) scheint der evolutionäre Stellenwert von Strukturpolitik – die in englischer Übersetzung nach ihrem (sektoralen) Kernbereich auch »industrial policy« genannt wird (vgl. ebd., 7,9) – auf: sie stellt eine sowohl historisch späte wie inhaltlich besonders intensive Form staatlicher Wirtschaftspolitik – »Intervention« im weiten Sinne – dar. »Industrial policy« geht über »general economic policies« (ebd., 29) – wie Fiskalpolitik, Globalsteuerung, Konjunkturpolitik, selbst Preis- und Lohnpolitik – hinaus: »general economic policies of a conjunctural nature do not deal with the problem of the long-term allocation of resources ... Thus, alongside the work on improving conjunctural policy-making, increasing attention has been given over the years to the formulation of longer-term policies aimed at augmenting the potential and modifying the structure of various parts of the economy« (ebd., 35).

Das »interventionistische« Element von Strukturpolitik, durch das die Vergleichbarkeit mit »Politisierung« begründet ist, wird auch in folgender Bestimmung von Peters (1971, 18) deutlich: »Während allgemeine Wirtschaftspolitik ordnungspolitisch die allgemeingültigen Grundsätze und Prinzipien ... umfaßt, bezieht sich die sektorale Wirtschaftspolitik (= Strukturpolitik; VR) auf die Ausnahmen von diesen Grundprinzipien und auf ergänzende Ordnungen, die für bestimmte Wirtschaftszweige und Berufsgruppen gemacht worden sind. (...) Prozeßpolitisch umschließt die allgemeine Wirtschaftspolitik alle Interventionen, die auf den Wirtschaftsablauf als Ganzes gerichtet sind. (...) Zur sektoralen Prozeßpolitik (= Strukturpolitik; VR) zählen alle Eingriffe, die auf bestimmte Wirtschaftszweige oder Berufsgruppen beschränkt bleiben ...« Peters erkennt also, daß das Ausmaß interventionistischer Strukturpolitik etwas mit der Wirtschaftsordnung, mit dem »System«, zu tun hat (vgl. auch Peters in: Kleps/Peters/Pachucki 1972, 73). Schlecht hat in einem Vortrag schlicht konstatiert, daß Strukturpolitik einen »Eingriff in den Marktmechanismus« bedeute (Schlecht 1974, 3). Der Beginn der Konjunktur des Begriffs kann für die BRD genau datiert werden (vgl. Peters in: Kleps/Peters/Pachucki 1972, 59). Das Wirtschaftskabinett der Bundesregierung erstellte im Herbst 1966 Grundsätze der sektoralen Strukturpolitik; das erste »Gesamtprogramm« – Grundsätze der sektoralen Struktur- und Wirtschaftspolitik – wurde von der Bundesregierung Anfang 1968 dem Bundestag vorgelegt (BT-Drucks. V/2469 v. 16. 1. 68; siehe Schlecht 1968, 43 ff.). 1969 und 1970 veröffentlichte die Bundesregierung dann zwei »Strukturberichte« (BT-Drucks. V/4564 v. 4. 7. 69 und VI/761 v. 8. 5. 70). Im Kontext der Debatte über »Investitionslenkung«, die in den letzten Jahren vor allem in linken SPD-Kreisen (Jungsozialisten) geführt wurde, setzte sich der Begriff dann in der öffentlichen Meinung durch. Meißners Definition von »Investitionslenkung« zeigt den Zusammenhang: »Investitionslenkung soll ... verstanden werden nicht als niveauorientierte Politik mit gelegentlichen strukturellen Nebeneffekten, sondern als eine *selektive öffentliche Beeinflussung der sektoralen und regionalen Struktur privater Investitionen.*« (1974, 32; Hervorhebung von mir, VR)

Daß das Aufkommen der Strukturpolitik historisch die Reaktion auf das Abklingen des (»un-normalen«) wirtschaftlichen Nachkriegsbooms darstellt, ist offensichtlich (vgl. Schlecht 1968, 11).

Das Konzept der »Strukturpolitik« soll, über die hiermit bereits vorgestellte Definition hinaus, kurz systematisch beschrieben werden. Nach Kubista/Scheer (1976, 160) ist Strukturpolitik »die Gesamtheit aller Maßnahmen, welche primär auf die Beeinflussung, Gestaltung und/oder Festlegung der Wirtschaftsstruktur durch die Träger der staatlichen Wirtschaftspolitik abzielt«. Strukturpolitik setzt, wirtschaftstheoretisch gesehen, auf der *Angebotsseite* an. Das gegenüber Ordnungs- wie global- und nachfragesteuernder Prozeßpolitik Neue der Strukturpolitik besteht demnach darin, daß die »Beinflussung, Gestaltung und/oder Festlegung« – verkürzt könnte man »Regelung« sagen – der Wirtschaftsstruktur zum *primären*, direkten Politikziel avanciert. Alle wirtschaftsbezogene Politik, z. B. Wettbewerbs-, Konjunktur-, Infrastrukturpolitik, selbst politische Inaktivität, setzt ja – durchaus selektive – Daten für die Ökonomie (vgl. Kleps in: Kleps/Peters/Pachucki 1972, 14; Mensch 1976, 77 ff.); das Spezifische der Strukturpolitik ist die bewußte, direkte, primäre *Selektivität* der Politik (vgl. Kleps in: Kleps/Peters/Pachucki 1972, 15; Peters, ebd., 63). Damit stellt sich aber der Politik die Frage der Ziele und Kriterien; hier läßt sich schlicht konstatieren, daß Strukturpolitik *Wachstumsförderung* anstrebt: »die *Wanderungsbewegungen von Kapital, Arbeit und Boden auf ein höheres Wachstum zu richten*, um dadurch die Chance mittelfristiger Wohlfahrtssteigerung zu vergrößern« (Noé 1970, 730; vgl. auch Kleps in: Kleps/Peters/Pachucki 1972, 39; Pohle/Lutzke 1974, 264 ff.). Hiermit ist auch bereits die Vorstellung vom Mittel-Charakter der Wachstumspolitik für die Wohlfahrt ausgesprochen, die ja einen charakteristischen Zug kapitalistischer Ideologie ausmacht: auch die Tauschwertproduktion wurde als Mittel zur Gebrauchswertproduktion begriffen; die unbeschränkte Verfolgung des individuellen Interesses als Mittel zur Befriedigung der allgemeinen, gesamtgesellschaftlichen Interessen.

Unter Einbeziehung des ökonomischen »Adressaten« der Strukturpolitik gelangt man zu verschiedenen Differenzierungen. Strukturpolitik

a) kann sich – immer in ihrer Explizitheit, d. h. abgehoben von sekundären Effekten – auf die *Allokation der Produktivkräfte* oder auf den – trotz aller Politisierung ja weiterbestehenden – vorstaatlich-ökonomischen Regelungsmechanismus des *Marktes bzw. Wettbewerbs* beziehen (Kubista/Scheer 1976, 160; vgl. die »Unternehmensgrößen-Strukturpolitik« bei Schlecht 1968, 31 ff.);

b) kann *Strukturen* selbst setzen bzw. beeinflussen oder den Struktur*wandel* fördern; insofern ist sie *Gestaltungspolitik* oder *Flexibilitätspolitik* (Kubista/Scheer 1976, 160);

c) kann sich, soweit sie auf die Allokation der Produktivkräfte abzielt, auf wirtschaftliche *Regionen* oder *Sektoren* (Branchen) richten: ist entsprechend regionale oder sektorale Strukturpolitik;

d) kann sich – als allokations-orientierte Politik – auf den Produktionsfaktor *Arbeit* (incl. Bildung) oder *Kapital* (incl. technischer Fortschritt) richten (Noé 1970, 730 f.).

Bis hierher könnte man »Strukturpolitik« noch als nicht mehr denn einen bloßen *Teilbereich* der *Wirtschafts*politik verstehen. Ich möchte aber die These vertreten (und später anhand der Forschungspolitik belegen), daß »Strukturpolitik« in zunehmendem Maße die vereinheitlichte Zielfunktion für alle wirtschaftsadressierte Staatstätigkeit abgibt (vgl. Strukturbericht 1969, Tz 1), insofern das heutige Staat-Ökonomie-Verhältnis »auf den Begriff bringt«. Man kann von einer generellen *»strukturpolitischen Orientierung«* der – im weitesten Sinne wirtschaftsadressierten – Staatstätigkeit sprechen. Das Interessante an diesem Phänomen besteht darin, daß »Strukturpolitik« als »positive«, instruktive Zielfunktion der Politik bzw., in der Durchführung, als »aktive« Politik *erscheint* und »dargestellt« werden kann, tatsächlich aber – qua wachstumspolitischem »Inhalt« – die (jetzt bewußte und ausdrückliche) »Anbindung« der Politik an nichtpolitische, privat-ökonomische Zielfunktionen bedeutet. Damit wird (auf allgemeinster Ebene) ein zentrales Problem der Wirtschafts-, insbesondere der Investitionspolitik gelöst – eben das der Zielfunktion (»Prioritäten«) und der

Maßstäbe (vgl. Ronge/Schmieg 1973, 53 ff.; Kleps in: Kleps/Peters/Pachucki 1972, 27 f.); die Lösung dieses Problems kann darüberhinaus legitimatorisch so »dargestellt« werden, daß die mit Strukturpolitik implizierte »Anbindung« an ökonomische Ziele und Interessen verdeckt bleibt (vgl. etwa Marshall 1976). Voraussetzung einer solchen Politikstrategie ist freilich ein bestimmter Grad von »Vergesellschaftung«, konkret: Monopolisierung, im Bereich der Ökonomie, welcher das Problem der Aggregierung »gesamtökonomischer« Interessen und Ziele (anders formuliert: der Eruierung der Interessen des – fiktiven – Gesamtkapitals) »aufhebt«. Die Politik kann dann bestimmte *Unternehmens*strategien direkt übernehmen, als eigene Zielfunktion ausgeben, weil diese – aufgrund der gegebenen, »vereinfachten«, ökonomischen Struktur – zugleich das *gesamt*ökonomische, *nationale* Interesse ausmachen.

Die hier behauptete inhaltliche »Funktionalisierung« der Strukturpolitik für unternehmens-ökonomische Interessen ist nicht etwa eine böswillige Unterstellung. Im Gegensatz zu den reform-euphorischen Vertretern der »Investitionslenkung«, die nur fordern – staatliche »Lenkung« privater Investitionen –, was sie abstrakter (fälschlicherweise) schon voraussetzen – die politische Instrumentalisierbarkeit der Ökonomie –, vertreten die Theoretiker der »Strukturpolitik« (die in der Regel politische Praktiker mit entsprechendem »Realitätssinn« sind) von vornherein eine reaktiv-adaptive Konzeption. Selbst die geäußerte Absicht der Strukturpolitik geht auf inhaltliche Anpassung der Politik und Restitution des ökonomischen Regulators »Wettbewerb« – nicht auf die Ersetzung und Verdrängung desselben zugunsten autonomerer, reformistischer Politik. Der Strukturpolitik geht es »nicht um eine irgendwie geartete staatliche Planung der künftigen Wirtschaftsstruktur. Es geht darum, *natürliche Markttendenzen zu wecken und zu verstärken, um den Übergang in neue Wettbewerbspositionen zu beschleunigen oder zu erleichtern.*« (Schlecht 1968, 17) Strukturpolitik bezweckt die »Wiederherstellung des Wettbewerbs auf neuer Grundlage« (ebd.). Die inhaltliche Ausrichtung des (strukturpolitisch geförderten) Strukturwandels bleibt außerhalb politischer Determinierung, erfolgt durch Unternehmerentscheidungen und Wettbewerbsgesetzlichkeit (vgl. Strukturbericht 1969, Tz 2). Das spezifisch Neuartige der Strukturpolitik besteht tatsächlich nicht in der (systemverändernden) Ersetzung und Verdrängung von Markt und Unternehmerentscheidung, sondern in der nun expliziten »einheitlichen ökonomischen Zielfunktion« der wirtschaftsadressierten Politik (Noé 1970, 730). Diese Zielfunktion ist die Wachstumsfunktion – und zwar nicht eine theoretisch abgeleitete und operationalisierte (das ist nie gelungen und konnte systemnotwendig nicht gelingen[11]), sondern eine sich faktisch aus einer überschaubar gewordenen Wettbewerbs- und Unternehmensstruktur ergebende. Nach meiner These ist es nicht nur ein für ordnungspolitische Debatten typisches Postulat, sondern auch adäquate Deskription der (allerdings in ihrer konkreten Ausgestaltung noch genauer zu analysierenden) Faktizität, wenn etwa der Sachverständigenrat zur Begutachtung der gesamtwirtschaftlichen Entwicklung definiert: »Die Strukturpolitik steht ... zu den Entwicklungstendenzen, die in Wirtschaft und Gesellschaft angelegt sind, in einer teils komplementären, teils subsidiären Beziehung; sie kann diese ergänzen, fördern, auch in manchem beeinflussen, sie kann und soll sich nicht vornehmen, sie zu bestimmen.« (Jahresgutachten 1975/76, Tz 291) Die Behauptung, daß die »strukturpolitische Orientierung« der Politik ein neues Phänomen darstellt, impliziert die Existenz sich davon unterscheidender Vorläufer. In dieser Hinsicht kann die Strukturpolitik in der Sache zweifach »abgesetzt« werden:

a) einerseits stellt sie eine inhaltliche Auffüllung der bloß formalen Konzepte von *»aktiver Politik«*, Systempolitik, Planungspolitik o. ä. dar, die in den vergangenen Jahren Hochkonjunktur besaßen (vgl. aus der Diskussion nur Mayntz/Scharpf 1973, 115 ff. und Blankenburg/Schmid/Treiber 1974; ferner den problematischen Bezug darauf von Offe 1975, 31 ff.);

b) andererseits stellt sie den inhaltlichen Nachfolger des Konzepts der »Reformpolitik« dar, das die ersten Jahre der »sozialdemokratischen Machtübernahme« in der BRD begleitet hatte.

In historischer Perspektive ist die zuletzt genannte Bezugsfolie bedeutsamer. Strukturpolitik bezeichnet einen Politiktypus, der inhaltlich durch eine ökonomische Orientierung (auf Wachstum) charakterisiert und insofern (inhaltlich) heteronom bestimmt ist; dabei kann die formale Autonomie der Politik gewahrt bleiben, muß es allerdings nicht – ob und in welchem Maße sie gewahrt wird, ist eine empirische Frage und hängt u. a. von (historisch variablen) Legitimationsrücksichten ab. Reformpolitik wäre demgegenüber – intentional – sowohl in Form wie Inhalt autonom. In der Reformpolitik geht es um Politikinhalte in der Form von sozialen Gebrauchswerten, die gegen die herrschende Tauschwertproduktion und die hinter dieser stehenden Herrschaftsinteressen durchgesetzt werden sollen. In der Strukturpolitik fallen demgegenüber Gebrauchswerte nur sekundär ab. Pointiert formuliert: die »eigentlich« gebrauchswertproduzierende Politik macht bei strukturpolitischer Orientierung die Tauschwertstrategie zu ihrem Gebrauchswert. Dies zeigt sich auch gerade in der bewußten Inkaufnahme »sozialer Härten« als Nebenprodukten von Strukturpolitik (vgl. Strukturbericht 1969, S. 25).

Im Kontext der engeren, genuin wirtschaftpolitischen Diskussion der Strukturpolitik hat Hamm (1972, 118) eine Phasierung der Nachkriegs-Strukturpolitik in der BRD vorgenommen, die einerseits die eben beschriebene alt-neu-Differenzierung noch spezifiziert und andererseits starke Anklänge an das eingangs eingeführte Entwicklungsschema der Politisierung aufweist: »Die Branchenstrukturpolitik in der Nachkriegszeit läßt sich ... in drei sich überlappende Phasen einteilen: Die erste Phase (bis zu den fünziger Jahren) ist durch den Abbau interventionistischer Regelungen in zahlreichen Branchen gekennzeichnet; an die Stelle von Interventionen traten durch Wettbewerb, freie Preisbildung und freien Marktzugang gesteuerte Marktprozesse. (...) In einer zweiten Phase der Branchenstrukturpolitik kann von einer Art Balance zweier widerstreitender Kräfte gesprochen werden: den fortdauernden Bemühungen der Wirtschaftspolitiker um verstärkte Einschaltung des Wettbewerbs mit dem Ziel einer verbesserten Marktversorgung einerseits und den Forderungen von Verbänden und Gewerkschaften auf Einführung oder Beibehaltung wettbewerbsmindernder Ausnahmeregelungen andererseits. (...) Eine dritte Phase, die in der zweiten Hälfte der sechziger Jahre einsetzt, ist durch Duldung oder aktive Förderung wettbewerbsmindernder Regelungen durch staatliche Organe und durch zunehmende Interventionsneigung geprägt.«

Selbst von Autoren, die die alt-neu-Differenzierung im hier gemeinten Sinne *praktisch* nicht verwirklicht sehen (etwa Kleps und Peters in: Kleps/Peters/Pachucki 1972), wird doch die strukturpolitische Orientierung in der von mir beschriebenen Richtung für unumgänglich gehalten und postuliert (so etwa Kleps in: Kleps/Peters/Pachucki 1972, 50; Oppenländer 1974, 15). Daß zumindest im Bereich der Forschungspolitik diese neue Orientierung auch faktisch fortschreitet, daß insoweit das strukturpolitische Selbstverständnis eine gewisse Realitätsnähe besitzt, wird noch zu zeigen sein.

»Strukturpolitik« vereint also, um zusammenzufassen, den formalen Aspekt staatlichen Handelns, der sich im Begriff der »aktiven Politik« ausdrückt und verselbständigt hat, mit dem inhaltlichen Aspekt der expliziten Wachstumsorientierung und -förderung. Historisch setzt sie – nur anfangs reformpolitisch beschönigt – ein mit dem Ende des Nachkriegsbooms, d. h. der Phase weitgehend »automatischen« Wachstums.

Und um den Anschluß an die Politisierungsthese zu gewinnen: im Begriff der »Strukturpolitik« wird eine neue Form des Staat-Ökonomie-Verhältnisses auf den – freilich ideologischen, d. h. teils adäquaten, teils inadäquaten – Begriff gebracht.

Die Ambivalenz des Politisierungsbegriffs, die ich behauptet habe und nachzuweisen versuche: daß er inhaltlich das Gegenteil dessen bedeutet, was begrifflich angezeigt wird, findet sich auch im zunehmend die Staatsaktivität insgesamt »abdeckenden« Strukturpolitik-Begriff. Hier wird Interventionismus bestenfalls vorgespiegelt, während in der Sache eine klare und verstärkte Anbindung und Ausrichtung an kapital-ökonomische Reproduktion vorliegt.

2.2. Sektorale Strukturpolitik

Die *sektorale* Strukturpolitik macht den Kernbereich der Strukturpolitik aus (vgl. Peters 1971, Oppenländer 1974b, Schwietert 1974); darüber hinaus ist in Sonderheit sie für den theoretischen Fragezusammenhang dieser Untersuchung relevant, in dem es um das sozusagen ordnungspolitische Verhältnis von Staat und Wirtschaftsstruktur – als Unternehmensstruktur – geht (vgl. Tholl 1972). In der regionalen Strukturpolitik spielen demgegenüber andere, vor allem sozialpolitische Aspekte eine erhebliche Rolle; in ihr reflektiert sich deshalb das Staat-Ökonomie-Verhältnis weniger »rein«.

Sektorale Strukturpolitik zielt darauf ab, »das Verhältnis der Sektoren einer Volkswirtschaft zu ordnen, zu beeinflussen oder unmittelbar festzulegen« (Kubista/Scheer 1976, 163); dabei werden als »Sektoren« regelmäßig industrielle *Branchen* verstanden (vgl. Kleps in: Kleps/Peters/Pachucki 1972, 16; OECD 1975). Alles bereits für die Strukturpolitik allgemein Gesagte gilt auch speziell für ihre sektorale Form. Insbesondere lassen sich auch alle angeführten Differenzierungen übertragen.

Von besonderem Interesse ist freilich, daß sich aufgrund ökonomischer Relevanz eine spezifische Art sektoraler Strukturpolitik als deren Kernbereich herausschält. Unter ökonomischen, d. h. Wachstums- und Produktivitäts-Gesichtspunkten ist nämlich (jedenfalls für eine hochindustrialisierte Wirtschaft wie die der BRD) wichtiger als die »strukturelle *Anpassung* der Unternehmen ... an die Dynamik der Marktdaten« (EWG-Programmatik, zit. nach Schlecht 1968, 69; Hervorhebung von mir, VR) die progressive Setzung von Marktdaten durch Entwicklung und Förderung von »Schlüsselbereichen der technischen Entwicklung«, »die für das gesamtwirtschaftliche Wachstum längerfristig von besonderer Bedeutung sind« (EWG-Programmatik, zit. nach Schlecht 1968, 90). Die »Entwicklung zukunftsweisender, für den gesamtwirtschaftlichen Fortschritt wichtiger Industriezweige« (Strukturbericht 1969, Tz 26), die Entwicklung und Förderung von »Schlüsseltechnologien« in »Schlüsselindustrien« erweist sich von daher als Kernbereich sektoraler Strukturpolitik. Peters (in: Kleps/Peters/Pachucki 1972, 75) nennt diese Art der Strukturpolitik verdeutlichend »Struktur*gestaltung*«, Tholl (1972, 85) »Struktur*planungs*politik«.

Die ökonomische Theorie (Wachstumstheorie) war sich des Zusammenhangs von technischem Fortschritt und Wachstum immer relativ sicher, ohne ihn jemals stringent nachweisen zu können: »Die Zusammenhänge zwischen wirtschaftlichem Wachstum und technischem Fortschritt gehören seit geraumer Zeit zum Kanon wirtschaftswissenschaftlicher Erkenntnis: Der technische Fortschritt als dritter Produktionsfaktor ist eine der maßgeblichen Determinanten des Wirtschaftswachstums.« (Ott 1974, 47) Nachdem diese »Erkenntnis« eine Zeitlang dazu herhalten mußte, Anstrengungen von Forschungs- und Bildungspolitik zu rechtfertigen (vgl. Schröder 1971; kritisch: Ronge/Schmieg 1973, 65 ff.), ist die politische Praxis gerade der Forschungspolitik inzwischen skeptisch gegenüber den behaupteten Zusammenhängen geworden (vgl. OECD 1974, 174). Das hat freilich der strukturpolitischen Programmatik und Ausrichtung keinen Abbruch getan: dies kann als ein Hinweis darauf gelten, daß die strukturpolitische Faktizität keine »Ableitung« aus der ökonomischen Theorie darstellt, sondern anderen Mechanismen folgt (s. u.).
Eine zweite Spezifizierung folgt aus der (realistischen) Voraussetzung, daß im (kapitalistischen) ökonomischen Fortschritt normalerweise der Faktor »Kapital« gegenüber dem Faktor »Arbeit« die führende und determinierende Rolle einnimmt (vgl. Kleps in: Kleps/Peters/Pachucki 1972, 30). Von daher steht die Technologie-Entwicklung im Vordergrund sektoraler Strukturpolitik und nicht die Qualifikation und Mobilität von Arbeitskräften.

Der Effekt der beiden genannten Spezifizierungen ist, daß *Forschungs- und Technologiepolitik* im Zentrum der sektoralen Strukturpolitik steht (aus ökonomischen Gründen stehen muß) (Ehrenberg 1976, 405) und daß der Adressat oder »Partner« dieser Politik (wiederum aus ökonomischen Gründen!) dann eher einige wenige Unternehmen – *Branchenführer* – als ganze Branchen sind (vgl. Peters in: Kleps/Peters/Pachucki 1972, 81 f.). (Damit ist die »Ableitung« des im Folgenden untersuchten Politikbereichs vollzogen.)

Die herausgestellte Spezifizierung der sektoralen Strukturpolitik kann auch als historische Entwicklung und zugleich Programmatik verstanden werden. Hier zeigt sich die Parallele zur eingeführten Politisierungsthese erneut, die die immer reinere Durchsetzung des politischen Bezugspunkts »(Re-)Kommodifizierung« behauptete. Die EWG-Programmatik (zit. nach Schlecht 1968, 92) ergab sich aus einer Kritik der faktischen Politik: »Gegenwärtig ist festzustellen, daß die öffentlichen sektoralen Interventionen bisher vor allem aus sozialen Gründen mehr der Erhaltung von in Schwierigkeiten geratenen Sektoren zugute kamen als der Förderung von Wachstumsbereichen oder der Beschleunigung struktureller Anpassungsprozesse. (...) Es ist wünschenswert, daß die Förderungsmaßnahmen in Zukunft in die Gesamtheit der Maßnahmen eingeschlossen werden, die im Hinblick auf die langfristige Wirtschaftsentwicklung getroffen werden.« Der Strukturbericht 1969 (Tz 11) behauptete zumindest schon den faktischen Orientierungswechsel: »... ist im Bereich der sektoralen Strukturpolitik eine Verlagerung des Schwerpunktes unverkennbar: Stand früher die Anpassung problematischer Wirtschaftszweige an unumgängliche Strukturwandlungen im Vordergrund der strukturpolitischen Bemühungen der Bundesregierung (sozusagen ›Strukturpolitik alt‹; VR), so wird nun der Entwicklung zukunftsweisender, für den gesamtwirtschaftlichen Fortschritt wichtiger Produktionszweige besondere Aufmerksamkeit geschenkt ...«

3. Forschungs- und Technologiepolitik

3.1. Forschungspolitik als Strukturpolitik

Oben ist gezeigt worden, daß, weil mit zunehmendem industriellen Niveau der technologische Fortschritt (sog. 3. Faktor in der Produktionsfunktion) und Innovationen eine führende Rolle in der Produktion bekommen, sich die sektorale Strukturpolitik (in einem hochindustrialisierten Land vom Typ der BRD) stromlinienförmig auf den Kernbereich der Forschungs- und Technologiepolitik verengt und ausrichtet. Schon der noch programmatische Strukturbericht 1969 hatte diese Politikmaterie in den Vordergrund gerückt. Nach der dort geäußerten Auffassung »hängt die langfristige Leistungsfähigkeit moderner Industrien in zunehmendem Maße davon ab, daß neue Produkte und Verfahren entwickelt und rasch in der industriellen Praxis angewendet werden (Innovation)« (Tz 6). Aus diesem Begründungszusammenhang wurde die Strategie abgeleitet: »Eine besonders wichtige Zukunftsaufgabe stellt sich der staatlichen Strukturpolitik in der Förderung der Forschung und Entwicklung im technisch-wirtschaftlichen Bereich mit dem Ziel einer möglichst raschen Umsetzung der Ergebnisse in die industrielle Praxis.« (ebd., Tz 2)

Umgekehrt nun kann man – zunächst wieder programmatisch – in der jüngsten Zeit die *strukturpolitische Orientierung und Ausrichtung der Forschungs- und Technologiepolitik* feststellen. Der zeitweilige Bundesforschungsminister Ehmke hat wohl als einer der ersten gefordert, daß sich eine »am gesellschaftlichen Bedarf orientierte Forschungs- und Entwicklungspolitik ... als aktives Element wirtschaftlicher Strukturpolitik begreifen« müsse (1973b, 1493). Die Begrifflichkeit dieses Postulats drückt den historischen Übergang aus von einer noch eher *reformpolitisch*-aktiven FuE-Politik, wie sie in den ersten sozialdemokratischen Regierungsjahren intendiert wurde, zur heutigen *strukturpolitisch*-aktiven FuE-Politik: der

»gesellschaftliche Bedarf«, ein Zentralbegriff der Reformära, wird allmählich seiner reformpolitischen Gebrauchswert-Inhalte entkleidet und struktur-, d. h. wachstumspolitisch – in »gesamt-gesellschaftlichen Tauschwert« – umformuliert.

Inzwischen hat sich die Interpretation und Ausrichtung der FuE-Politik in strukturpolitischer Richtung voll durchgesetzt. Der derzeit zuständige Ressortminister Matthöfer formuliert in aller Eindeutigkeit: »Forschungspolitik muß sich als eine richtungsweisende, antizipative Strukturpolitik begreifen ...« (Vorwort zu Hauff/Scharpf 1975; vgl. ferner Matthöfer 1975b, 878 f.; Hauff/Scharpf 1975, 14) Und an anderer Stelle beschreibt der Minister, was er unter »aktiver und gezielter Strukturpolitik« versteht: »Wir brauchen eine vorausschauende, d. h. vorausplanende und zukunftsbezogen handelnde staatliche Struktur- und Modernisierungspolitik

– die mit geschärftem Problemverständnis
– und auf einer besseren Informationsgrundlage
– mit verbesserten Instrumenten eingesetzt wird
– jedoch ohne die Vorteile der Marktsteuerung zu gefährden.« (Matthöfer 1976a)

Die Übertragung strukturpolitischer Funktionen auf die FuE-Politik ergibt in etwa die folgende forschungspolitische Programmatik: »Unsere erste wichtige Aufgabe ist ... die Sicherung der Leistungs- und Wettbewerbsfähigkeit unserer Industrie und damit die Entwicklung der Arbeitsplätze.« Gefördert wird »die industrielle Forschung und Entwicklung in technologischen Schlüsselbereichen ...«; dies versteht man als »Spezialisierungsstrategie«. »Staatliche Mittel für die industrielle Forschung und Entwicklung ... sind dort notwendig, wo sonst zu wenig geschieht ...« – aus Gründen zu hohen unternehmerischen Risikos oder zu geringer unternehmerischer Gewinnchancen. »Staatliche Förderungsmittel müssen ... komplementär zu den Mitteln der Wirtschaft eingesetzt werden ...« »Staatliche Technologieförderung ... muß von vornherein die wirtschaftliche Umsetzung, das heißt die Innovation, mit einbeziehen ... Der Staat darf dabei auch eine Schrittmacherfunktion für Innovationsprozesse nicht scheuen.« (Alle Zitate aus Matthöfer 1976a) In aller Kürze zusammengefaßt sieht die heutige Forschungspolitik ihre Aufgabe darin, »mit Hilfe von Forschung, Technologie und Innovation eine ›Industriepolitik für morgen‹ zu gestalten« (Rembser 1975, 24).

Man könnte gegen die Behauptung strukturpolitisch *werdender* Forschungspolitik einwenden, daß Forschungspolitik schon immer Strukturpolitik gewesen (Berger 1976, 329) und es deshalb ohne Pointe sei, sie heute als solche zu deklarieren. Der Einwand sticht m. E. nicht. Weder ist die (empirische) Behauptung richtig, daß FuE-Politik schon immer faktisch strukturpolitisch fungiert habe (dazu weiter unten) – daß sie dies schon immer *hätte* tun *sollen*, ist eine andere Sache: ein kritisches Postulat –, noch kommt es ja im Hinblick auf strukturpolitische Orientierung und Ausrichtung *allein* auf die Faktizität an: es geht auch um die Explizitheit und Offizialität dieser Faktizität (mit der sich die Politik möglicherweise »Darstellungsprobleme« einhandeln kann; die insofern nicht »gratis« ist).

Bereits im Ansatz einer strukturpolitischen Orientierung und Ausrichtung der Forschungspolitik liegen Probleme, die so offensichtlich sind, daß sich die forschungs-struktur-politische Programmatik mit ihnen auseinandersetzen muß. Die simple Frage ist, wie eine Forschungspolitik Strukturpolitik werden *kann*, ohne sich einerseits als Politik – im Sinne gesellschaftlich-öffentlicher Willensbildung und Inhaltsbestimmung – aufzugeben und ohne andererseits die ökonomischen Steuerungsmechanismen (Markt und Unternehmensentscheidungen) zu beeinträchtigen. Oder kürzer: wie kann – nach ihrem eigenen Selbstverständnis – die Forschungspolitik zugleich *aktive* Strukturpolitik und »*systemkonform*« sein? (Die Frage hätte eigentlich bereits im vorhergehenden Kapitel thematisiert werden können; ich behandle sie erst hier, weil sich an einem konkreten Politikbereich die Probleme deutlicher stellen.)

Sozusagen als Problemfolie vorausgeschickt seien zwei Thesen aus der allgemeinen strukturpolitischen Diskussion. Die erste schließt an den Zusammenhang von Strukturpolitik und Politisierung an: als Politisierung interpretierte Strukturpolitik würde eine Veränderung des systemischen Status quo, gemessen am Staat-Ökonomie-Verhältnis, implizieren. Dieser Vorstellung würde es entsprechen, den »ordnungspolitischen« Status quo, Systemkonformität, als variabel anzusehen. Die – insofern typisch »sozialdemokratischen« – Verfechter von Strukturpolitik tun dies und setzen sich damit ordoliberaler Kritik aus, die immer so tut, als böte »Systemkonformität« eine praktische Norm oder auch nur ein praktikables Kriterium zur Vermessung der Realität. Die Vorstellung der Strukturpolitik-Verfechter drückt Schlecht (1974, 5) so aus: »Das Ordnungsprinzip aller marktwirtschaftlichen Strukturpolitik sollte sein: ›So viel Steuerung durch den Markt wie möglich, so viel Rahmensteuerung wie nötig.‹ Dieser Grundsatz soll zum Ausdruck bringen, daß es in einer Marktwirtschaft keine fertigen, immer gültigen Interventionsregeln für die Strukturpolitik gibt, die man aufgrund theoretischer Überlegungen ein für allemal ableiten könnte. Das Problem stellt sich von Fall zu Fall anders, da in der Strukturpolitik die zwei Lenkungsprinzipien unserer Wirtschaftsordnung aufeinander zulaufen, das Lenkungsprinzip ›von oben nach unten‹, das von der kollektiven Wertung ausgeht, und das Lenkungsprinzip ›von unten nach oben‹, das von der individuellen Wertung ausgeht. Der politische Kern jeder Strukturpolitik besteht nun darin, den Geltungs- und Einwirkungsbereich der individualistischen Bewertung gegenüber dem der kollektivistischen Bewertung neu abzugrenzen.« Trotz der andersartigen Begrifflichkeit dieser Äußerung dürfte der Pendant-Charakter dieses strukturpolitischen Konzepts zur empirisch verstandenen Politisierungshypothese und ihrem evolutionären Kontext deutlich sein. Die Frage an die strukturpolitische Forschung wird von daher sein, welche Neubewertung des Staat-Ökonomie-Verhältnisses sie selbst in ihrem Vollzug zu realisieren beabsichtigt bzw. beansprucht.

Die zweite These, der gegenüber die strukturpolitische Forschungspolitik ihr Selbstbewußtsein zu stabilisieren hat, hängt mit der spezifischen Zweisystemigkeit kapitalistischer Gesellschaften zusammen. Da sich (kapitalistische) Ökonomie und (kapitalistischer) Staat in ihrer Selektionsweise – als dezentrale, strukturelle, »anarchische« einerseits und zentralisierte, entscheidungsmäßige andererseits – unterscheiden, lastet sich der Staat mit der Übernahme vordem ökonomisch geregelter Funktionen dann Probleme auf, wenn er weiterhin unter dem gleichen Bezugspunkt – Wachstum, Produktivität – und den gleichen Sanktionen – Markt – operiert wie vordem die Unternehmen (vgl. theoretisch Luhmann 1970, 222 ff.); eben dies ist bei der Strukturpolitik der Fall: sie ist wachstums- und (regelmäßig welt-) marktorientiert. Damit stellt sich die Frage, ob die (Struktur-)Politik die Probleme der *Information* – über zukünftige Marktsituationen, insbesondere -nachfrage – und des *Risikos* – von Investitionen – ebensogut oder gar besser lösen kann als es Unternehmen können bzw. worauf sich eine entsprechende Hoffnung gründen läßt. Die – m. E. (unter Zugrundelegung gegebener Systemrealität!) durchaus richtige – ordoliberale These in dieser Hinsicht verneint eine entsprechende Befähigung des Staates (und plädiert deshalb eher gegen als für Strukturpolitik, bestenfalls für eine sehr eingeschränkte Strukturpolitik). Denn die einzig denkbare Informationsquelle einer Politik, die nicht auf den Unternehmensinformationen aufbaut (wenn sie dies täte, könnte sie auch deren aus den Informationen folgende Investitionsentscheidungen übernehmen), wäre die Wissenschaft, in diesem Fall die ökonomische Wachstumstheorie. Es besteht aber weitreichende Einigkeit darüber, daß die Wachstumstheorie nicht zu einer instruktiven Investitionstheorie konkretisiert werden kann (vgl. Kleps in: Kleps/Peters/Pachucki 1972, 27 f., 36 ff.) – was nicht ein Mangel der Wissenschaft ist, sondern daraus folgt, daß ein »anarchisches« Wirtschaftssystem nicht durch eine aggregierte Produktionsfunktion abgebildet werden kann. Aus unsicherer Information folgt Investitionsrisiko: der Staat würde mit der Strukturpolitik ökonomische Risiken übernehmen, was nicht nur »systemfremd« und zu legitimieren wäre, sondern möglicherweise gesamtwirtschaftlich ineffizient. Der »Sachverständigenrat« hat gegen Investitionslenkungs-Postulate zu Recht argumentiert, es gebe (bei der Politik weiterhin vorgegebener Marktwirtschaft) nicht »den Anschein einer Vermutung«, daß der Staat besser zur Investition befähigt sei »als diejenigen, die in dezentralisierten Entscheidungen geübt und gezwungen sind, die Märkte als ein in seiner Effizienz unübertroffenes Informationssystem zu nutzen« (JG 1975/76, Tz 292). Und im Hinblick auf Investitionsrisiken: »Die Folgen von Fehlentscheidungen werden sozialisiert, aber eben dadurch nicht aufgehoben.« (ebd.) Die sich als »aktive« verstehende strukturpolitische Forschungspolitik wäre also nach ihrer Lösungsvorstellung des Informations- und Risikoproblems zu fragen.

Die Suche nach Antworten auf die gestellten Fragen ist dadurch erleichtert, daß inzwischen die Strategie einer aktiven, strukturpolitisch orientierten Forschungspolitik ausführlich in einer halb-offiziellen Schrift (Hauff/Scharpf 1975; Hauff ist Parlamentarischer Staatssekretär im BMFT) dargelegt worden ist (vgl. die Kritik von Narr/Offe 1976).

Hauff/Scharpf (1975) leiten die »Notwendigkeit aktiver staatlicher Industriestrukturpolitik« (ebd., 12) aus der generellen Krisentendenz kapitalistischer Ökonomie (ebd., 9 f.), die sie freilich für gerade politisch »auffangbar« halten, und speziell der Krisensituation der BRD nach dem Ende der Nachkriegs-Rekonstruktionsperiode (angezeigt spätestens in der Krise 1966/67), die sie als strukturelle interpretieren (ebd., 11, 16), ab. Aktive Strukturpolitik erscheint, wie bei Offe Politik überhaupt, als Auffangmechanismus, dessen Einsatz heute notwendig wird: »Der Strukturwandel hat sich im Vergleich zu den letzten 25 Jahren beschleunigt, und er hat so viele Wirtschaftszweige gleichzeitig erfaßt, daß nur noch eine umfassend konzipierte, aktive staatliche Strukturpolitik die Gefahr einer lange schwelenden wirtschaftlichen Krise aufhalten kann.« (ebd., 12) Kapitalbezogene Technologie- und arbeitsbezogene Bildungspolitik werden als die Kernbereiche der Strukturpolitik herausgestellt (ebd., 14). Daß Forschungs-Struktur-Politik *an die Stelle* (fehlender oder unfähiger) ökonomischer Mechanismen treten soll und damit das Staat-Ökonomie-Verhältnis im System tangiert, wird im Attribut »aktiv« bereits deutlich. Hauff/Scharpf verstehen die strukturpolitische Strategie als »*Umstrukturierung*« des industriellen Potentials, d. h. auch der Unternehmensstruktur, und als »*politische Auswahl* zwischen alternativ möglichen ökonomischen Strukturen« (ebd., 38; Hervorhebung von mir, VR). Freilich gilt dies nur innerstaatlich: ersetzt werden Unternehmensentscheidungen im eigenen Land; einen nationalen Markt braucht man nicht zu ersetzen, weil es ihn (dort wo FuE ökonomisch relevant sind) gar nicht (mehr) gibt; der Weltmarkt freilich ist nicht nationalstaatlich »aufhebbar«. Folglich richtet sich die Forschungs-Struktur-Politik auf dieser höheren Ebene durchaus am Markt aus. Strukturpolitische Orientierung oder Zielsetzung heißt, den »Erfolg im Markt« als zentrales Kriterium für die staatliche Investition bzw. Förderung anzulegen (ebd., 90).

Zumindest partiell also will sich die (Struktur-)Politik direkt, ohne Umweg über Unternehmen, am (Welt-)Markt orientieren, ausrichten und vom Markt sanktionieren lassen. Die Frage an Hauff/Scharpf ist von daher, wie sie sich das vorstellen; wie sie die gegenüber den Unternehmen und Marktsanktionen größere Potenz des Staates insbesondere hinsichtlich der für Investitionen erforderlichen Information begründen. In dieser Hinsicht zeigt sich allerdings Widersprüchlichkeit in ihrem Konzept – eine Widersprüchlichkeit, die darauf verweist, daß die Realität der Strukturpolitik anders aussehen muß als ihre Programmatik. Es ist erstaunlich, wie wenig sich die – von den Autoren postulierte und für möglich gehaltene! – »starke« Strategie aktiver Strukturpolitik – in der Einschätzung der Autoren! – mit einer entsprechenden Befähigung des Staates deckt. »Staatliche Strukturpolitik kann vielleicht (sic!) marktbedingte strukturelle Fehlentwicklungen verhindern«, schreiben Hauff/Scharpf (ebd., 46), nachdem sie vorher den Staat gerade als Auffangmechanismus eines unfähigen Marktes eingeführt haben (ebd., 45, 48 f.). Diese Skepsis richtet sich eben auf den Aspekt der Information, hinter der sich das Risiko auftut, »am Markt vorbei« zu investieren und produzieren: »Es ist sehr schwer, abstrakt zu bestimmen, welche Unternehmen und Branchen unter dem Gesichtspunkt einer aktiven Spezialisierung förderungswürdig bleiben sollten ... (...) ... steht die staatliche Politik doch ebenso wie die privatwirtschaftliche Investitionsentscheidung vor ... der Ungewißheit über die Marktchancen einer technologischen Entwicklung ... Diese Ungewißheit entfällt aber nicht einfach dadurch, daß Forschungs- und Technologieinvestitionen vom Staat übernommen oder mitfinanziert werden.« (ebd., 41, 51) Diese – berechtigte – Skepsis wird dann freilich aktivistisch überspielt: in der praktischen Politik müsse – auch im Bewußtsein von Ungewißheit und Impotenz – gehandelt werden (ebd., 17); man müsse sich nur entsprechend – »auf jene Probleme und Bereiche ..., für die das Steuerungsinstrument ›Markt‹ nicht ausreicht« (ebd., 46) – konzentrieren; auf diese Weise könne die Politik »immerhin« »Vorkehrungen dafür treffen, daß ihre Förderungsmittel nicht in erster Linie den ›Fußkranken‹, sondern den ›Schnelläufern‹ der Wirtschaft zugute kommen oder doch zu Arbeitsplätzen in jenen Unternehmen führen, die sich zutrauen (sic!), in Zukunft den Wettbewerb erfolgreich zu bestehen« (ebd., 42). Im übrigen wird der Aktivismus durch Hoffnung gedeckt: man kann Bergers Urteil nur zustimmen, daß »Innovationshoffnung vielfach die Analyse über die politischen Bedingungen strukturpolitischer Machbarkeit ersetzt« (1976, 328).

Die Argumentation mit den »Schlüsseltechnologien« – meist werden Datenverarbeitung, Halbleiter-Technik und Energieproduktion (Kernenergie u. a.) genannt (vgl. Hauff/Scharpf 1975, 52 ,90, 80) – täuscht (vielleicht sogar ihre Urheber) darüber hinweg, daß der Begriff viel zu global ist, um instruktive Prioritätensetzungen anzuleiten (vgl. Pavitt/Walker 1976, 76 ff.). Die Investitionsprobleme stellen sich erst innerhalb der schlüsseltechnologischen Sektoren.

Widersprüchlich ist auch die Argumentation von Hauff/Scharpf zum Problem des Risikos, das sich mit erfolgreicher strukturpolitischer Ersetzung von Markt- und Unternehmerfunktionen stellen muß (vgl. theoretisch Luhmann 1970, 218 f.). Nach traditioneller infrastrukturtheoretischer Argumentation, die sich auch Hauff/Scharpf zu eigen machen, begründet sich die Forschungs-Struktur-Politik (wie die Staatsintervention allgemein) aus den für die Unternehmen (angeblich) zu hohen (Markt- bzw. Investitions-)Risiken bestimmter Produktionen (Hauff/Scharpf 1975, 49, 52, 80). Die (Struktur-)Politik soll aber gleichwohl, d. h. obwohl gerade damit begründet, diese Risiken nicht tragen: Hauff/Scharpf schließen »gezielte, individuelle Investitionsgebote, die das wirtschaftliche Risiko von Unternehmen auf den Staat verlagern müßten, als Instrument einer aktiven Strukturpolitik von vornherein aus« (ebd., 122 f.). Das Risiko bleibt aber bei (Welt-)Marktausrichtung auf jeden Fall bestehen. Die Unternehmen tragen es nicht – deswegen engagiert sich gerade der Staat; der Staat trägt es mit seinem Engagement auch nicht. Wer trägt es dann?

Man muß aus der programmatischen Widersprüchlichkeit die Realität herauslesen. Die strukturpolitische Programmatik läuft, was zu erwarten war, der strukturpolitischen Möglichkeit und folglich Faktizität offenbar voraus. »Aktive Strukturpolitik« ist zum Teil bloßer Aktivismus, jenseits der Realität und des Realisierbaren. Das bedeutet freilich nicht, daß die Faktizität nicht strukturpolitisch ausgerichtet sei und von daher von einer Veränderung der Politik (hin zu Strukturpolitik) keine Rede sein könne. Vielmehr heißt das, daß die faktische »Strukturpolitik« nicht voll identisch ist mit strukturpolitischer Programmatik. Gleichwohl drückt die strukturpolitische Programmatik partiell etwas Richtiges, einen faktischen Prozeß aus. Konkret: *ein* Element der strukturpolitischen Programmatik gibt die Realität adäquat wider, die sich insofern tatsächlich verändert: die explizite wachstumspolitische Orientierung und Ausrichtung.

Das *andere* Element der strukturpolitischen Programmatik – die »Aktivität« und Inhaltlichkeit, d. h. die staatliche Verdrängung von Marktprozeß und Unternehmensentscheidungen – ist dagegen Illusion bzw. Ideologie. Wie staatliche »Wachstums-Ausrichtung« ohne »Aktivität« funktioniert, dafür enthalten die letzten Zitate bereits Hinweise. Die auf das Wachstumsziel gerichtete staatliche Aktivität vermittelt sich institutionell, nicht sachlich; sie vollzieht sich indirekt über Unternehmensentscheidungen, nicht direkt und inhaltlich – und benötigt deshalb gar keine eigenen, positiven Informationen und Kriterien. Die Vermittlung über Unternehmensentscheidungen (vgl. Berger 1976, 329) ist durchaus etwas Neues: sie löst die frühere Vermittlung über Marktprozesse und -daten, durch die die global steuernde Konjunkturpolitik charakterisiert war, ab. Nicht zufällig setzt sich die Struktur*politik* immer eher gegen den *Markt* als gegen *Unternehmensentscheidungen* ab (vgl. Hauff/Scharpf 1975, 45, 48 f.); dabei handelt es sich um einen Strohmann: den Markt gibt es in den strukturpolitischen Politikbereichen in der Regel gar nicht mehr (als innerstaatlichen).

Was »Strukturpolitik« *tatsächlich* bedeutet, deutet sich dann folgendermaßen an: »Konzepte für eine den veränderten Weltmarktbedingungen und veränderten Bedarfsstrukturen angepaßte Industriestruktur der Bundesrepublik Deutschland müssen zunächst *dort ansetzen, wo unsere Industrie heute* eine starke Marktposition *hat*, und versuchen, *diese* auszubauen.« (Hauff/Scharpf 1975, 117; Hervorhebung von mir, VR) *Bestimmte* Branchen und Unternehmen werden strukturpolitisch gefördert. Der Staat »verstärkt die Bemühungen der Industrie« (Matthöfer 1976b, 480) – sprich:

der *gegebenen* weltmarktstarken Unternehmen, die *sich* einen technologischen Vorsprung und Marktanteile *zutrauen* (Hauff/Scharpf 1975, 42). Strukturpolitische Forschungspolitik fördert dann »Schlüssel*technologien*« nicht direkt und als solche, sondern nur auf dem institutionellen Umweg über »Schlüssel*industrien*«. Die Politik braucht nicht Gebrauchswerte zu »produzieren« und handelt sich nicht alle damit verbundenen Probleme ein, sondern kann Tauschwert-Agenten fördern, die sie nach radikaler Verengung der Anbieterstruktur nicht einmal auszuwählen braucht. Forschungs-Struktur-Politik ist, so könnte man hypothetisch formulieren, »unternehmensvermittelt« (Berger 1976, 329); »dezentral«, wie Hauff/Scharpf verschämt andeuten (1975, 93).

Die Argumentation der »politischen Krisentheorie« unterstellend, müßten sich allerdings neuartige Probleme ergeben. Nimmt man die Lösung der *Funktions*probleme des Gesamtsystems – Wachstum durch technologische Marktstrategie – durch Strukturpolitik und die Lösung der *Funktions*probleme der Strukturpolitik – Information und Risiko – als erreichbar an, so müßten sich als Folgeproblem (dieser Art) von Politisierung *Legitimations*probleme *der* Politik einstellen. »Immer stärker eingebunden in die Erfordernisse dieses Wachstums, verliert der Staat durch seine immer direktere Einmischung progressiv die Legitimationsgrundlagen seiner Handlungen, die ihm die autonome, über allen Gruppen stehende Schiedsrichterrolle und seine in den unpersönlichen Regeln des öffentlichen Rechts verankerte ›Neutralität‹ (jedenfalls der entsprechende Schein; VR) traditionell gesichert hatten.« (Friedberg/Schmitges 1974, 166) Offe hatte in Anlehnung an T. Lowi formuliert: »Je zahlreicher und sichtbarer die Steuerungsleistungen des politisch-administrativen Systems, desto intensiver sind die (legitimatorischen; VR) Konflikte, die durch policies konstituiert werden.« (1973, 216)

Auf die Sache selbst ist erst später einzugehen; hier ist nur zu fragen, ob und ggf. in welcher Weise die forschungs-struktur-politische Programmatik ein Legitimationsproblem antizipiert und ggf. zu lösen beabsichtigt. Der strukturpolitische Ansatz sieht Funktions- und Legitimationsaspekt offenbar als eine Einheit. Das Funktionieren des Gesamtsystems, d. h. die langfristig gesicherte Versorgung durch Produktion, ist nach dieser Vorstellung (wohl wichtigster) Bestandteil von Legitimität – sowohl des Gesamtsystems wie der Politik. Mangelnde Versorgung würde zuallererst delegitimieren. »Der Bürger erfährt ... seine Lage zunehmend als die einer umfassenden, aber weitgehend undurchsichtigen Abhängigkeit von den Leistungen wirtschaftlicher, gesellschaftlicher und politischer Organisationen.« (Orientierungsrahmen '85 der SPD, zit. nach Hauff/Scharpf 1975, 126) Demnach wäre es unbegründet, aus einer Strukturpolitik, die Wachstumsförderung mit *Erfolg* betreibt, legitimatorische Folgeprobleme »abzuleiten«, nur weil sie als *Politik* »systemfremd«-aktiv interveniert oder weil sie dabei notwendig an Tauschwertstrategien (von Unternehmen) anknüpft und insofern selektiv ist. Der strukturpolitische Ansatz braucht *besondere* politisch-legitimatorische Probleme nicht zu antizipieren, weil er, wie immer die Modalitäten seiner Faktizität, sich von dem gesamtsystemischen Gebrauchswert »Versorgung« (gemessen als Wachstum des Sozialprodukts) her begründet.

Freilich wissen die Vertreter der strukturpolitischen Strategie von dem Problem, daß die Sicherung und Verbesserung gesellschaftlicher Versorgung im kapitalistischen System zugleich die Aufrechterhaltung und Stützung privatwirtschaftlicher Interessenverfolgung bedeutet, wenn sie unternehmens-mediatisiert verfolgt wird – was in der »Strukturpolitik« faktisch der Fall ist, allerdings, wie gezeigt, nicht so deutlich gesagt wird. In der strukturpolitischen *Programmatik* kann man insoweit die Inhaltsbestimmung durch Politik (kontrafaktisch) behaupten und daneben auf den reformistischen Investitionslenkungs-Aspekt von Strukturpolitik verweisen: Strukturpolitik *soll* auch die Beeinflussung und Modifizierung privater Investitionsstrategien beinhalten. Es »müssen auch direkt wirkende Eingriffsmöglichkeiten in privatwirtschaftliche Investitionsentscheidungen entwikkelt und durchgesetzt werden« (Hauff/Scharpf 1975, 122).

3.2. Wandel der forschungspolitischen Selbstdarstellung

Die bisherige Darstellung der Forschungspolitik (als Strukturpolitik) bewegte sich auf der Ebene der (derzeitigen) Programmatik, von der selbstverständlich offen ist, inwieweit sie der Realität entspricht. Immerhin ließen sich aus Widersprüchlichkeit der Programmatik bereits Vermutungen über diese Realität ableiten.

Auch der nächste Schritt der Untersuchung wird die Ebene der Faktizität noch nicht erreichen, sich ihr allerdings ein Stück nähern. In der Sache möchte ich die derzeitige forschungspolitische Programmatik vor den Hintergrund ihrer historischen Vorläufer bzw. ihrer Vorgeschichte stellen und dadurch plastischer machen.

Vorab ist eine Bemerkung zum forschungspraktischen Stellenwert politischer Selbstdarstellung angebracht (zu deren sozialer Funktion s. u.). Die soziale Realität – und damit auch die Politik – ist ein nur schwer trennbares Gemisch von Handeln und Erleben, Funktion und Sinn (oder Reflexion). Die Sozialwissenschaft kann sich von der »vorwissenschaftlichen« sozialen »Alltags«-Reflexion nicht einfach ablösen; sie kann höchstens auf ihr aufbauen, sie weitertreiben, aufhellen, korrigieren (entideologisieren) o. ä. Im Bereich der Politik ist diese Situation dadurch spezifiziert, daß sich dort ein Rollenintensitätsgefälle insbesondere zwischen politischen Repräsentanten (und deren Ämtern, Institutionen etc.) und Repräsentierten (und deren bloßen »Publikumsrollen«) ausbildet. Da dieses Verhältnis zugleich insofern herrschaftlich ausgebildet ist – Beteiligte an vs. Betroffene von Entscheidungen (vgl. Offe 1972, 134 ff.) –, als die Repräsentanten ein (häufig auch berufliches) Eigeninteresse entwickeln, »an der Macht zu bleiben«, und da diese Machtbestätigung (mindestens auch) von der Politikbeurteilung und Entscheidung des »Wählerpublikums« abhängt, entsteht eine politik-offizielle *Selbstdarstellung* als eine besondere, auf Legitimation ausgerichtete Form der Selbstreflexion der Politik. In dieser geht »richtige« Beschreibung der Politik zusammen mit interessierter, legitimierender Interpretation (vgl. Offes Editorial zu Edelman 1976). Die Politikwissenschaft ist auf diese Selbstdarstellung, wie verwoben in ihr Faktizität und Verbalität auch sein mögen, als Material angewiesen: diese ist eine ihrer wichtigen Quellen. Eine Politikforschung muß, sofern sie nicht Meinungs- und Umfrageforschung ist, notgedrungen den Analyse-»Umweg« über die politikoffizielle Selbstdarstellung nehmen, muß dann jedoch – gegen die genannte Schwierigkeit – versuchen, diese Selbstdarstellung in Richtung auf »Richtigkeit« zu »objektivieren«, also alle interessiert-manipulativen, ideologischen Elemente auszumerzen (vgl. Ronge/Schmieg 1973, 27 ff.).

Nach dieser Bemerkung zur methodischen Differenzierung von Selbstdarstellung und Realität der Politik gilt es jetzt, die eingeführte Hypothese weiterzuverfolgen: die Hypothese der Politisierung, d. h., ganz formal, der Behauptung einer sich vollziehenden qualitativen Veränderung der Politik in ihrem Verhältnis zur Ökonomie. Diese Hypothese ist letztlich auf die Faktizität der Forschungspolitik zu beziehen. Man kann aber annehmen, daß sich ein solcher Wandel auch in der politischen Selbstdarstellung reflektiert – gebrochen zwar, aber immerhin.

3.2.1. *Die institutionelle Ausdifferenzierung der Forschungspolitik*

Bereits die ministerielle Ressortdefinition und -abgrenzung spiegelt nicht nur die Arbeitsteilung, sondern dient auch zur Selbstdarstellung einer Regierung. Die institutionelle Entwicklung der Forschungspolitik in der Nachkriegszeit – auf Bundesebene – läßt sich in drei Stufen darstellen[12].

Erste Stufe: Herauslösung der Großforschung aus der länderverwalteten allgemeinen Universitätswissenschaft (vgl. Staff 1971, 16 und 34 ff.).

Traditionell gehört in Deutschland die Forschung in die Universität (sog. Einheit von Forschung und Lehre) und fallen die Universitäten, selbst relativ autonom (Selbstverwaltung), in die Verwaltungskompetenz der Länder (sog. Kulturhoheit der Länder). Die Gründung eines Forschungsressorts auf Bundesebene reflektiert den Beginn einer relevanten Aufgabe, die offenbar als mit dieser alten Organisationsform nicht zu bewältigen angesehen wurde: die Entwicklung von Großforschung[13]. 1955 wird das *Bundesministerium für Atomfragen* als zunächst ausschließlich zuständig für die Förderung der Erforschung und Nutzung der Kernenergie für friedliche Zwecke gegründet. 1962 erfolgt die Namensänderung dieses Ressorts zum *Bundesministerium für wissenschaftliche Forschung,* worin sich die erweiterte Zuständigkeit für alle Großforschung (seinerzeit neben der Kernforschung: Weltraumforschung, Raumflugforschung und Raumflugtechnik) dokumentiert.

Diese erste Ausdifferenzierungsstufe hatte vornehmlich zwei »Antriebe«: erstens die Reaktion auf die internationale, insbesondere amerikanische Herausforderung im Bereich von »Spitzentechnologien«, die zunächst einfach imitiert wurden; zweitens die wissenschaftsinternen organisatorischen und technischen Erfordernisse im Bereich dieser Technologien, die weder im Universitätsrahmen erfüllt noch von den Ländern finanziert werden konnten.

Die Herausbildung eines speziellen Forschungsressorts führte darüberhinaus zu einer (bundes-)regierungsinternen Konzentration der forschungsbezogenen Kompetenzen. Die sog. Ressortforschung wurde kontinuierlich zurückgedrängt, selbst gegenüber dem recht resistenten Verteidigungsministerium (Rüstungsforschung). Nach der Berechnung von Hirsch (1974, 301) wuchs der Haushaltsanteil des (bzw. der beiden) speziellen Bildungs- und Wissenschaftsressorts an allen Bundeswissenschaftsausgaben von 18,5 % in 1962 auf 69,2 % in 1972. Vom Umfang her relevante Ressortforschung wird (Zahlen für 1972) nur noch im Verteidigungsministerium

(14,1 % aller Bundeswissenschaftsausgaben) und im Wirtschaftsministerium (6,4 %) betrieben[14]. Inzwischen hat die Bundesregierung ein Konzept für die bessere Koordinierung der Reste von Ressortforschung vorgelegt (vgl. FB V, Tz 35 f.).

Zweite Stufe: Gesamtstaatliche Zentralisierung von Bildung, Wissenschaft und Forschung.

Sicherlich sind auch kontingente politische Prozeßfaktoren (erste SPD-Regierung, Regierungsorganisationsreform u. ä.) zu berücksichtigen, aber die Veränderung nach 1969 zum *Bundesministerium für Bildung und Wissenschaft* reflektiert doch vor allem ökonomische und soziale Veränderungen, die sich auch an der Kreierung von sogenannten Gemeinschaftsaufgaben von Bund und Ländern (hier einschlägig: für Hochschulbau und Bildungsplanung)[15] dokumentieren: Bildung und Wissenschaft insgesamt werden – der ökonomischen Theorie des Wachstumsfaktors »technischer Fortschritt« entsprechend – für so bedeutsam gehalten, daß die staatliche Aktivität in dieser Richtung spezifiziert und relativ zentralistisch organisiert wird. (Gemäß der volkswirtschaftlichen Relevanz der Sektoren bezieht sich die Aufgabenzentralisierung im Bereich der Bildung allerdings nur auf Teilbereiche, nämlich den Tertiärbereich – Universitäten – und die berufliche Bildung.)

Diese zweite Entwicklungsstufe reflektiert vornehmlich ökonomische Anforderungen, wie sie durch die 66/67er Krise deutlich wurden. Diese Anforderungen legten eine grundsätzliche Reformierung der veralteten, eher ständischen Bildungs- und Wissenschaftsstruktur nahe, die dann vor allem in der Herauslösung der Forschung aus den Universitäten bestand[16]. Der anti-ständische studentische Druck in dieser Zeit hat wohl zur »Modernisierung« funktional beigetragen.

Dritte Stufe: Weitere Ausdifferenzierung zwischen Lehre und Forschung.

1972 wird aus dem Bundesministerium für Bildung und Wissenschaft ein *Bundesministerium für Forschung und Technologie* ausgegliedert, das frei von »Bildungsresten« ist. Nicht nur legte die unterschiedliche Problemlage und Aufgabenstellung von Lehre und Forschung diese Ausdifferenzierung nahe; in ihr reflektiert sich auch ein als unterschiedlich eingeschätzter volkswirtschaftlicher Wachstumsbeitrag beider Sektoren. Die institutionelle Differenzierung entspricht sowohl den Disaggregierungsversuchen der Wachstumstheorie wie der Veränderung der Paradigmen in der Bildungsforschung[17]. Eine gewisse Bedeutung hatte sicherlich auch, daß man die in der Studentenprotestbewegung gemachten politischen Selbstverwaltungszugeständnisse nicht auf die wissenschaftliche Forschung durchschlagen lassen wollte[18].

Es ist nicht uninteressant, daß das BMFT von Anfang an als Behörde größer ist als das (Restressort) BMBW. Das Personalstellenverhältnis betrug 1974 547:332, die entsprechenden Personalkosten 19,3:11,4 Mio. DM (BT-Drucksache 7/2036, 3 f.). Die Etats beider Ressorts sind allerdings etwa gleich hoch.

Das BMFT hat offiziell »den Auftrag, die gesamte Tätigkeit des Bundes auf dem Gebiet der Forschung zu planen, zu koordinieren, die Grundlagenforschung allgemein und die angewandte Forschung sowie die technologische Entwicklung gezielt in Schlüsselbereichen zu fördern« (Jahresbericht 1973 des BMFT, 6)[19]. Der ministerielle Organisationsplan enthält folgende Abteilungen (Jahresbericht der Bundesregierung 1975, 464):

1. Verwaltung; Planung; Finanzen; Koordinierung der Forschungseinrichtungen
2. Forschungspolitische Grundsatzfragen und allgemeine Forschungsförderung; Internationale Zusammenarbeit
3. Energie; Rohstoffe und Fertigungstechnik; Biologie, Ökologie und Medizin; Humanisierung des Arbeitslebens
4. Datenverarbeitung; Nachrichtentechnik
5. Weltraum- und Transportsysteme

Mit dieser dritten Stufe der Ausdifferenzierung ist die institutionelle Voraussetzung für eine strukturpolitisch orientierte Forschungspolitik erreicht. Die ökonomische Ausrichtung wird von da an nicht mehr durch den nicht in gleicher Weise funktionalisierbaren Bildungsbereich behindert. In der bildungspolitischen Debatte lagen immer zwei – mobilisierungsträchtige – Ansätze im Streit: der (strukturpolitische) Manpower-Ansatz, nach dem das Bildungsangebot (und damit die Bildungsnachfrage) auf die Bedürfnisse des Arbeitsmarkts (und damit der Produktionsentwicklung) ausgerichtet werden soll, und der Social-demand-Ansatz, der weit stärker »gesellschaftspolitischer« Natur ist (»Bürgerrecht auf Bildung«; Chancengleichheit). Dieser Debatte und ihres Zielkonflikts hat sich die Forschungspolitik auf der dritten Stufe institutionell entledigt. Der Weg für eine strukturpolitische Ausrichtung war damit frei. Die verbleibenden Hindernisse ließen sich, wie noch zu zeigen sein wird, relativ problemlos, sozusagen in legitimatorischer Lautlosigkeit, abbauen.

3.2.2. Forschungspolitische Parteiprogrammatik

Die Parteiprogrammatik ist – ebenso wie die im folgenden Abschnitt thematisierte supranationale Programmatik – im Vergleich zur eigentlichen, gebietskörperschaftlichen Politik weitgehend »handlungsentlastet« und damit auch von dem spezifischen Legitimationsproblem der Politik entlastet. Daraus resultiert ein verbaler »Freiraum«, der leicht normativ, utopisch, illusionäre, reformerisch aufgeladen werden kann. Eine möglicherweise – durch Veränderung der faktischen Politik – wachsende Entfernung zur Realität wird dieser »Darstellung« mit hohem Anspruchsniveau nicht zum Problem. Allerdings kommt eine derartige Darstellung nur schlecht wieder von ihrem reformerischen Plateau herunter; sie wird deshalb eher zur obsoleten Sackgasse, als daß sie sich veränderter Realität anpaßt.

Für ein parlamentarisches Regierungssystem mit starker »Integration« von Regierung und parlamentarischer Mehrheit ist es problematisch und schwierig, die Parteienprogrammatik losgelöst von der regierungsoffiziellen Politikprogrammatik darzustellen. Ein entsprechender Abschnitt wäre auch vielleicht nicht erforderlich gewesen. Einige Bemerkungen bieten sich aber an, nachdem in dieser Hinsicht etwas Neues aufgetreten ist. Die aufgrund der 66/67er Krise als Reformpartei in die Regierungsverantwortung eingetretene SPD ist nämlich programmatisch weit stärker hervorgetreten, als das früher üblich war. Diese Betonung der Programmatik gilt für alle Politikfelder. Es wird sich aber erweisen, daß die programmatische Hochkonjunktur nur ein zwischenzeitliches »Strohfeuer« darstellte.

Oberflächlich betrachtet vollzog sich die Entwicklung der forschungspolitischen Parteiprogrammatik in der Nachkriegszeit der BRD (vgl. insgesamt Rilling 1971) in folgenden drei Stufen:

1) implizite »ökonomische Ausrichtung«
2) Reformprogrammatik
3) explizite ökonomische Orientierung

Die Bezeichnung der ersten Phase, die man bis nahe an die 66/67er Krise ansetzen kann, als »ökonomische Ausrichtung« ist teilweise irreführend. Denn im Grunde verfuhr die damalige Forschungspolitik orientierungslos – »mäzenatisch«, subventionistisch (s. u.). Es gab weder forschungspolitische Zielsetzungen, noch ermöglichten die gegebenen Unternehmensstrukturen und Wachstumsbedingungen die Anbindung der Forschungspolitik an vorgegebene Ziele. Hinzu kommt, daß zu dieser Zeit der Forschungsetat noch relativ gering war und angesichts der »natürlichen« Wachstumsraten auch sein konnte. Die Mittel wurden in der Hauptsache für die Grundlagenforschung in wissenschaftlichen Institutionen oder subventionistisch eingesetzt. Dieser Forschungspolitik mußte eine praktisch *fehlende Parteiprogrammatik* entsprechen. Die gleichwohl gewählte Charakterisierung dieser Periode als »ökonomische Ausrichtung« unterstellt die impliziten Vorstellungen von und Rechtfertigungen der Forschungspolitik in vermutlich allen Parteien.

Als im Zuge der Perzeption einer »amerikanischen Herausforderung« und einer »technologischen Lücke« die Forschungspolitik allmählich an Bedeutung gewann und überhaupt eine eigene Identität ausbildete, offenbarte sich die in allen Parteien herrschende ökonomische Ausrichtung. Man begriff die Forschungspolitik als Hilfsfunktion für eine reaktive Wirtschaftspolitik. Der zeitweilige (CDU-)Bundesforschungsminister G. Stoltenberg hat das herrschende Verständnis am Beispiel der Datenverarbeitung folgendermaßen umschrieben (1968, 139 ff.):

»Leider müssen wir feststellen, daß die technologische Leistungsfähigkeit Deutschlands und anderer europäischer Industrienationen auf dem Gebiet der Datenverarbeitung hinter dem Weltniveau, wie es von den Vereinigten Staaten repräsentiert wird, zurückgeblieben ist.« (ebd., 143) »Was auch immer zum Entstehen der technologischen Lücke auf dem Gebiet der Datenverarbeitung beigetragen hat, die verantwortlichen Stellen in Deutschland konnten sich angesichts der ... Bedeutung dieses Gebiets für die Zukunft unserer Wissenschaft und Wirtschaft und für die Bewältigung der staatlichen Führungs- und Planungsaufgaben mit dem gegenwärtigen Zustand keinesfalls zufrieden geben.« (ebd., 145) »Ohne eigene Entwicklung von Datenverarbeitungslagen würde die Bundesrepublik sehr bald ihre Konkurrenzfähigkeit auf all den Sektoren der Investitionsgüterindustrie verlieren, die von der Automation erfaßt werden.« (ebd., 141) »Ich sehe aber *keine* Möglichkeit, wie die deutsche Industrie sich *ohne* Gleichgewicht im Austausch von technischem Wissen und Erfindungen mit dem Ausland und *ohne* eigene Entwicklung von Datenverarbeitungsanlagen auf die Dauer einen ihrer bisherigen Rolle am Investitionsgütermarkt entsprechenden Anteil an der Weltproduktion und am Welthandel von Datenverarbeitungsanlagen und automatisierten technischen Systemen erwerben oder erhalten könnte.« (ebd., 142)

Die SPD unterschied sich von dieser Programmatik nicht, wie noch die »Sozialdemokratischen Perspektiven im Übergang zu den siebziger Jahren« (Ehmke 1969) zeigen, in denen es zur Forschungspolitik heißt (ebd., 69 f):

»Im weltpolitischen Rahmen können wir den Stand unserer Industrie, von dem der Lebensstandard jedes einzelnen abhängt, künftig nur sichern, wenn für Wissenschaft und Forschung ungleich mehr investiert wird als bisher. Das ist zugleich nicht nur eine Frage unseres Ansehens in der Welt, sondern auch des zukünftigen politischen Ranges und Gewichtes unseres Landes. In der Förderung der Forschung werden wir Schwerpunkte zu bilden haben, wenn wir in der Welt wissenschaftliche Spitzenpositionen wiedererringen und halten wollen. (...) ... von der Förderung der Hochschulen, der Wissenschaft und der Forschung hängt in entscheidendem Maße unsere weitere wirtschaftliche Entwicklung und damit die Sicherung der Vollbeschäftigung und die Verbesserung des Lebensstandards einschließlich der Renten ab.«

Das »wir« zeigt die für die damalige SPD noch problemlose Interessenharmonie von Staat und Wirtschaft. Die öffentliche Forschungsförderung ergibt sich hier noch unproblematisch aus (konkurrenz-)wirtschaftlichen Erwägungen und Anforderungen. Der Lebensstandard wird in der »inhaltslosen« Währung der Wachstumsdividende gemessen, welche nur durch das »sozialdemokratische Postulat« der Vollbeschäftigung ergänzt ist. Die daraus folgende, wegen mangelnder Bestimmbarkeit des »Bedarfs« undifferenzierte Konsequenz des pauschalen »Mehr« an öffentlicher Förderung hat C. Schmid in der Erläuterung des obigen Textes gezogen (ebd., 71).

Erst das SPD-Langzeitprogramm in der ersten Fassung von 1973 (Orientierungsrahmen 1973) setzt sich unter Verwendung des Bezugspunkts »Lebensqualität« (vgl. inzwischen dazu Eppler 1974) von diesem programmatischen Typus deutlich ab und markiert damit die zweite, reformpolitische Phase der Programmatik: »Die Anwendung wissenschaftlicher Erkenntnisse, besonders der Naturwissenschaften, hat zu großen Erleichterungen des menschlichen Lebens geführt. Neben diesem offenkundigen Fortschritt treten aber immer deutlicher auch negative Tendenzen hervor:

1. In den Industriegesellschaften führt die quantitative Wirtschaftsexpansion zunehmend zu einer Verminderung der Qualität des menschlichen Lebens. 2. Die Kluft zwischen den entwickelten und den nichtentwickelten Ländern reißt weiter auf.

Wissenschaft und Technologie werden diese Tendenzen zunehmend zu berücksichtigen haben. Auch sie *müssen den allgemeinen gesellschaftlichen Zielen dienen.*« (Orientierungsrahmen 1973, Tz 239; vgl. auch 248)

Politische Ziele und *politisch bestimmte* Förderungs*kriterien* – sog. Prioritäten – sollen nun die Forschungspolitik bestimmen (ebd., Tz 241).

Unter diesen erscheint die »Steigerung und Sicherung der wirtschaftlichen Leistungsfähigkeit im internationalen Wettbewerb« nur als eines unter anderen: dem »Beitrag der Forschung zur Lösung konkreter öffentlicher Aufgaben«, der »Sicherung der qualitativen Verbesserung des Wachstums« u. a. (ebd.). Nicht nur soll die öffentliche Forschung zielorientiert sein, auch die private Forschung soll von gesellschaftlichen Zielen infiltriert werden:

»Die Forschung in der Wirtschaft ist wettbewerbsorientiert und daher nur bedingt der Information und Koordinierung zugänglich. Förderungsmaßnahmen sind mit einer spürbaren *Risikobeteiligung* des Geförderten zu koppeln. Zunehmend werden der Wirtschaft schädliche Wirkungen von Produktion und Produkten angelastet werden. Im Rahmen der Forschungsförderung sind mit der Mittelvergabe Auflagen für die Entwicklung umweltfreundlicher Technologien zu verbinden.« (ebd., Tz 244)

Allerdings läßt sich inzwischen mit dem allgemein im Sinken begriffenen reformpolitischen Anspruchsniveau auch ein allmählicher Verzicht auf die mit der Lebensqualität-Formel verbundenen programmatischen Ansprüche beobachten. Der Höhepunkt dieses programmatischen Bezugspunkts, der sich noch 1974 in einer Werbeschrift des BMFT in der Aussage »Mehr Lebensqualität durch Forschung und Entwicklung. Dafür arbeiten wir.« ausdrückte, ist überschritten. Die CDU-Fraktion hatte diese Bezugsformel in einer kleinen Anfrage zur Forschungspolitik (BT-Drucksache 7/1825 v. 18. 3. 74) auch bezüglich ihrer Operationalisierbarkeit in Frage gestellt: »Die Formel ›Orientierung der Forschungspolitik an den gesellschaftlichen Bedürfnissen‹ reicht nicht aus für eine rationale Forschungspolitik.«

Die jetzt erreichte ökonomisch orientierte, strukturpolitische Phase, die die Parteien wieder programmatisch eint, stellt aber nicht einfach die Rückkehr zur Programmatik der ersten Phase dar, wie oben schon angedeutet worden ist. Forschungs-Struktur-Politik ist *explizite* ökonomische Orientierung und muß *als solche* stärker rechtfertigungsbedürftig sein als die implizite Ausrichtung in der ersten Phase. (Zur Lösung dieses »modernen« Legitimationsproblems später.)

Ähnlich wie in der ersten Phase verliert die parteipolitische Programmatik an Bedeutung. Den Grund bildet jetzt allerdings nicht die Orientierungslosigkeit der Regierungspolitik, sondern der fehlende Dissenz zwischen Regierung, Mehrheitspartei und Opposition. Die Regierung dominiert (in »unserem« System) in der Politikdarstellung immer gegenüber ihrer Partei. Nur eine mit einem alternativen Konzept auftretende Opposition könnte eine eigenständige *Partei*programmatik entwickeln. Da dies nicht der Fall ist, verschiebt sich die Politikdarstellung zur Regierung (s. u.).

Diese Situation entlastet die reformerische Programmatik der SPD insofern, als *sie* nicht in die prekäre Lage kommt, die Senkung des Anspruchsniveaus – von der reform- zur strukturpolitischen Forschungspolitik – vornehmen und begründen zu müssen. Die Regierung übernimmt die Politikdarstellung; sie kann dabei andere Bezugspunkte als die frühere Parteiprogrammatik wählen. Die Übernahme selbst rechtfertigt bereits größeren »Realismus«: Beschränkung auf das »Machbare«. Und die Oppositionspartei gemahnt SPD und SPD-Regierung nicht an ihre früheren Reformintentionen, sondern stellt sich selbst dar (sich dabei freilich kaum von der Regierungspolitik unterscheidend).

Läßt sich in der Entwicklung der Parteiprogrammatik eine »Politisierung« ausmachen? Offenbar ist die vermutete Dialektik der Politisierung hier zu historischen Phasen sozusagen geronnen. Den Beginn des Bewußtseins eines expliziten Staat-Ökonomie-Verhältnisses im Feld der Forschungspolitik kann man, parteipolitisch gesehen, erst ungefähr mit der 66/67er Krise ansetzen. Ein erster Anlauf der Forschungspolitik nach Erlangung einer gewissen Bedeutung und Selbständigkeit zielte eindeutig auf reaktive »Anbindung« an ökonomische Bedürfnisse (siehe das Stoltenberg-Zitat); er konnte sich aber nicht entfalten. Eine reformpolitische Phase, in der inhaltliche Politisierung zum Programm erhoben war, unterbrach diesen Anlauf. Der reformpolitische Ansatz ist aber inzwischen zugunsten einer strukturpolitischen Orientierung, d. h. wiederum der ökonomischen Ausrichtung der Forschungspolitik, aufgegeben worden. Ob bzw. in welchem Sinne sich die derzeitige Forschungspolitik als »Politisierung« verstehen läßt, kann anhand der Parteiprogrammatik allerdings nicht weiterverfolgt werden, da diese sich selbst zugunsten der Regierungs-Selbstdarstellung aufgelöst hat.

3.2.3. Wandel der supranationalen forschungspolitischen Programmatik (am Beispiel der OECD)

Angesichts der Einbettung bundesrepublikanischer Politik in internationale Bezüge erscheint es angemessen, auch die Veränderung supranationaler Forschungspolitik wenigstens zu streifen. Dies um so mehr, als gerade die nationale *Forschungs*politik (in ihrer Darstellungsstrategie) stark durch internationale Anstöße geprägt wurde und wird. Wissenschafts- und Forschungspolitik ist eines der Felder, deren sich besonders die OECD angenommen hat (vgl. vor allem die zwei Gutachten »Science and the Policy of Governments«, 1963 und »Science, Growth, and Society«, 1971). Daß in den supranationalen Berichten der programmatische Aspekt weit dominanter, der Darstellungs-Freiraum größer ist als in nationalen, braucht nicht besonders betont zu werden. Andererseits liegt eine Begrenzung des Programmhorizonts darin, daß die OECD auf die reale Regierungspolitik (d. h. deren Darstellung durch die Regierungen) ihrer Mitgliedsländer rekurriert.

Die Umbruchstimmung in der Wissenschafts-, Forschungs- und Technologiepolitik mit dem Ende der Nachkriegsära wurde auch im europäischen Maßstab deutlich spürbar. Auch hier lassen sich wechselnde Schwerpunkte ausmachen. Eine erste Phase der unsystematischen, mäzenatischen Wissenschaftsförderung (vgl. OECD 1971, 42; die folgenden Seitenangaben beziehen sich auf diesen Bericht) wird in den frühen sechziger Jahren abgelöst durch eine zweite, wachstumsorientierte Phase: angesichts sinkender Wachstumsraten und der zu deren Begründung perzipierten »technological gap« interveniert die Politik in die Ökonomie zugunsten des »dritten Faktors«. Diese Phase wird Ende der sechziger, Anfang der siebziger Jahre wiederum abgelöst durch eine »zweite Generation« der Wissenschaftspolitik, der eine Problemperzeption zugrunde liegt, die als »Systemversagen und dessen Folgen« charakterisiert werden kann:

Einerseits zeigten sich zunehmend unerwünschte Nebeneffekte eines ungezügelten, politisch nicht gesteuerten Wachstumsprozesses; andererseits wurden diese Nebeneffekte und deren Ursache – fehlende politische Steuerung – von einer kritischen öffentlichen Meinung in wachsendem Maße angeprangert (90 f.).

Aus Systemproblemen und Systemkritik ergab sich als neue Zielsetzung für einen allgemein als schwieriger werdend eingeschätzten politischen Entscheidungsprozeß (vgl. 16) »a shift of emphasis away from defense, national prestige, and quantitative economic growth towards the more rational management of both growth and new technology in the interests of newly perceived *social needs* and increased effectiveness in the performance of the public sector and the fulfillment of *collective needs*« (7 = Brief des Ausschußvorsitzenden; Hervorhebung von mir, VR).

Das soziale, kollektive, politische Element sollte in der Gesellschaft größere Berücksichtigung erfahren, und demgegenüber das private, quantitative ökonomische Wachstum gezügelt werden. Das Programm der »Qualität des Lebens« löste das Programm des quantitativen Wachstums als forschungspolitische Leitformel ab (vgl. 36). Auf diese Weise sollte eine insgesamt als konfliktisch eingeschätzte soziale Situation[20], die auf negative Wachstumsfolgen, »rising expectations« (26) und Steuerungsprobleme, wie Marktversagen und Inflation (vgl. 27, 32), zurückgeführt wurde, harmonisiert werden (20, 25, 29). Die Harmonisierungsintention zeigte sich besonders deutlich in der Zielsetzung der »Humanisierung der Arbeitswelt«:

»... a major challenge to science policy in the next decade may prove to be to find new goals for technological and social and institutional innovation that relate to the adaptation of work styles to be psychological needs of individuals rather than, as in the past, the adaptation of man to work styles set by technology and demanded by economic efficiency. This will obviously demand close cooperation between the social and engineering sciences, since knowledge of the true origins of work dissatisfaction is very limited.« (86)

Wenn die Politik zum »Exekutor« von Lebensqualität wird, kann sie nicht mehr – wie noch eine reaktiv-wachstumsorientierte Politik, der die Zielbestimmung von den einzelkapitalistischen Unternehmensstrategien abgenommen wurde – auf fremdbestimmte Ziele und Kriterien zurückgreifen oder die Ziele unbestimmt lassen; vielmehr wird die Definition von Problemen und die Bestimmung von Zielen und Prioritäten zum zentralen Bestandteil des politischen Willensbildungsprozesses. Dies hat die OECD erkannt und klar ausgesprochen (55 ff.).

Eine so inhaltlich-programmatisch definierte Politik braucht nach Auffassung der OECD vor allem mehr Beratung in Form wissenschaftlicher Information. Von daher rührt die Betonung der social science policy (34, 93, 100). Durch diesen speziellen Bezug wird Wissenschaftspolitik, über den Stellenwert irgendeiner Teilpolitik hinaus, zur Basis aller Politik. Theoretischer formuliert: sozialwissenschaftliche Information, deren Generierung Aufgabe der Wissenschaftspolitik ist, wird zunehmend bedeutsam im Kontext eines Selbstreflexionsprozesses der Politik insgesamt (unter dem Bezugspunkt der Lebensqualität und der »social needs«) (57). Social Indicators und Kosten-Nutzen-Analysen erscheinen als neue, adäquate Formen des »social accounting« (36, 65, 84). Aber auch Partizipation wird als notwendige Voraussetzung dieser neuen Art von Politik genannt (62 f.).

Die veränderte politische Aufgabenstellung erfordert auch veränderte

Institutionen: »a new type of institution, a sort of watchdog of political, social, and economic life, which will be responsible for detecting the threats inherent in progress and for proposing means of harmonising the course of progress with the aspirations of the community« (61; vgl. auch 68).

Formal läßt sich die in dieser Phase intendierte Politik auf den Nenner von »Systempolitik« bringen: »to establish an assessment process embracing the *whole* economy and relating the *whole* of technology to the *whole* social and natural environment« (79).

Dabei ergibt sich ein stärkerer Koordinierungszwang für die vorher relativ selbständig operierende Forschungspolitik mit anderen, tendenziell allen (Qualität des Lebens!) Politikbereichen (7, 45, 47, 105). Auch alle Planungsaspekte finden Eingang in die neue Politikform (95): Zukunftsorientierung (79); Früherkennung von Problemen (80, 84) einschließlich solchen im Sozialbereich[21]; Flexibilität und Rigidität in der Prioritätensetzung (73, 79 f.).

Im Verhältnis zwischen privater und öffentlicher Sphäre, zwischen Ökonomie und Politik, wird – im Gegensatz zu früheren staatlichen Interventionen zugunsten der Unternehmen (37, 62 f.) – von wachsender staatlicher Intervention und wachsendem Funktionsanteil des Staates ausgegangen (89): von der Internalisierung privat verursachter sozial-externer Kosten (89) und der sozialen Beeinflussung von Investitionen und Innovationen (91).

Es ist durchaus konsequent, daß aufgrund der dargestellten reformerischen Orientierung gerade die OECD sich weitere Gedanken um die Lösung des forschungspolitischen Problems der Ziel- und Prioritätenbestimmung und insbesondere des Einklangs von politischen mit sozialen und der Vereinbarkeit ökonomischer und sozialer Prioritäten gemacht hat. Sie ist damals zum Protagonisten der Bewegung des Technology Assessment geworden (vgl. Hetman 1973; für die Diskussion in der BRD siehe vor allem das Hearing-Protokoll Nr. 13 der 7. Wahlperiode des BT-Ausschusses für Forschung und Technologie und für das Post- und Fernmeldewesen v. 5. 12. 73) – »conceived as a tool of technology management, as a necessary link between research and development and the needs of society« (A. King's Vorwort in: Hetman 1973, 7).

Die OECD war aufgrund ihrer »Handlungsentlastung« ein idealer Träger reformerischer Programmatik. Von daher ist es nicht verwunderlich, daß sich der reformerische Forschungspolitik-Ansatz gerade bei ihr besonders breit dokumentierte (vgl. die Folgeberichte: OECD 1972, 1973, 1974).

Die an der OECD-Programmatik ablesbare Phasierung entspricht, wie sich gezeigt hat, der in der Parteiprogrammatik gefundenen weitgehend. Weil aber der OECD die der Parteiprogrammatik offenstehende »Übertragung« der Politikdarstellungsfunktion auf die Regierung verwehrt ist – sie drückt ja immer die allgemeine *Regierungs*programmatik bzw. Politikrealität ihrer Mitgliedsstaaten aus –, mußte sich auch die jüngste Phase der forschungspolitischen Entwicklung – der Übergang von der reform- zur strukturpolitischen Forschungspolitik – in OECD-»Protokollen« niederschlagen. Dieses neue Konzept findet sich tatsächlich in der bereits erwähnten Publikation zur »industrial policy« (OECD 1975).

Die OECD hat hier ihre reformerische Politisierungsprogrammatik sozusagen vergessen; sie reflektiert damit nur die veränderte (forschungs-) politische Orientierung ihrer Mitgliedsstaaten. Die politische Realität wird als »industrial policy« charakterisiert, die freilich verbesserungswürdig sei. »Industrial policies today constitute a reality accepted by practically all Member countries ...« (ebd., 127) Eine stärkere sachliche und zeitliche Ausdehnung der strukturpolitischen Orientierung bildet das programmatische Ziel. Nicht mehr erzwingen sozialpolitische Argumente eine reformerische Politisierungsstrategie, sondern ökonomische Gründe machen Strukturpolitik notwendig. Die neue Argumentationskette lautet z. B.: »While market mechanisms are, and should remain, the basic factor in the development of industry, market forces often seem to have proved inadequate to bring about the balanced industrial growth and the structural adaptation needed to attain general economic objectives related to, e. g., living standards, employment, international trade, technological development.« (ebd., 128) Die Wachstums-, Industrie- und Marktkritik, welche zur Politisierungsstrategie geführt hatte, ist nahezu verschwunden. »Wohlfahrt« ist wieder bloßer Sekundäreffekt ökonomisch-industriellen Wachstums, dessen primärer, »eigentlicher« Mechanismus folglich zentrales Augenmerk verdient: »industrial policy measures should contribute to the efficiency of industry« (ebd., 133). Sozialpolitisch motivierte Staatsintervention erscheint in dieser Perspektive als dysfunktional: »As a result of the speed and uneven incidence of economic growth, governments have frequently been impelled to intervene primarily for social reasons. This has notably been the case of measures taken to support declining industrial sectors, which are often concentrated in particular regions of a country. Such support may serve to perpetuate inefficiencies in industrial operation and in the allocation of resources if it does not effectively provide for a transitional process of adjustment to new conditions permitting self-sustaining operation.« (ebd.)

Gerade die Forschungspolitik ist nach Darstellung der OECD bereits weitgehend strukturpolitisch ausgerichtet. Auch hier werden die neuen Bezugspunkte deutlich. »... governments have promoted costly, high-risk investment in innovation to maintain the international competitivity of such technologically advanced sectors as aeronautics or certain electronics branches, or to develop new sources of energy (as in nuclear research).« (ebd., 53) Die reformerische Orientierung der vorausgehenden Phase, in die gerade die OECD so viel programmatischen Input gesteckt hatte, wird bestenfalls in Randbemerkungen noch aufgenommen (vgl. ebd., 65).

Insgesamt hat also die »strukturpolitische Orientierung« in der OECD-Programmatik die reformpolitische Intention voll verdrängt. Immerhin, jenseits bloßer Deskription strukturpolitischer Instrumente und Mechanismen erkennt die OECD die Probleme der neuen Politik insbesondere im Informationsbereich (ebd., 53, 64 f.), ohne sie freilich lösen zu können. Die faktischen Lösungsformen können hier noch nicht aufscheinen.

3.2.4. Regierungsamtliche Darstellung der Forschungspolitik

Im Gegensatz zu Parteien und supranationalen Instanzen (derzeitiger Provenienz) sind Regierungen in ihrem Kompetenzbereich nicht »handlungsentlastet«. Daraus folgt nicht, daß man von der Selbstdarstellung der Regierungspolitik auf die Faktizität schließen könnte. Vielmehr enthält diese Selbstdarstellung sowohl ideologische Momente – »falsches Selbstbewußtsein« – als auch, m. E. in zunehmendem Maße, manipulative Elemente – Politikdarstellung als legitimatorische »Ressource«. Andererseits kann die politische Selbstdarstellung sich sicherlich nicht unbegrenzt weit von der (eingeschätzten, d. h. immer noch möglicherweise ideologisch verzerrt geschilderten) Faktizität entfernen; es gibt, im Maße der Erkennbarkeit der Fakten und konkurrierender Darstellungen, Grenzen falscher Darstellbarkeit und Grenzen der Manipulierbarkeit. Daraus läßt sich schließen, daß gravierende faktische Veränderungen der Politik bis zur Darstellungsebene – wie verzerrt auch immer – durchschlagen werden.

Zunächst ist zu konstatieren, was schon mehrfach angedeutet wurde, daß eine einigermaßen ausführliche forschungspolitische Selbstdarstellung erst am Ende der Nachkriegs-Wachstumsära im Zuge der (wirtschaftspolitischen) Aufwertung und Ausdifferenzierung der Forschungspolitik einsetzte. Bis dahin trug das ökonomische Wachstum sich in hohem Maße selbst und hatten die Konzentrationsprozesse in der Ökonomie noch kein hohes Niveau erreicht, so daß die faktische Forschungspolitik relativ gestreut, »mäzenatisch« und subventionistisch, und mit geringem Mittelaufwand operieren konnte. Ein spezifisches Interdependenzverhältnis von Forschungspolitk und wachstumsbezogener Industrietechnologie brauchte sich nicht auszubilden. Die folgende Gesamtcharakterisierung der Nachkriegszeit von Scharpf (1976, 3) betrifft auch die Forschungspolitik: »Ohne konkurrierende Problemprioritäten übernahm ... die staatliche Politik gegenüber der Wirtschaft eine dienende Funktion. Sie sorgte für den Wiederaufbau und Ausbau der Infrastruktur, für eine Steuergesetzgebung, die die Kapitalbildung nachdrücklich subventionierte, für eine den Warenexport begünstigende Außenwirtschaftspolitik, und sie sicherte mit dem Ausbau des Systems sozialer Leistungen die breite Bevölkerung gegen die wichtigsten materiellen Risiken einer nur insoweit ›sozialen‹ Marktwirtschaft. Die Übernahme von Steuerungs- und Gestaltungsaufgaben des Staates gegenüber der Wirtschaft war im Prinzip ausgeschlossen, auch wenn hinter dem Schleier der offiziellen Doktrin die Staatsintervention in der Form einer fast unübersehbaren Vielfalt direkter und indirekter Subventionen offenbar ohne Bedenken (aber eben auch ohne Konzeption) praktiziert wurde.« Weil es so etwas wie kohärente Forschungspolitik noch nicht gab, konnte es keine forschungspolitische Selbstdarstellung geben; es brauchte sie aber auch nicht zu geben, denn die allgemeine Legitimationssituation in der BRD war aufgrund einigermaßen stetigen Wachstums und im ganzen akzeptierter Politik ruhig.

Zwar setzte eine forschungspolitische Selbstdarstellung bereits am Vorabend der 66/67er Krise, dem Ende der Nachkriegsära, ein; der damit angesprochene erste Forschungsbericht der Bundesregierung (FB I von 1965) stellte aber eher die Reaktion auf den »intellektuellen Vorspann« dieser Krise, nämlich auf die Diskussion der »technologischen Lücke«, dar. Dieser FB I markiert nicht die eigentliche Zäsur, die sich vielmehr erst am Ende der 66/67er Krise, nachdem diese auch politisch »durchgeschlagen« war, einstellte. Die Nachkriegs-»Atmosphäre« reichte in der forschungspolitischen Darstellung bis hin zum FB III (1969); nicht zuletzt deshalb, weil die 66/67er Krise ja zunächst konjunktur- und nicht wachstumspolitisch begriffen und behandelt wurde.

Der zentrale Einschnitt auf der Darstellungsebene erfolgte mit dem FB IV

(1972), in dem sich leicht verspätet die ökonomischen und politischen Veränderungen in Reaktion auf die Krise reflektierten.

Der FB IV reagierte endlich auf eine verschlechterte ökonomische Lage, deren Verbesserung man über verstärkte staatliche Förderung des wissenschaftlich-technischen Fortschritts erhoffte (vgl. vor allem das einflußreiche Prognos-Gutachten: Schröder 1971); tat dies aber (noch) mit *reformpolitischen* Zielsetzungen und Ansprüchen, in denen sich sozialdemokratische Euphorie mit Rücksichten auf externen, legitimatorischen Druck (Studentenbewegung; vgl. auch die erste kritische, nicht auf den Rüstungskontext abstellende Analyse von Hirsch 1970) paarte. Unter der Decke dieser Darstellung, der z. T. sicher überzeugte Ansprüche entsprochen haben, erfolgte aber bereits der wachstumspolitisch orientierte Beginn einer Zentralisierung, Straffung sowie Funktionsorientierung (und gewissen Erhöhung des Mittelniveaus) der Forschungspolitik.

Die volle Konsequenz aus der ökonomischen Veränderung für die Forschungspolitik zog aber erst der FB V, indem er explizit die reformpolitische zugunsten einer *strukturpolitischen* Orientierung aufgab. Erfahrene Reformgrenzen, sichtbar gewordene Grenzen sozialer (Um-)Gestaltung durch die Politik, weiter verschlechterte ökonomische Entwicklung (Stagflation, Arbeitslosigkeit) mit auch fiskalischen Konsequenzen (»fiscal crisis«) zwangen die Forschungspolitik zu strukturpolitischer, d. h. ökonomiebezogener Stromlinienförmigkeit, die legitimatorisch auch deshalb unproblematisch wurde, weil sich unter dem allgemeinen ökonomischen Druck auch die Legitimationsfront entspannt hatte (»Reaktion«; vgl. die schöne Formel »Krise als Disziplinierungsmittel«: Vitt 1975).

Bei dieser überblicksartigen Charakterisierung zeigt sich auch, daß die »Entfernung« zwischen Politikfaktizität und -darstellung beim FB IV relativ groß gewesen ist, hervorgerufen durch Fehlvorstellungen der politischen Akteure über das »Machbare« und die künftige ökonomische Entwicklung und erklärbar als Reaktion auf legitimatorischen Druck.

Mit diesem groben Überblick ist bereits begründet, weshalb es zur Charakterisierung der heutigen forschungspolitischen Selbstdarstellung vor allem auf die FB IV und V ankommt, die als Ausdruck eines Kontinuitätsbruchs gelten müssen (vgl. Keck 1976, 142). Mit diesen beiden Berichten wird eine neue Forschungspolitik – unterschiedlich – zu interpretieren versucht, die durch veränderte ökonomische Bedingungen zu verstärkter ökonomischer Funktionalität bei tendenziell eher abnehmendem als wachsendem fiskalischen Handlungsspielraum gezwungen wird, die sich deshalb weder Mäzenatentum noch technologische Imitation (der USA) mehr leisten kann, sondern zur Strukturpolitik werden muß. Dies stellt die einzig relevante Veränderung der Forschungspolitik in der Nachkriegszeit dar, gegenüber den natürlich von allen Regierungen zu jeder Zeit behaupteten »Neuorientierungen«. Als solche »verkaufte« sich z. B. auch schon der FB II (S. 7): »Die Forschungspolitik ist in der zweiten Hälfte der sechziger Jahre zunehmend durch neue Tendenzen und Aufgaben bestimmt.«

Im Hinblick auf ihre funktionale Orientierung gehören FB IV und V zusammen: sie ersetzen eine auf niedrigem Mittelniveau operierende, in bezug auf die Wissenschaft mäzenatische, in bezug auf die Wirtschaft subventionäre und diffuse Forschungspolitik (vgl. Hauff 1974, 11; siehe dagegen Rilling 1970, 278, der rüstungspolitisch argumentiert) durch betonte, konzentrierte Ausrichtung auf ökonomisches Wachstum. Während der FB IV diese Veränderung aber noch verbindet mit inhaltlichen Politisierungs- und Reformintentionen – die vielleicht das anfangs notwendige Vehikel zur Veränderung darstellten –, bzw. sie als Politisierung und Reform darstellt, erscheint die Darstellung des FB V zugleich ernüchtert wie legitimationsentlastet: die strukturpolitische Funktionalität schlägt sich auch in der Darstellung nieder, die Entfernung zwischen Faktizität und Darstellung nimmt ab.

Die struktur- bzw. infrastrukturpolitische Interpretation der Forschungsförderung beginnt bereits im FB IV und hat sich seitdem laufend verstärkt. Im FB IV hieß es bereits: »Die Bundesregierung sieht die Aufgabe ihrer Technologieförderung vornehmlich darin, solche Vorhaben zu ermöglichen, die zwar langfristig das technische Potential wesentlich verstärken, von denen aber befürchtet werden muß, daß sie wegen ihres Risikos oder wegen ihrer Kosten nicht ausreichend in Angriff genommen werden, wenn sie keine staatliche Förderung erhalten.« (Tz 52) In der Folgezeit bezieht sich die strukturpolitische Interpretation allmählich auf die gesamte Forschungs- und Technologiepolitik und wird dabei zunehmend klarer, d. h. wirtschaftstheoretisch: »Eine am gesellschaftlichen Bedarf orientierte Forschungs- und Entwicklungspolitik muß sich als aktives Element wirtschaftlicher Strukturpolitik begreifen. (...) Forschung und Technologie haben immer Konsequenzen auf künftige Entwicklungen der regionalen und sektoralen Struktur. Wir müssen versuchen, diese Effekte bewußt einzusetzen, um regionale und sektorale Wandlungsprozesse einzuleiten, ohne damit gesamtwirtschaftlich notwendige Anpassungsvorgänge zu verhindern.« (Ehmke 1973b, 1493)

Die derzeitige Politikdarstellung liest sich schließlich folgendermaßen: »Es zeichnet sich eine Entwicklung ab, in der wir sehr viel bewußter strukturpolitisch handeln müssen, um die Vollbeschäftigung in unserem Lande langfristig zu sichern. Dabei müssen zielgerichtet Forschung und Technologie zur langfristigen Sicherung der Arbeitsplätze eingesetzt werden.« (Matthöfer 1975b, 879) »Arbeitslosigkeit, teurer gewordene Ressourcen ... und die Instabilitäten des Weltwährungssystems ... verlangen heute eine Reorientierung der Wirtschaftspolitik. Bei der Planung von Forschung und Entwicklung bedeutet das (sic!), in diejenigen neuen Technologien und technologischen Verfahren zu investieren, die langfristig zur Erhaltung der Arbeitsplätze in unseren jeweiligen Volkswirtschaften beitragen. Forschungspolitik muß an notwendigen Reformen und an den notwendigen Veränderungen unserer Wirtschaftsstrukturen mitwirken. Wir müssen auf die Technologien, auf die Produkte, auf die Industriezweige und Dienstleistungsbereiche unsere Schwerpunkte legen, die langfristig für unsere Volkswirtschaften Schlüsselfunktionen haben.« (Matthöfer 1975a, 780).

Forschungspolitik versteht sich selbst und stellt sich heute auch dar als ökonomisch, strukturpolitisch ausgerichtete Politik. Die Argumentationskette strukturpolitischer Forschungsförderung verläuft *makroökonomisch* von der Arbeitsplatzsicherung über Wirtschaftswachstum zur Bestimmung von Wachstumsindustrien und Schlüsseltechnologien. Diese Interpretation des FB V hat eine *entscheidungstheoretische, politikzentristische* Argumentationskette des FB IV ersetzt, welche die Begriffe des gesellschaftlichen Bedarfs, der Lösungsalternativen und der politischen Prioritätensetzung favorisierte:

»Die Forschungspolitik ist ein Teil der gesamten Politik; Forschungsförderung muß sich deshalb in die übergeordneten Ziele, besonders der Gesellschafts- und Wirtschaftspolitik, einfügen. (...) Wichtigste Aufgabe des forschungspolitischen Planungs- und Entscheidungsprozesses ist die forschungspolitische Zielsetzung. (...) Für eine effektivere, den gesellschaftlichen Bedürfnissen besser entsprechende forschungspolitische Zielsetzung ist es unerläßlich, die Öffentlichkeit ... schon im Stadium der Zielformulierung, zu beteiligen. (...) Da es keine unbestrittenen Maßstäbe ›richtiger‹ oder ›falscher‹ forschungspolitischer Entscheidungen gibt, bedarf gerade die Forschungspolitik einer kritischen Öffentlichkeit.« (FB IV, Tz 6 f.)

Die Vorstellung des FB IV war, daß »durch die Vergabe öffentlicher Mittel für Forschungszwecke auch Schwerpunkte festgelegt werden«, daß damit die Möglichkeit gegeben sei, » durch planvolles Setzen von Schwerpunkten die Wissenschaftspolitik am gesellschaftlichen Bedarf zu orientieren« (FB IV, Tz 2). Die darin implizierte politikzentristische und qualitative (»gesellschaftlicher Bedarf«) Rationalitäts- und Effizienzkonzeption ist in der strukturpolitischen Argumentation abgebaut; hier definiert sich die Politik als funktionales Teilsystem mit heteronom-ökonomisch gesetzten Zielen und Prioritäten, die keiner (separaten) politischen Inhaltsbestimmung bedürfen (ökonomisch-industrieller Bedarf). Diese Veränderung kann man bereits am Gliederungsprinzip der beiden FB ablesen. Der FB IV gliedert sich nach einem entscheidungstheoretischen Modell politischer Planung, in dem sich das Selbstverständnis der Politik als zentrale Steuerungsagentur der Gesellschaft ausdrückt und dem ein makrosozialer, qualitativer Kalkül entspricht (vgl. auch Hockel 1974):

1. Zielorientierung der Forschungspolitik
2. Forschungspolitische Planung
3. Schwerpunkte der Forschungspolitik
   I. Sicherung der Grundlagen durch allgemeine Wissenschaftsförderung
   II. Forschung und Forschungsförderung im Sozial- und Wirtschaftsgefüge der Bundesrepublik Deutschland
   1. Erfüllung gesellschaftlicher Aufgaben
   2. Technologische Innovation in der Wirtschaft
   3. Forschungspolitische Initiativen in wichtigen Aufgabengebieten
   (...)

Die Gliederung des FB V unterscheidet sich von der des FB IV erheblich:

1. Ziele der Forschungspolitik (1 Seite!)
2. Arbeitsteilung und Zusammenarbeit in der Forschungsförderung
   I. Staat und Wirtschaft
   II. Staat und Wissenschaft
   III. Koordination und Kooperation
   (...)
3. Schwerpunkte der Forschungsförderung
   I. Modernisierung der Wirtschaft
   II. Verbesserung der Lebens- und Arbeitsbedingungen
   (...)

Diese Darstellungsweise drückt ein systemtheoretisches Selbstverständnis der Politik mit restringierter Planungskapazität aus: die Forschungspolitik besteht nicht – wie noch im FB IV beansprucht oder suggeriert – in der Durchsetzung politisch gefundener und gesetzter Ziele, Prioritäten und Entscheidungen, sondern bestimmt sich bzw. wird bestimmt durch ihren Bezug auf andere soziale Systeme mit eigener Autonomie, spezifischen Rationalitäten, Kalkülen etc. »Was früher politisch als Reform begann, wird technokratisch auf Innovation zurückgeschraubt« (Berger 1976, 331). Dieses Verhältnis – von Politik, Wissenschaft und Wirtschaft – wird neutralisierend als »Arbeitsteilung und Zusammenarbeit« charakterisiert (FB V, Tz 6). Diese Darstellung drückt nüchtern – oder besser: gegenüber der Reformeuphorie ernüchtert – aus,

- daß die eigentliche Forschung nach nichtpolitischen Kriterien und Mechanismen erfolgt,
- daß die Forschungspolitik den eigentlichen Forschungssystemen gegenüber vor allem Finanzier ist,
- daß die Möglichkeiten zu inhaltlicher Befrachtung der fiskalischen Forschungsförderung mit politischen Prioritäten, Interessen, Programmen begrenzt, nämlich systemisch gebrochen, ist.

Das politikzentristische, *qualitative* Selbstverständnis der Forschungspolitik äußerte sich im FB IV vor allem in seinem obersten Bezugspunkt, der »qualitativen Verbesserung der Lebensbedingungen« (Tz 1): »Forschungsaktivitäten müssen darauf gerichtet sein, zur Verbesserung der Lebens- und Arbeitsbedingungen beizutragen, unerwünschte Auswirkungen des technischen Wandels zu vermeiden und die gesellschaftlich notwendigen Modernisierungs- und Neuerungsmaßnahmen, z. B. im Verkehrswesen und beim Umweltschutz, zu ermöglichen.« (FB IV, Tz 39) »Hinsichtlich der Inhalte und der Zielsetzungen von Forschung und Technologie sieht die Bundesregierung ihre Hauptaufgabe darin, den Bedarf der Gesellschaft zur Geltung zu bringen. Sie wird Bereiche und Vorhaben bevorzugt fördern, die dazu beitragen, die menschlichen Lebensbedingungen zu verbessern oder gesellschaftliche Engpässe, Störungen und Gefahren zu beseitigen. Das technisch Machbare wird künftig mehr als bisher am gesellschaftlich Verantwortbaren gemessen.« (BT-Drucksache 7/1279,1)

Selbstverständlich verzichtet auch der FB V nicht ganz auf Sprechweisen der Reformeuphorie. Aber diese nehmen einen zurückgenommenen Platz *neben* der strukturpolitischen Argumentation ein (vgl. Tz 1 und 46). Sie haben tatsächlich keine große Bedeutung mehr, nachdem in strukturpolitischer Begrifflichkeit auf makroökonomischem »Argumentationsumweg« (Vollbeschäftigung) eine definitorische Gleichsetzung politisch- bzw. sozialallgemeiner mit privat-ökonomischen Interessen erreicht werden kann.

In dieser Argumentation wird gelegentlich sogar das folgende, realistische Reihenfolge- oder Bedingungsverhältnis geäußert: »Staatliche Forschungs- und Technologiepolitik muß als ein Element der Gesamtpolitik Teil der Fürsorge und Vorsorge des Staates für seine Bürger und – als Voraussetzung dafür (!) – für das Gedeihen unserer Wirtschaft sein.« (Rembser 1975, 22) Diese Legitimationskette deckt selbst – oder besser: gerade auch – funktional-operative Veränderungen der Forschungspolitik, wie sie sich in der Forcierung eines Politik-Wirtschafts-*Verbundes* mit inhaltlicher *Anbindung* der Politik an Produktions- und Verwertungsstrategien der Wirtschaft und in der politisch forcierten *Ausrichtung der* geförderten *Wissenschaft auf den industriellen Bedarf* zeigen. Die Legitimierung solcher Veränderungen wird noch dadurch erleichtert, daß die Forschungspolitik nach einer gewissen Erhöhung ihres Mittelniveaus[22] derzeit auf eine Begrenzung ihres finanziellen Handlungsspielraums mit dem daraus resultierenden Zwang zur Effektivierung – im Sinne stärkerer Ausrichtung auf den ökonomisch-industriellen Bedarf (Anwendungsorientierung, Transfer) – hinweisen kann (FB V, Tz 31).

Im FB V wird die inhaltliche Anbindung der Forschungspolitik an industriell gesetzten Bedarf indirekt durch das Eingeständnis zugegeben, daß die Politik *eigene* Ziele, Kriterien und Programme gar nicht besitzt:

»Der Innovation gilt seit einigen Jahren die besondere Aufmerksamkeit des Staates und der Forschung. Die Voraussetzungen und Wirkungsmechanismen einer erfolgreichen Innovationspolitik und des Transfers von wissenschaftlichen und technologischen Kenntnissen insbesondere aus den öffentlich geförderten Forschungseinrichtungen sind noch weitgehend ungeklärt. (...) Es sollen Vorschläge ausgearbeitet werden, wie der Bedarf an technologischen Entwicklungen besser ermittelt und durch die öffentlich geförderte Forschung berücksichtigt werden kann.« (Tz 16)

Diese »Unkenntnis« des Staates kann im kapitalistischen System freilich nicht verwundern. Was wann »Innovation« ist, entscheidet sich nach Mechanismen, die allen Unternehmen als fremde gegenübertreten. Der Staat kann darüber höchstens so viel wissen wie die führenden Kapitale (und selbst die prognostizieren mit Risiko); folglich verläßt er sich am besten auf deren know-what. Auch die wissenschaftliche »Innovationsforschung« (vgl. außer der noch genannten Literatur Pavitt/Walker 1976; Methoden der Prioritätsbestimmung I-III, 1971; Paschen/Krauch 1972) kann, aus dem gleichen strukturellen Grund, kein Informationslieferant für die Forschungspolitik sein (was sie sich selbstverständlich nicht eingesteht). Zwei politisch geförderte »Innovationstagungen« des Ifo-Instituts (1970 und 1974) erbrachten das Ergebnis: »Nach wie vor liegen keine gesicherten Ergebnisse aus der Innovationsforschung vor.« (Oppenländer 1974, 362). Die beste Innovationspolitik besteht nach den Ergebnissen dieser Tagungen darin, Innovationsentscheidungen den Unternehmen zu überlassen (ebd., 365) und höchstens abstrakt deren Handlungspotential zu erweitern: durch Mobilisierung und Zurverfügungstellung von Kapital bzw. durch Übernahme von Risiken (ebd., 363; vgl. auch Geschka/Schwerdtner 1974). »Nichts spricht dafür, daß staatliche Stellen Investitionsentscheide besser fällen als Unternehmer; und empirische Untersuchungen, die für die BRD eine unterdurchschnittliche Wachstumsdynamik nachweisen im Vergleich zu anderen Volkswirtschaften mit vergleichbaren Ressourcen, aber hoher Aktivität des Staates auf dem Gebiet der sektoralen Strukturpolitik, werden kaum beizubringen sein ...« (Schwietert 1974, 31)

Nicht nur das Verhältnis von Politik und Wirtschaft erfuhr zwischen FB IV und V eine Veränderung; parallel dazu veränderte sich in der Sicht der Politik auch die Funktion der Wissenschaft. Der FB IV unterwarf in seiner betonten Aufgabenorientierung (Tz 42) gerade die öffentlich geförderte Wissenschaft (verbal) einer politischen Zielsetzung: »Öffentliche Forschungseinrichtungen sind Arbeitsplätze und zugleich Instrumente zur Verwirklichung forschungspolitischer Ziele.« (FB IV, Tz 241) Der FB V vertritt demgegenüber ein weit stärker eingeschränktes Modell: die *globale Steuerung*, die vor allem über die Mitwirkung von Ministerialbeamten in Aufsichtsgremien und über Finanzmittelzuweisung – die nach der Forderung des Wissenschaftsrats (1975, 122) nicht mit Bewilligungsbedingungen verknüpft werden soll – erfolgt (FB V, Tz 20). Die »Globalsteuerung« meint aber nichts anderes als die verstärkte inhaltliche Anbindung der Forschung an die Industrie und deren »Bedarf« (der als »öffentlicher« *interpretiert* wird): »Die Zusammenarbeit mit der Industrie muß einen wirksamen Technologietransfer gewährleisten, um eine isolierte und praxisferne Forschung der außeruniversitären Forschungseinrichtungen zu verhindern.« (FB V, Tz 22) Entsprechend steht heute die anwendungsorientierte Forschung im Vordergrund des forschungspolitischen Interesses (vgl. Geschka/Schwerdtner 1974, 17), wobei deren industrielle Vertragsforschung zum Erfolgsindikator gemacht wird (FB V, Tz 23, 28). Das Problem des *Transfers* von Ergebnissen öffentlich geförderter Forschung in die industriell-technologische Anwendung nimmt einen herausragenden Platz in der neueren Forschungspolitik ein (FB V, Tz 16, 22).

Die angestrebte strukturpolitische Stromlinienförmigkeit läßt sich nicht zuletzt mit zunehmender Mittelknappheit der Forschungspolitik begründen. Nachdem die Zeit der Niveauerhöhung mit ihren relativ hohen Zuwachsraten ein Ende gefunden hat, stellt sich immer stärker das Problem der Leistungssteigerung bei fixem Mitteleinsatz. »Forschungsförderung steht (jetzt wieder; VR) in Konkurrenz mit anderen öffentlichen Aufgaben um beschränkte Finanzmittel.« (Hauff 1974, 12) »Prioritätsentscheidungen müssen einen Ausgleich zwischen den hohen Anforderungen für Forschung und Entwicklung und den begrenzten Finanzmitteln treffen.« (FB V, Tz 31) Neben den bereits genannten Konsequenzen im Verhältnis der Forschungspolitik zu ihren Adressatensystemen Wirtschaft und Wissenschaft werden aus der finanziellen Lage – im FB IV (Tz 6 ff.) bereits im Zuge der seinerzeit verbreiteten Planungsdiskussion – auch quasi betriebswirtschaftliche Reformstrategien abgeleitet: die wissenschaftliche Politikberatung soll »problembezogen« gestaltet werden (vgl. FB IV, Tz 19, 197; Hauff 1974, 16; FB V, Tz 32); laufende Forschungsprogramme sollen intensiver geplant, nur phasenweise durchgeführt (FB V, Tz 32), laufend überprüft (FB IV, Tz 40 f.), ggf. abgebrochen werden; projektweise Förderung soll die institutionalisierten Dauerfinanzierungsmaßnahmen möglichst ersetzen; auch das Forschungspersonal soll mobiler und flexibler gehalten werden (vgl. BT-Drucks. 7/1279, 9; FB V, Tz 27). Die Zielformel eines »forschungspolitischen Rahmenplans« (FB II, 9; FB IV, Tz 26, 269) wird allerdings längst auf einem recht niedrigen Anspruchsniveau interpretiert: die übergroße Komplexität soll durch »einfache, auf die tägliche Praxis abgestellte Verfahren« der Planung reduziert werden (FB IV, Tz 12; vgl. auch Borst 1974). Im gleichen Zusammenhang sind auch die verstärkten Bemühungen um politikinterne Koordination zu sehen (FB V, Tz 29 ff.): sowohl innerhalb der Bundesregierung (Ressortforschung) wie zwischen Bund und Ländern (Rahmenvereinbarung).

Der Abbau inhaltlicher forschungspolitischer Strategien, die inhaltliche Anbindung der Forschungspolitik an Kapitalstrategien mußte nach dem gegenteiligen Eindruck, den der FB IV hervorgerufen hatte, und angesichts einer zeitweiligen Sensibilisierung der öffentlichen Meinung in dieser Hinsicht ideologisch vorbereitet werden:

»Grundsätzlich werden wir erkennen müssen, daß bei dem Entwicklungsstand unserer Gesellschaft die Aufgaben von Staat und Wirtschaft nicht trennscharf in allen Bereichen abzugrenzen sind.« (Ehmke 1973a, 14) »Wir sollten dabei nicht vorschnell uns durch sogenannte ordnungspolitische Argumente vom Denken abhalten lassen, sondern – möglichst unabhängig von ideologischen Modell-Idealen – die sinnvollsten Lösungen suchen.« (Ehmke 1973b, 1495)

In diesem Zusammenhang ist auch interessant, wie sich die verbale und faktische Reaktion der Forschungspolitik auf den Vorwurf, sie sozialisiere Kosten, Risiken und Verluste und privatisiere Gewinne, vom FB IV zum FB V gewandelt hat. Im FB IV (Tz 54) wurde diese Kritik immerhin mit der Absichtsbekundung beantwortet, der Staat werde sich Nutzungs- und Benutzungsrechte aus öffentlich geförderten Technologien sichern und mache sich Gedanken über die »Rückzahlung von Förderungsbeträgen aus Gewinnen«. Demgegenüber werden nach dem FB V (Tz 11) FuE-Mittel (im Bereich des BMFT) grundsätzlich »ohne Rückzahlungsverpflichtung oder finanzielle Erfolgsbeteiligung« (der öffentlichen Hand) gewährt (differenzierter liest sich BT-Drucksache 7/3740). Auch insoweit hat sich der subventionäre Charakter der Strukturpolitik herausgeschält.

»Allgemein wurde bei der Überarbeitung der Bewilligungsbedingungen das Hauptgewicht nicht auf erweiterte finanzielle Zugriffsmöglichkeiten des Bundes gelegt. Vielmehr soll der Zugang zu den Arbeitsergebnissen für den Staat und dritte Unternehmen verbessert werden, ohne berechtigte Verwertungsinteressen der geförderten Unternehmen unangemessen einzuengen (sic!).« (FB V, Tz 11)

Die Vorstellung, daß die öffentliche Beteiligung an privatunternehmerischen Forschungs- und Entwicklungsprojekten auch politische Mitbestimmung über die Projekte rechtfertigen bzw. zur Folge haben würde, weist der FB V explizit zurück, indem er einen gerade umgekehrten Zusammenhang herstellt: »Die finanzielle Eigenbeteiligung der Wirtschaft gewährleistet am besten die Marktorientierung der geförderten Entwicklung und deren schnelle wirtschaftliche Umsetzung.« (FB V, Tz 10; ähnlich aber schon FB IV, Tz 54)

Diese Einziehung früherer programmatischer Ansprüche ist nur realistisch (vgl. zu dieser Frage Windus/Schiffel 1976). Die Unternehmen sind selbstverständlich an staatlicher Subventionierung nur interessiert, wenn sie damit ihre ökonomische, d. h. Gewinnsituation mindestens nicht verschlechtern. »Grundsätzlich würde jedoch die Bereitschaft der Unternehmen, riskante und auch im öffentlichen Interesse liegende FE-Vorhaben unter teilweise erheblicher finanzieller Eigenbeteiligung zu übernehmen, durch die volle Kumulierung von ›wissenschaftlich-technischer‹ (gemeint sind Benutzungsrechte; VR) und ›finanzieller‹ (gemeint sind Rückzahlung oder Ertragsbeteiligung; VR) Erfolgsbeteiligung des Bundes überfordert werden«

(BT-Drucksache 7/3740, 2, unter Hinweis auf ein Gutachten des BMBW/BMFT von der Deutschen Revisions- und Treuhand AG Treuarbeit »Zur Frage der finanziellen Erfolgsbeteiligung des Bundes bei erfolgreicher privatwirtschaftlicher Nutzung öffentlich mitfinanzierter FE-Arbeiten von Wirtschaftsunternehmen« vom September 1972). Außerdem »ist zu beachten, daß eine befriedigende Ermittlung des der staatlichen Förderung zuzurechnenden Gewinns oder Ertragsteils – besonders bei Unternehmen mit breitem Produktionsspektrum und langjähriger umfangreicher eigener FE-Tätigkeit – praktisch nicht möglich ist« (ebd., 1 f.; vgl. auch Bräunling/Harmsen 1975, 122). Sowohl die Forschungsresultate wie damit die Forschungsfinanzierung »verlieren« sich im Verlauf des Produktionsprogramms (ebd., 2, FN 1), wobei das betreffende Unternehmen diesen Prozeß selbstverständlich zu befördern vermag und bestrebt sein wird.

Unter legitimatorischem Rechtfertigungsdruck erfolgt gelegentlich, gegen die sonstige Programmatik, die Abwertung der »strukturpolitischen Orientierung« der Forschungspolitik als nur eine neben anderen (vgl. Bundesministerium für Forschung und Technologie 1976, 9). Einerseits zeigt sich hier die legitimatorische Brisanz der Strukturpolitik, mit der von Kritikern zu Recht die Vorstellung ökonomischer Anbindung der Politik verbunden wird. Andererseits eröffnet sich hier eine nur empirisch zu beantwortende Frage: läßt sich die *gesamte* Forschungspolitik als »strukturpolitisch« charakterisieren oder nicht?

3.2.5. *Zusammenfassung*

Das ökonomische (Rückgang der Wachstumsraten und -stetigkeit, Infrastrukturprobleme) und politische (erstmals SPD-Regierung) »Ende der Nachkriegszeit« brachte auch für die Forschungspolitik erhebliche Veränderungen: einen Funktionswandel. Die neue Regierung trat mit einem euphorischen *Politisierungsprogramm* an, das um so gerechtfertigter erschien, als das Ende des »Wirtschaftswunders« auf wachsenden Staatsinterventionismus klar zu verweisen schien und sich ein solcher auch in einer Erhöhung der forschungspolitischen Aufwendungen zunächst materialisierte. Aber einerseits trat sehr bald – nicht zuletzt, weil der Staat von der ökonomischen Entwicklung, die er eigentlich zu stabilisieren und fördern intendierte, in seinen Einnahmen negativ betroffen wurde – eine Stabilisierung der forschungspolitischen Wachstumsraten (auf einem etwas angehobenen Niveau) ein, andererseits schlug das generelle desillusionierende »Ende der

Reformpolitik«, die Erkenntnis der Beschränktheit des politisch Machbaren, auch auf die Forschungspolitik durch. In der Laufzeit des FB IV traten faktische Politik und ihre legitimatorische Darstellung relativ weit auseinander. Ihr Wissen um die Restringiertheit der Politik und die daraus folgende ökonomie-funktionale Ausrichtung mußten die forschungspolitischen Akteure gegenüber einer Öffentlichkeit, die im Zuge der Studentenbewegung, der außerparlamentarischen Opposition, der Bürgerinitiativen außergewöhnlich sensibilisiert war, zunächst noch zurückhalten. Die »Legitimationsfront« war noch nicht entspannt genug für die strukturpolitische Darstellung der Forschungsförderung[23]. Nur an der Politikdarstellung war die Behauptung der Politisierung der gesellschaftlichen Forschung noch festzumachen.

Inzwischen ist auch dieser Anknüpfungspunkt für eine Politisierungshypothese verlorengegangen. Spätestens mit dem FB V ist explizit geworden, daß eine inhaltliche Politisierung weder angestrebt noch behauptet wird. Der mit der Politisierungsformel – in der Forschungspolitik: den Formeln des »gesellschaftlichen Bedarfs« und der gesellschaftlichen, im politischen Willensbildungsprozeß gesetzten »Prioritäten« – operierende »Darstellungsvorlauf« gegenüber der Politikfaktizität ist abgeblockt und zurückgenommen worden – auf ein Niveau (bzw. einen Typ von Politik), das sozusagen hinter die ökonomische Indifferenz der mäzenatischen Forschungspolitik noch zurückgeht: der strukturpolitische öffentlich-private oder politisch-ökonomische *Verbund,* der sich freilich jetzt erst richtig realisiert, wird nicht mehr zu kaschieren versucht; er wird faktisch angestrebt und als gesamtgesellschaftlich notwendig (Vollbeschäftigung) und effizient in der »systempolitischen« Formel der »Arbeitsteilung und Zusammenarbeit« von Staat, Wissenschaft und Industrie vertreten. Der FB V schildert in einer Nüchternheit, wie sie nur in der Zeit vor Eintritt der SPD in die Regierung üblich war, die Anbindung der Forschungspolitik an den ökonomischen Forschungsbedarf.

Nur noch in Nachhutgefechten wird der alte Politisierungsanspruch der Forschungspolitik »eingeklagt«, wenn z. B. der FB V mit den Kriterien des FB IV gemessen und kritisiert wird (vgl. z. B. Bartelt et al. 1976). Diese »Einklagen« vermögen zwar nicht (mehr) die Politik zu delegitimieren, sie zeigen aber doch zwei Dinge an: erstens, daß hier eine Handlungs*alternative* – zwischen reformpolitischer und strukturpolitischer Forschungspolitik – besteht, und zweitens, in welcher *Richtung* die faktische Forschungspolitik sich entwickelt hat und heute ausrichtet: eben strukturpolitisch.

3.3. Die strukturpolitische Realität der Forschungspolitik

Der Ausgang von politischer Programmatik und »Selbstdarstellung« und die Aufdeckung ihrer internen Widersprüchlichkeit ist zwar ein – m. E. der richtige – Weg, sich der politischen Realität zu nähern, stellt aber nur die Vorstufe zur empirischen Analyse dar. Immerhin hat sich auf dem Wege des Einstiegs bzw. Umwegs über die politische Selbstdarstellung der Blick hinsichtlich der Fragen geschärft, welche die Analyse zu leiten haben.

3.3.1. Fragestellungen

Formal gesprochen geht es in den folgenden Überlegungen um die Operationalisierung des eingangs gestellten Problems (bzw. Hypothese): welche konkreten Fragen sind in der Analyse der Forschungspolitik zu stellen (und zu beantworten), wenn diese Analyse einen Teilbetrag (dessen Repräsentativität offenbleiben soll) zur Frage liefern soll, ob bzw. in welcher Weise sich das derzeitige kapitalistische Gesellschaftssystem (fokussiert auf dessen Politik-Ökonomie-Verhältnis) der BRD »politisiert«? Der methodologisch strenge Begriff der »Operationalisierung« trifft freilich auf das hier eingeschlagene Vorgehen nur locker zu; die »Sache« rechtfertigt jedoch dieses Vorgehen – das soll hier nicht weiter begründet werden. Die bisher erreichten Näherungen *an den* Gegenstand »Forschungspolitik« sollen noch einmal zusammengefaßt und dann einem groben Vorverständnis *des* Gegenstands konfrontiert werden. Aus dieser Gegenüberstellung werden die »operationalisierten« Fragen resultieren.

»Politisierung« – die hier untersuchte Frage bzw. Hypothese – hat, so wurde gezeigt, etwas mit *Entscheidung* zu tun: Politisierung würde die Verdrängung und Ersetzung ökonomisch-struktureller (Unternehmensentscheidungen, Marktprozesse) durch politisch-entscheidungsmäßige Selektion beinhalten. Entscheidungen lassen sich aber nach *Form und Inhalt* differenzieren: eine (sich ausdehnende) politische Entscheidungstätigkeit, die sich auf Inhalte nicht erstreckt, die den »Tauschwert-Umweg« nicht zugunsten einer Gebrauchswert-Produktion durchbricht, könnte nur mit Einschränkung – in *einer* Entscheidungsdimension (von zweien) – als »Politisierung« interpretiert werden.

Die allgemeine wirtschaftspolitische und die forschungspolitische Selbstdarstellung haben bereits erste Hinweise darauf geliefert, ob und in welcher Weise sich die Politik – definiert in ihrem Verhältnis zur Ökonomie und deren Tauschwertproduktion – derzeit verändert: das neue Phänomen läßt sich als *»strukturpolitische«* Orientierung und Ausrichtung der Politik beschreiben. Man kann einen gewissen »Wahrheitsgehalt« dieser Selbstdarstellung – als Realität wie als erwartbare Zukunftsentwicklung – unterstellen: wenn schon die Selbstdarstellung eine Abkehr von genuin politischer, gebrauchswert-bezogener Willensbildung und Entscheidungsproduktion – also eine Entpolitisierung – konstatiert (und damit eine legitimatorische Hypothek aufnimmt), dann trifft real sicherlich nicht das Gegenteil – inhaltliche Politisierung – zu.

Offen blieb aber – und dies entspricht der abstrakteren Frage nach Entscheidungsform und -inhalt – die genaue Bedeutung von »Strukturpolitik« im Hinblick auf das Politik-Ökonomie-Verhältnis: richtet sich die Strukturpolitik an privat-ökonomischen Interessen aus und verliert damit ihren genuin politischer Charakter (Gebrauchswertproduktion, allgemeines Interesse)? Aus der Widersprüchlichkeit der von der Politik selbst eingeführten Bestimmung von »Strukturpolitik« konnten bisher nur Zweifel daran abgeleitet werden, daß die Strukturpolitik noch »Politik« im Sinne von in öffentlichen Willensbildungs- und Entscheidungsprozessen bestimmter Gebrauchswertproduktion darstellt; die Empirie muß hier Klarheit bringen.

Vor einer Näherung an die Forschungs*politik* ist kurz an den Stellenwert des Gebrauchswerts *»Forschung«* – operationalisiert etwa als Verfahrens- und Produktinnovation, Invention, Patent o. ä. – zu erinnern: Forschung ist auf gesamtgesellschaftlicher Ebene ebensowenig Selbstzweck wie es ihre Ergebnisse sind. Forschungsergebnisse haben nur einen bestenfalls marginalen konsumtiven Eigenwert, insofern sie Neugier befriedigen. Ihre eigentliche gesellschaftliche Bedeutung finden sie erst durch ihre Integration in den Produktionsprozeß. Und dieser Produktionsprozeß ist in »unserem« System in der Hauptsache privat und marktmäßig organisiert. Die Inkorporierung von Forschung in den Produktionsprozeß folgt aus privater Initiative, nach privaten Entscheidungen, mit (primär) privatem Nutzen. Die Unternehmen stellen die entsprechenden Aktoren dar. Sowohl der »sachliche« Zusammenhang der Forschung mit der Produktion, wie die »soziale« Tatsache der in der Hauptsache privaten Organisation der Produktion sind der Forschungspolitik vorgegeben. Politisierung *der Forschungspolitik* setzt dieses Bedingungsgefüge voraus, erfolgt auf dem Boden dieser Voraussetzungen. Mit der Forschungspolitik übernimmt der Staat einen prinzipiell abhängigen Teil des (insgesamt privaten) Produktionsprozesses (bzw. seiner Kosten).

Hier ist allerdings eine Einschränkung vonnöten. Es gibt Forschung, die in politisch-öffentliche »Produktion« – z. B. Infrastruktur, Entscheidungs-, Planungs- und Leitungstätigkeit – inkorporiert wird, wo also die Bezugs-Produktion nicht Tauschwertproduktion ist, nicht von privaten Entscheidungen abhängt und nicht primär privaten Nutzen erbringt. Beispiele sind bildungsökonomische, medizinische, nahezu alle sozialwissenschaftliche Forschung, vor allem auch der ganze Bereich der Rüstungsforschung. Unter Einschluß der Rüstungsforschung ist dieser Bereich auch quantitativ durchaus umfangreich. Dennoch wird er in der weiteren Untersuchung nicht behandelt werden. In diesem Bereich von Forschung und Forschungspolitik stellt sich nämlich das aufgeworfene Problem dieser Arbeit nicht, das auf das Politik-Ökonomie-Verhältnis zugeschnitten ist (vgl. dazu Schäfer 1976).

Betrachtet man nun, sozusagen im ersten Zugriff, die Forschungspolitik (der BRD) – alter wie neuer Art –, so wird von vornherein die Anwendung des emphatischen Begriffs der »Politik« (im Sinne von Gebrauchswertproduktion) auf sie problematisch. Denn diese Forschungspolitik erscheint zunächst einmal als *finanzielle Forschungsförderung*, d. h. die »Politik« reduziert sich auf die Verteilung und Zuweisung des zweck-abstrakten Mediums »Geld«. Allerdings ist das Geld nur der Träger der Politik, an dem immer (explizit oder auch implizit) weitere Qualifizierungen – Selektivität – festgemacht sind: das Geld wird ja in bestimmter *Menge*, für bestimmte, mehr oder weniger weit und genau definierte und kontrollierte *Zwecke* (Forschungsthemen), an bestimmte *Institutionen*, möglicherweise mit bestimmten *Auflagen* oder unter bestimmten *Bedingungen* vergeben. Unter Einschluß dieser Qualifikationen besagt die Aussage, daß Forschungspolitik finanzielle Mittelverteilung ist, nicht mehr als die zweifellos nicht unwichtige Tatsache, daß materielle Forschung und ihre Finanzierung institutionell auseinanderfallen. Dies vorausgesetzt muß sich die Untersuchungsfrage auf die »am Geld festgemachte« Selektivität richten: hier entscheidet sich, ob und in welcher Weise von »Politisierung« die Rede sein kann bzw. was »strukturpolitische Orientierung« tatsächlich bedeutet.

Aber die hiermit aufgenommene empirische Realität ist ja selbst grundsätzlich als veränderbar anzusehen. Es ist nicht ausgeschlossen, daß Forschungspolitik sich vom Fiskalmedium ablöst und z. B. hoheitlich die privat-ökonomische Forschungsaktivität beeinflußt. Auch ist denkbar, daß die Ausdifferenzierung von Forschung und ihrer Finanzierung zurückgenommen wird, d. h. daß die politische Forschungsförderung sich auf Forschungstätigkeit in öffentlichen Institutionen (mit öffentlicher Inhaltsbestimmung) richtet.

Nimmt man nur die bisher noch ganz vorläufigen Überlegungen auf, so lassen sich bereits bestimmte Politisierungstypen konstruieren:

1. Verkoppelung politisch-fiskalischer Transfers an privat betriebene und/oder genutzte Forschungseinrichtungen mit inhaltlichen *Auflagen und Bedingungen.*

2. Hoheitliche Beeinflussung von privat betriebener und finanzierter Forschung: »*Innovationslenkung*« (ohne Subventionierung) als Unterfall von Investitionslenkung (vgl. Krüper 1975, 44; Littmann 1975).

3. *Internalisierung* von vordem in privater »Kompetenz« erfolgender Forschung in den Bereich öffentlicher Willensbildung (d. h. praktisch: in die Verwaltung).

Nun geht es in der vorliegenden Untersuchung nicht um Politisierungs*möglichkeiten,* sondern um die Frage, ob die *Realität* sich als »Politisierung« darstellt. Das reduziert das Spektrum der Politisierungstypen. Im Vorgriff auf die weitere empirische Analyse ist zu konstatieren, daß der Politisierungstyp (2) überhaupt nicht vorkommt – Littmann (1975) hat nach diesem Typus entsprechenden Möglichkeiten ge*fragt* und recht skeptisch geantwortet – und der Politisierungstyp (3) zwar eine reale Entsprechung findet, aber nur marginale Bedeutung hat. Dadurch rechtfertigt sich die Beschränkung der weiteren Argumentation auf den Politisierungstyp (1).

Forschungspolitik erweist sich – in einem zweiten Näherungsschritt – als fiskalische Förderung von in der Hauptsache in nicht-öffentlichen Institutionen stattfindender Forschungstätigkeit. Damit wird zunächst noch einmal die bereits angedeutete Ausdifferenzierung von Forschung und Forschungsfinanzierung ausgedrückt. Darüber hinaus ist damit aber auf die *institutionelle* Vermittlung zwischen Forschung und Forschungsfinanzierung hingewiesen. Es wird sich zeigen, daß in dieser Hinsicht *wissenschaftliche* und *privat-ökonomische* Institutionen – von der Forschungspolitik her gesehen: Förderungsadressaten – unterschieden werden können. Die institutionelle Vermittlung überhaupt hat für die Möglichkeit der Politisierung Relevanz, denn sie »bricht« die Chance direkter Determinierung von Forschungsthemen und -inhalten, die (in der Form von Auflagen) mit der finanziellen Förderung verbunden werden könnte. Institutionen – und gerade die genannten! – besitzen ein gewisses Eigengewicht – Autonomie –, das sich möglicherweise zum Gegengewicht (zur inhaltlichen Entpolitisierung) ausweitet (vgl. Berger 1974; Wissenschaftsrat 1975, 41). Am Thema des Verhältnisses von *Projekt*förderung versus *institutioneller* Förderung wird sich zeigen, daß hier eine Variable vorliegt, die von der Forschungspolitik zu beeinflussen versucht wird – mit welchem Erfolg, wird zu zeigen sein. – Aber nicht nur die institutionelle Vermittlung überhaupt (in ihrem Ausmaß) ist für die Charakterisierung der Forschungspolitik bedeutsam. Es gilt weiter zu differenzieren nach der Art der vermittelnden Instituionen, weil diese einer angestrebten inhaltlichen Politisierung womöglich unterschiedlichen Widerstand entgegensetzen, z. B. weil die Eigeninteressen dieser Institutionen unterschiedlich stark sind oder in geringerem oder größerem Maße mit denen der Forschungspolitik kollidieren.

Folgt aus der Unterstellung des Politisierungstyps (1) die Frage nach Auflagen und Bedingungen, mit denen die Forschungspolitik ihre Finanzzuweisungen koppelt (oder nicht koppelt), so ergeben sich unter Berücksichtigung der (in ihrem Ausmaß und ihrer Wirkung noch näher zu bestimmenden) institutionellen Vermittlung sozusagen gegenläufige Vermutungen und Fragen folgender Art:

- In welchem quantitativen Verhältnis stehen (und entwickeln sich) wissenschaftliche und privat-industrielle Vermittlung?
- Wie und wie unterschiedlich wirkt sich diese Vermittlung aus?
- Wie wirkt sich die kumulative Vermittlung – wissenschaftliche Forschung *für* privatindustrielle Anwendung – aus?
- Wie verhält sich die Forschungspolitik zur institutionellen Vermittlung – versucht sie, sie abzubauen?

Zum Abschluß der Überlegungen zur Fragestellung entnehme ich der Literatur Formulierungen der konkurrierenden Hypothesen. Hirsch (1974, 274) hat die These vertreten, daß »die administrativ unterstützte Technologieentwicklung inhaltlich so weitgehend von einzelkapitalistischen Konzernstrategien bestimmt wird, daß deren gesamtökonomischer Effekt zufallsbedingt bleiben muß. Der interventionistische Staatsapparat wird zu einem wesentlichen Mittel und Faktor der konkurrenzbestimmten Bewegung monopolistischer Einzelkapitale ...« Auf die Politikinhalte bezogen vertritt Hirsch also eine »Ökonomisierungsthese«, nach der die Forschungspolitik immer mehr zum Mittel der Privatökonomie wird, d. h., institutionell gesehen, von einzelkapitalistischen Strategien funktionalisiert wird (vgl. ähnlich Katterle/Mertes 1974, 175). Dem steht (als zunächst empirisch gerichtetes Postulat) die auf die Forschungspolitik spezifizierbare These vom Mittelcharakter der Ökonomie – des Marktes, der Konkurrenz, des risikobehafteten Profitstrebens der Unternehmen – gegenüber, wie sie z. B. Krüper (1975, 23) folgendermaßen vertritt: »Die Marktwirtschaft ist als flexibles Koordinations- und Rechensystem in den Dienst wirtschaftlicher, politischer und sozialer Zielsetzungen ... zu stellen und insofern *instrumentalistisch* zu interpretieren.« (vgl. auch Katterle 1975, 221) Auf die Forschungspolitik bezogen hieße das: Forschungspolitik setzt ihre fiskalischen und sonstigen (hoheitlichen) Mittel – faktisch bzw. angestrebtermaßen – so ein, daß alle Forschung, öffentliche wie private, im öffentlichen Interesse liegt; sie toleriert nicht-politische Forschungsstrukturen nur so weit, wie sie politischen Zielen nicht entgegenstehen, und politisiert die Forschung so weit, wie es von daher erforderlich ist. »Politisierung« würde bedeuten, daß die privat-ökonomisch-naturwüchsige, im Hinblick auf den gesellschaftlichen Wohlstand nur indirekte und zufällige Inhaltsbestimmung von Forschung ganz oder teilweise durch politische Willensbildung und Entscheidung ersetzt oder überlagert wird, womit sich Grenzverschiebungen zwischen Politik und Ökonomie einstellen würden. Veränderungen in dieser Richtung könnten z. B. sein: eine verstärkte Strategie politischer inhaltlicher Auflagen in der Forschungsförderung, die forcierte politische Internalisierung von Forschungsaktivität, staatliche Gewinnbeteiligung an mit öffentlichen Mitteln geförderten Produktrealisierungen, der Abbau institutioneller Hindernisse für politische Einflußnahme auf die Forschung etc.

3.3.2. Die Strukturierung der Forschungspolitik

Man kann die Forschungspolitik selbstverständlich in verschiedener Weise abgrenzen und auf sehr unterschiedliche Weise empirisch »erheben«. Ich möchte meine Strukturierung des »Feldes« in mehreren Punkten kennzeichnen und begründen.

Die erste Spezifizierung ist bereits genannt worden. Aus der Fragestellung der gesamten Untersuchung ergibt sich, daß die Forschungspolitik nur insoweit interessiert, als sie »grenzüberschreitend« – im Hinblick auf die Staat-Ökonomie-Grenze – ausgerichtet ist. Nur insoweit kann sie nämlich grenz-verändernd wirken – und darum geht es ja. Von daher fällt insbesondere die Rüstungsforschung aus dem Analysebereich heraus, wo insofern »klare Verhältnisse« herrschen, als sich hier ein symbiotisches Verhältnis – »militärisch-industrieller Komplex« – stabilisiert hat, auf dessen Veränderung man kaum setzen kann. Eine zweite Spezifizierung bedeutet die Beschränkung auf die »Ausgabenseite« (im Gegensatz zur »Einnahmenseite«) der Forschungsförderung. Die Vernachlässigung der Einnahmenverzichte (oder, im finanzstatistischen Sinne, Subventionen), der sog. indirekten Forschungsförderung (vgl. dazu Bräunling/Harmsen 1975, 134 ff.; BT-Drucks. 7/4651 v. 27.1.76; Gielen 1975; Harmsen/Niederwemmer 1976, 18), hat einen ersten Grund darin, daß sie quantitativ kaum ins Gewicht fallen: sie machen nur etwa 3 % des Forschungshaushalts aus. Darüber hinaus sind sie kaum exakt erfaßbar, beruhen vielmehr in hohem Maße auf Schätzungen. Am wichtigsten ist aber, daß sich an Einnahmenverzichten – es handelt sich konkret vornehmlich um Sonderabschreibungen und prozentual fixierte Investitionszulagen – eine selektive »Politisierung« schwer festmachen läßt (vgl. BT-Drucks. 7/4304 v. 11. 11. 75, 5 f.). Über das Subventions-Kriterium hinaus – z. B. *FuE*-Anlagegüter, Spenden an *wissenschaftliche* Organisationen, im eigenen Betrieb angewandte *Erfindungen* – kann kaum etwas richtungsmäßig bestimmt werden. Man könnte die Verdrängung indirekter durch direkte Forschungsförderung als Politisierungsschritt ansehen. Freilich ist in der BRD die quantitative Basis der indirekten Forschungsförderung so gering, daß eine entsprechende These kaum Gewicht hätte. Nicht zufällig war die indirekte Forschungsförderung von größerer Bedeutung in der frühen Nachkriegszeit der BRD und wird die Forderung nach ihrer Reaktivierung von politischen Kräften erhoben, die als »rückständig«, z. B. im Sinne von mittelstands-orientiert einzuschätzen sind.

Eine dritte Begrenzung des »Feldes« ist sowohl erforderlich wie nur näherungsweise möglich. Für die Thematik dieser Arbeit ist es erforderlich, die Forschung (FuE) statistisch zu isolieren. Das macht besondere Probleme im Bereich der Hochschulen, für die eine Differenzierung zwischen Forschung und Lehre schwierig ist. Darüber hinaus erzeugt die Kompetenzdifferenzierung zwischen Bund und Ländern, die für die Hochschulen bedeutsam ist, statistische »Brüche«. In supranationalen Statistiken (OECD, EG) wird das Problem in der Regel (in der für meine Zwecke ungenügenden Weise) so gelöst, daß innerhalb der FuE-Ausgaben (des Gesamtstaates) eine – im Umfang erhebliche – Kategorie der »allgemeinen Forschungsförderung« gebildet wird – für die BRD machte sie 1974 48,7 % aus (Statistische Studien und Erhebungen des Statistischen Amts der Europäischen Gemeinschaften 1975, 116; vgl. auch FB V, Tab. 9) –, die in der Hauptsache die universitäre Forschung (undifferenziert) enthält, wobei diese ihrerseits aber nur geschätzt wird. Die BRD hat z. B. für 1971 33 % aller Hochschulausgaben als FuE-Ausgaben deklariert (Statistische Studien und Erhebungen ... 1972, Berichtsteil in deutscher Sprache, 15; vgl. auch FB V, 123).

In den innerdeutschen Statistiken werden innerhalb der Wissenschaftsausgaben der Länder, die in der Hauptsache an die Hochschulen fließen, die Ausgaben für Ausbildung bzw. Lehre nicht von denen für Forschung abgegrenzt (vgl. FB IV, Bd 2, 7; Wissenschaftsrat 1975, 49; ferner die jüngste Hochschulstatistik in: Wirtschaft und Statistik 1976, 383 ff.). – Angesichts dieses Problems werde ich meine Analyse auf die Forschungsausgaben des Bundes beschränken, was sich folgendermaßen rechtfertigen läßt. Ich gehe davon aus, daß die verfassungsrechtliche Kompetenzverteilung zwischen Bund und Ländern, nach der sich die Zuständigkeit des Bundes auf Forschung und technologische Entwicklung, die der Länder auf wissenschaftliche Lehre und allgemeine Wissenschaftsförderung erstreckt, im Großen und Ganzen der Faktizität entspricht, dies tendenziell in immer höherem Maße. Hirsch (1974, 293) hat die Tendenz zunehmenden Lehrcharakters der universitären Wissenschaft und der Ausgliederung der Forschung aus den Universitäten zu Recht hervorgehoben (vgl. auch die stagnierende Finanzierung von Sonderforschungsbereichen: BT-Drucks. 7/4525 v. 29. 12. 75). Zunehmende Ausgliederung der Forschung aus den Hochschulen bedeutet zugleich ihren Übergang in die Bundeszuständigkeit und -finanzierung. Abgesehen von der Unterhaltung kleinerer eigener, regelrechter Forschungsinstitute (vgl. FB IV, Tz 243 ff., 289 ff.; FB V, Tab. 56) – Ende 1975 gab es 46 derartige Institute –, beteiligen sich die Länder finanziell an MPG, DFG, FhG und Großforschungszentren[24].

Eine besondere Bemerkung ist zur Deutschen Forschungsgemeinschaft (DFG) erforderlich (vgl. generell Kaiser 1976). Die DFG, zu der auch die Sonderforschungsbereiche an den Hochschulen rechnen, gehört in den Bereich der institutionellen Forschungsförderung (s. u.); ihre Aktivität läßt sich auch – im Gegensatz zur sonstigen Universitätsforschung – statistisch-ausgabenmäßig gut isolieren (vgl. FB V, Tab. 16), und sie hat, gemessen am Haushaltsvolumen, das 1974 knapp 600 Mio. DM erreichte (vgl. Kaiser 1976, Tab. 2), erhebliche Bedeutung. Die analytische Beschränkung auf die Forschungsausgaben des Bundes führt jedoch zum Ausschluß der DFG; denn trotz der inzwischen 50prozentigen, bei den SFBs sogar 70prozentigen Finanzierungsbeteiligung des Bundes rechnet die DFG zur Forschung an den Hochschulen und damit in den Bereich der Forschungspolitik der Länder. In mancher Hinsicht trifft auf die DFG-finanzierte Forschung sicherlich zu, was über die institutionelle Forschungsförderung (des Bundes) gesagt werden wird (s. u.). Allerdings ist zu bedenken, daß eine Funktionalisierung dieser Forschung für privatökonomische Zwecke dadurch behindert wird, daß die Förderung sehr zersplittert erfolgt (trotz SFBs), viele kleine Projekte betrifft und inzwischen durch die Hochschulen, an denen die DFG-Forscher in der Regel zugleich arbeiten, ein zweitesmal wissenschaftlich »vermittelt« wird, was zu einer Verstärkung innerwissenschaftlicher Kriterien führen dürfte.

Die FuE-Aktivität (des Bundes) wird in der weiteren Untersuchung zum Teil in der Geldkategorie gemessen und gewichtet. Sicherlich ist die (allerdings erst nach dem erzwungenen Abgehen von der Zuwachsraten-Euphorie) von Forschungspolitikern hervorgehobene Auffassung richtig, daß »die Höhe der Aufwendungen ... sicher allein keine Auskunft über Umfang und Wert der Forschungsergebnisse und Technologie« gibt (Bundesministerium für Forschung und Technologie 1976, 9). Um *dieses* Problem geht es freilich in dieser Untersuchung nicht. Nicht, ob das BMFT eine gute, effektive Strukturpolitik betreibt, ist meine Frage, sondern was diese Strukturpolitik im Kontext des Staat-Ökonomie-Verhältnisses bedeutet. Nicht auf den Gebrauchswert von Forschung und dessen Beeinflussung durch öffentliche Forschungsförderung kommt es hier an, sondern auf den Politikformulierungsprozeß der Forschungspolitik im institutionellen und interessen-besetzten sozialen Umfeld. Nicht die Inhalte der Politik werden analysiert, sondern die die Inhalte determinierenden Strukturen. Gerade bei einer Politik, die vor allem finanzielle Förderung darstellt, spiegelt die Finanzmittelverteilung Prioritätenmuster. Meine Fragen zielen auf die Prozesse zwischen diesen Prioritätenentscheidungen, deren Kern die Mittelverteilung ausmacht, und dem eigentlichen Forschungsprozeß. Und da ist z. B. aussagekräftig (und kann in Geldströmen gemessen werden), ob mehr Forschungsmittel an Industrieunternehmen oder an wissenschaftliche Forschungsstätten oder in die Verwaltungsforschung fließen und – je nachdem – unterschiedliche Forschungsinhalte nach sich ziehen.

In der Analyse werden die FuE-Ausgaben (des Bundes) nach zwei Sektoren klassifiziert: einerseits die sog. *institutionelle,* d. h. an wissenschaftliche Organisationen gerichtete Förderung, andererseits die *an Wirtschaftsunternehmen adressierte Projekt*förderung. Diese Strukturierung ist zunächst zu begründen. Die hier vorgenommene Differenzierung der Forschungsförderung nach institutionellen Empfängergruppen steht in Konkurrenz zu anderen Klassifikationen wie z. B. der bekannten Dreiteilung in Grundlagenforschung, angewandte Forschung und technische Entwicklung; oder der Unterscheidung zwischen Zivil- und Rüstungsforschung und -technologie; oder der politikinstitutionellen Differenzierung nach Fachprogrammen (des zuständigen Forschungsressorts) und Ressortforschung (anderer Ressorts); oder der Gliederung nach natur- und sozialwissenschaftlichen Disziplinen – um nur einige zu nennen. Die hier gewählte Klassifizierung legitimiert sich durch die oben explizierte Frage, ob bzw. in welchem Maße mit der *öffentlichen Finanzierung* der Forschung die Möglichkeit zu politischer (Mit-)Bestimmung der Forschungsthemen und -inhalte verbunden ist bzw. eine derartige (Mit-)Bestimmung verbunden wird (vgl. auch Bräunling/Harmsen 1975, 96 ff.). Mit dem jüngsten Forschungsbericht V hat sich die hier zugrundegelegte Betrachtungsweise auch politikoffiziell durchgesetzt. Dieser Bericht enthält in der Hauptsache die Gliederungspunkte »Staat und Wirtschaft« und »Staat und Wissenschaft«.

Die Wahl der beiden genannten Kategorien strukturiert nicht nur die Forschungspolitik in bestimmter Weise, sondern bedeutet zugleich ihre nicht ganz vollständige Erfassung. Die beiden Klassen decken zusammen »nur« 80 bis 90 % der Gesamtausgaben ab. Wegen statistischer Schwierigkeiten seien zwei entsprechende Zahlen genannt, die nur hinweisenden Charakter haben sollen, doch beide die gleiche Tendenz bezeichnen. Wählt man als Bezugsgröße die Forschungsausgaben des Bundes (was wegen der verfügbaren Statistiken die Einbeziehung der Verteidigungsforschung zur Folge hat und nur bis zum Jahre 1972 möglich ist), so umfassen die beiden genannten Klassen 84 % davon (in 1972) (vgl. Tab. 1). Wählt man als Bezugsgröße die Forschungsausgaben des BMFT (womit man nicht nur die Verteidigungsforschung, sondern zugleich leider auch die zivile sog. Ressortforschung ausblendet), dann gelangt man für die beiden genannten Klassen zu einem gleich hohen Anteilssatz von 84 % für 1975 (vgl. Tab. 2). Mit den gewählten Sektoren wird also jedenfalls der größte Teil der zivilen (Bundes-)Forschungsausgaben erfaßt. Nicht erfaßt sind damit vor allem die Finanzierung der bundeseigenen Forschungsinstitutionen (deren FuE-Anteil im übrigen nur geschätzt werden kann; vgl. FB V, Tab. 55), die Transfers des Bundes an Forschungseinrichtungen von Ländern und Gemeinden sowie die Beiträge an internationale Forschungsinstitutionen und -projekte (vgl. FB IV, Tab. 2; FB V, Tab. 10). Konsequenterweise können sich die Thesen der weiteren Analyse auf diese Bereiche der Forschungspolitik nicht erstrecken. – Zur weiteren Legitimierung des Vorgehens sei darauf hingewiesen, daß die gewählte Quote (nach der erstgenannten Berechnungsart) einer ansteigenden oder (nach der zweitgenannten Berechnungsart) jedenfalls keiner sinkenden Tendenz unterliegt (vgl. Tab. 1 und 2). Eine Politisierung vom Typ der Internalisierung (s. o.) findet jedenfalls nicht statt.

Ohne Zweifel präformiere ich mit meiner Begrenzung und Strukturierung des Gegenstandsbereichs die empirischen Ergebnisse. Das ist wohl immer der Fall. Allerdings zeigen die genannten Zahlen, daß die institutionelle Vermittlung (im weiten Sinne[25]), auf die ich hinauswill und von der ich zugleich ausgehe, für die Masse der Forschungsausgaben gegeben ist und, wie ich meine, ein zentrales Problem darstellt.

3.3.3. Staat und Wissenschaft: die institutionelle Forschungsförderung

Ein erheblicher Teil der öffentlichen Forschungsförderung (außerhalb des Hochschulsektors) vollzieht sich als pauschale, inhaltlich in hohem Maße unbestimmt bleibende Finanzierung rechtlich selbständiger, »halbstaatlicher« Institutionen der Wissenschaft mit fehlendem oder nur partiellem privaten Erwerbscharakter. Legt man die Förderung des BMFT zugrunde, so macht dieser Posten z. B. im Jahre 1975 43 % aus (Tab. 2). Ich behandle hier unterschiedliche Förderungsprinzipien (vgl. Bräunling/Harmsen 1975, 104 ff.) unter dem einheitlichen Gesichtspunkt der wissenschaftlich-institutionellen Vermittlung, die m. E. durch die Unterschiede hindurchschlägt. Insbesondere konterkariert diese Vermittlung auch die mit der Großforschungsfinanzierung verbundene Intention der Programmbestimmung durch die Forschungspolitik. Unterhalb der allgemeinsten Programmatik, die nicht viel mehr als die Institutsgründung und die Zuwachsraten der Finanzierung umgreift, ist der politische Einfluß sehr reduziert.

Diese sog. *institutionelle* Förderung ist vor allem nach zwei Seiten hin abzugrenzen:

1. zur – gleichermaßen institutionellen, in der Regel aber nicht vom BMFT getragenen, darüber hinaus umfangsmäßig geringen – Finanzierung staatlicher, speziell bundeseigener Forschungsinstitutionen (üblicherweise »Anstalten«)[26],

2. zur Förderung von Einzelprojekten.

Auf bundeseigene Forschungsinstitutionen entfallen knapp 7 % der Wissenschaftsausgaben (einer weiteren Kategorie als »FuE-Ausgaben«!) des Bundes (vgl. FB IV, Tab. 2; FB V, Tab. 10, 55). Man kann annehmen, daß diese Institutionen, z. B. durch Erteilung und Überwachung bestimmter Aufträge, aber auch über normale Verwaltungsmechanismen wie etwa Personalpolitik, relativ stark inhaltlich gesteuert werden können – stärker jedenfalls als die eher dem »wissenschaftlichen Ethos« (wenn nicht ökonomischen Interessen), denn administrativer Rationalität »verpflichteten«

nicht-staatlichen Forschungsinstitutionen, die sich auf die verfassungsmäßige Freiheit der Forschung auch bei öffentlicher Finanzierung berufen können und die zudem regelmäßig einen privatrechtlichen Status besitzen.

Auch bei der Förderung von Einzelvorhaben dürfte eine relativ starke inhaltliche Bestimmungsmöglichkeit für die Forschungspolitik gegeben sein (vgl. Bräunling/Harmsen 1975, 110) – sofern sie nicht an Wirtschaftsunternehmen fließt, für die Forschung nur interessant ist, wenn sie dem Profit- und Marktkalkül untergeordnet ist (vgl. Littmann 1975, 225), bei denen deshalb der politische Einfluß durch ökonomische Interessen »gebrochen« wird (s. u.). Allerdings ist festzustellen, daß nur ein knappes Drittel (28 % in 1975) der vom BMFT geförderten Einzelprojekte *nicht* an Wirtschaftsunternehmen gelangt (Tab. 3). Der entsprechende Anteil für den Bund insgesamt wäre aufgrund der dann einbezogenen Rüstungsforschungsprojekte noch geringer.

Eine Kumulierung von institutioneller und Projektförderung, also die Vergabe von Projekten an bereits institutionell geförderte Wissenschaftseinrichtungen, mit der die hier gezogene Abgrenzung in Frage gestellt und in der Sache die Autonomie der Institutionen möglicherweise politisch durchbrochen werden könnte, findet offenbar (jedenfalls in erheblichem Maße) nicht statt (Bräunling/Harmsen 1975, 110 ff.). Zwei Fünftel (41 % in 1975; vgl. BMFT-Förderungskatalog 1975, Tab. 3) der öffentlich geförderten Projekte, die nicht an die Wirtschaft vergeben werden, werden nach der Statistik von den Hochschulen bearbeitet; der geringfügige Rest dürfte sich auf die verschiedensten Institutionen verteilen.

Eine genauere Analyse der institutionellen Forschungsförderung – für das Jahr 1973 –, die auch Trägerorganisationen (MPG, FHG, WZB) umgreift und dadurch die Beschränkung auf den Bund teilweise sprengt, ergibt einige Aufschlüsse.

a) Die Verteilung der Förderungsmittel (vgl. Tab. 4 und 5) erfolgt hochkonzentriert. Es lassen sich einige Großforschungsinstitutionen (derzeit 12; vgl. FB V, 228 ff.) herausheben, bei denen der Bund meist hohe Stammkapitalanteile hält[27]. Von insgesamt 47 geförderten Institutionen erhalten 4 jährliche Zuwendungen von über 100 Mio. DM und vereinigen damit 63 % aller institutionellen Förderungsmittel auf sich. Die 15 am stärksten geförderten Institutionen ziehen bereits 97 % der gesamten Mittel auf sich.

Die weitere Analyse beschränkt sich auf die stark geförderten Institutionen. Dabei bleibt die Grenzziehung natürlich relativ willkürlich: ich wähle die ersten 16 Institutionen in der Rangfolge; die letzte der in dieser Auswahl stehenden Institutionen wird mit 4,2 Mio. DM (in 1973) gefördert[28].

b) Die durchschnittliche jährliche Steigerungsrate der Förderungsmittel für die Jahre 1969–73 betrug für alle 47 Institutionen 21 % (vgl. Tab. 4). Von den ausgewählten 16 stark geförderten Institutionen lagen 12 über diesem Durchschnitt; für zwei von ihnen war keine Berechnung möglich, da sie noch nicht lange genug existierten; und nur zwei Institutionen – die Max-Planck-Gesellschaft (MPG) und die Gesellschaft für Kernforschung (GFK) – hatten unterdurchschnittliche Steigerungsraten (vgl. Tab. 6).

Herausragende Steigerungsraten wiesen das Wissenschaftszentrum Berlin (WZB) mit durchschnittlich 194,0 % und das Hahn-Meitner-Institut für Kernforschung (HMI) mit 76,3 % auf. Eine genauere Betrachtung zeigt allerdings, daß der hohe Durchschnitt beim HMI durch die Steigerungsraten der Ausbaustufe (1969/70) hervorgerufen wird. Inzwischen sind die jährlichen Steigerungsraten eher durchschnittlich (vgl. Tab. 7). Anders liegt die Sache beim WZB, das seit 1970 mit hohen Zuwachsraten gefördert wird. Auf das WZB konzentriert sich das sozialwissenschaftliche Förderungsbemühen des BMFT[29].

Die Verzerrung durch die Ausbaustufe, die häufig in den Jahren 1969/70 anzusetzen ist, betrifft eine ganze Reihe der analysierten Institutionen. Betrachtet man, um diese Verzerrung zu relativieren, die Steigerungsraten von 1972 auf 1973, so ergibt sich eine durchaus andersartige Reihenfolge (vgl. Tab. 7). Bei einer durchschnittlichen Steigerungsrate von 7 % für alle 47 Institutionen ragen dann positiv besonders heraus die Gesellschaft für Mathematik und Datenverarbeitung (GMD), das Wissenschaftszentrum Berlin (WZB) und die Gesellschaft für molekular-biologische Forschung (GMBF), während auf der anderen Seite die Gesellschaft für Kernforschung – Versuchsanlagen (GFK-V) extrem negativ auffällt.

In diesen ausgabenstatistischen Zahlen spiegelt sich trotz ihrer Grobheit die forschungspolitische Strategie der jüngsten Vergangenheit, wonach Kern- und Weltraumforschung zwar noch absolut die meisten Forschungsmittel auf sich ziehen, aber im Wachstum der Förderungsmittel von »moderneren«, in der Regel besonders »transfer-haltigen« Technologien – Datenverarbeitung, molekular-biologische Forschung und, allerdings auf erheblich niedrigerem Niveau, Sozialforschung – überflügelt werden.

c) Bei der institutionellen Förderung fällt, soweit es den Finanzierungsanteil des Bundes betrifft, die Zuständigkeit normalerweise in das Forschungsressort (BMFT). Ausnahmen stellen nur die Förderung der Deutschen Forschungs- und Versuchsanstalt für Luft- und Raumfahrt (DFVLR) (militärische Aufträge des Verteidigungsministeriums) und der Fraunhofer-Gesellschaft zur Förderung der angewandten Forschung (FHG) dar. Bei der DFVLR liegt die Bundesförderung nur zu 73 %, bei der FHG zu 70 % in den Händen des BMFT (Zahlen für 1973).

Dabei stellt die FHG insofern einen besonderen Fall dar, als hier, abgesehen von der in jeder Beziehung überdurchschnittlichen Steigerung der Förderungsmittel insgesamt, eine starke Diskrepanz in der Entwicklung der Mittelaufwendungen des Bundes insgesamt und des BMFT im besonderen vorliegt. Hierin spiegelt sich die BMFT-Strategie des Ausbaus der FHG zur zentralen Trägerorganisation für angewandte Forschung[30].

d) Die öffentlichen Förderungsmittel der Forschungsinstitutionen dekken nur in relativ unbedeutenden Ausnahmefällen – z. B. beim Zentralarchiv für empirische Sozialforschung der Universität Köln – den jeweiligen Institutsetat vollständig (Bräunling/Harmsen 1975, 104, sprechen hier von Globalförderung). Im Durchschnitt der hier untersuchten Gesamtheit machen sie etwa 70 % aus, wobei in den letzten Jahren ein steigender Trend zu beobachten war. Die meisten der hier herausgestellten stark geförderten Institutionen liegen jedoch über diesem Durchschnitt (Tab. 8) (vgl. auch für die Großforschungszentren Bräunling/Harmsen 1975, 112). Unter dem Durchschnitt befinden sich das Deutsche Krebsforschungs-Zentrum (DKFZ) mit 64 % und interessanterweise die FHG (mit 68 %).

Die offizielle forschungspolitische Strategie im Hinblick auf die öffentlich geförderte Forschung in rechtlich selbständigen wissenschaftlichen Institutionen firmiert unter der Formel der »*Globalsteuerung*«, die schon begrifflich eine nur beschränkte Einflußnahme der Politik andeutet: »Die wissenschaftliche Aufgabenplanung und Ergebnisbewertung findet im wesentlichen in den Forschungseinrichtungen statt. Bund und Länder haben Einfluß auf die Aufgabenplanung bei den Bundes- und Landesforschungseinrichtungen (die hier vernachlässigt werden – s. o.; VR) und – im Rahmen der globalen Steuerung – bei den Großforschungseinrichtungen. Im übrigen sind sie bei der Aufgabenplanung und Ergebnisbewertung der selbständigen Forschungseinrichtungen auf die Mitwirkung in den Entscheidungsgremien und auf die finanzielle Steuerung bei der Mittelbewilligung beschränkt.« (FB V, Tz 20) Der Wissenschaftsrat hat in einem Gutachten dafür plädiert, daß auch in Zukunft keine Befrachtung der institutionellen Finanzierung mit politischen Bedingungen stattfinden solle: »Der Staat sollte seinen Einfluß auf die Aufgabenstellung und auf die forschungspolitischen Entscheidungen der Institution grundsätzlich über seine Vertreter im Aufsichtsorgan der Forschungseinrichtung und nicht über Bewilligungsbedingungen ausüben.« (1975, 122)

Es ist schlecht zu bestreiten, daß mit der öffentlichen Finanzierung inhaltlich-politischer Einfluß verbunden werden kann. Die Dominanz der Finanzen kann die aus institutioneller Größe und sachlicher Komplexität folgende inhaltliche Eigenständigkeit insbesondere der Großforschung konterkarieren. Demgegenüber dürfte der formelle Einfluß der Politik über Aufsichtsgremien bedeutungsmäßig abfallen; dies schon deshalb, weil die »Öffentlichkeit« in diesen Gremien meist in sehr heterogener Weise vertreten ist (vgl. Bundesministerium der Finanzen 1973, 354 ff.). Andererseits ist eine politische Einflußnahme jedenfalls dort aus sachlichen Gründen nicht angebracht, wo es um sog. Grundlagenforschung geht. Die Einflußnahme bleibt deshalb »pauschal«: Sie bezieht sich auf die Selektion von Disziplinen, »großen« Themenbereichen, Institutionen, Zuwachsraten. Hier umfaßt deshalb die »Freiheit der Forschung ... auch die Verantwortung der Forscher, mit ihrer Arbeit einen wissenschaftlichen Beitrag zur Lösung gesellschaftlicher Aufgaben und Probleme zu leisten« (FB V, Tz 106); hier muß sich die Politik aus sachlichen Gründen ihrer Kompetenz freiwillig begeben.

Allerdings entfallen diese Erwägungen für die anwendungsorientierte Forschung (in wissenschaftlichen Institutionen); und auf diese kommt es im Hinblick auf eine Bestimmung des Politik-Ökonomie-Verhältnisses vorrangig an. Die Grundlagenforschung mag autonom oder relativ politisiert sein; für die Anwendungsforschung stellt sich die Frage, ob eine Ausrichtung (oder Filterung) der Forschungsinhalte auf privatökonomischen Bedarf hin erfolgt oder ob hier eine potentiell gegenläufige politische Determination durchschlägt. In dieser Hinsicht zeigt sich nun die forschungspolitische Konkretisierung der »aktiven Strukturpolitik« als wissenschaftlich-industrieller Verbund, der politisch gefördert, ja strukturell erzwungen wird und in der Sache die Forschung *entpolitisiert*. Die entsprechende offizielle Strategie lautet: »Die Zusammenarbeit (der angewandten Forschung; VR) mit der Industrie muß einen wirksamen Technologietransfer gewährleisten, um eine isolierte und praxisferne Forschung der außeruniversitäten Forschungseinrichtungen zu verhindern.« (FB V, Tz 22) Das neuerdings herausgestellte Problem des *Transfers* und das Gebot der *Praxisnähe* spielen in der politischen (!) Strategie des wissenschaftlich-industriellen *Verbundes* eine dominierende Rolle. Angestrebtermaßen reicht die Verbundstrategie sogar bis in die Grundlagenforschung hinein: über »Zusammenarbeitsverträge« und Vertragsforschung (vgl. FB V, Tz 28; ferner Harmsen/Niederwemmer 1976).

Hier soll das Argument aber auf die Anwendungsforschung konzentriert werden. Wie die tatsächliche Interaktion der Forschungspolitik mit den von ihr geförderten wissenschaftlichen Institutionen aussieht, läßt sich an der *Art der Finanzierung* ablesen. Diese ist in der anwendungsorientierten Forschung so gestaltet, daß eine öffentliche auflagen-freie Grundfinanzierung von den Instituten durch Vertragsforschung ergänzt werden muß. Abgesehen von einem möglicherweise aus der Finanzierung folgenden politischen Anspruch auf Bearbeitung auch bestimmter öffentlicher Aufträge dürfte aufgrund des Finanzierungsschlüssels die Institutsstrategie vornehmlich durch private Auftragsforschungsinteressen geprägt werden. Für die immer wichtiger werdende Institution der Fraunhofer-Gesellschaft zur Förderung der angewandten Forschung wird diese Interpretation der Auswirkungen des Mischfinanzierungsmechanismus' politikoffiziell bestätigt: »Die Erfolgsbewertung der Fraunhofer-Institute soll durch das Finanzierungssystem gewährleistet werden, das die staatlichen Zuwendungen von der Höhe der Vertragsforschung, die damit Erfolgsindikator wird, abhängig macht.« (FB V, Tz 23) Noch deutlicher (und zustimmend) spricht der Wissenschaftsrat (1975, 207 f.) von einem Selbstregelungsmechanismus (sic!) derart, »daß die Fraunhofer-Gesellschaft nur in dem Maße aus öffentlichen Mitteln unterstützt wird, wie sie ihre Existenz durch die Einwerbung und Ausführung von Forschungsaufträgen rechtfertigt«. Nach Auffassung des Wissenschaftsrats kann auf eine besondere – z. B. politische – Ergebnisbewertung bei der FHG verzichtet werden, »da die Gewährung von Zuschüssen bei dem vorgesehenen Finanzierungsmechanismus die erfolgreiche Erfüllung der Vertragsforschungsaufgaben der Institute voraussetzt« (ebd., 208). Der Erfolg öffentlich geförderter Forschung wird demnach also an *privatwirtschaftlichen Kriterien* – und zwar auf der Mikroebene: Verträge zwischen Forschungsinstitutionen und Industrieunternehmen – gemessen; dadurch entsteht – statt politischen Einflusses – ein vor- und nichtpolitischer *Selbstregelungsmechanismus* zwischen Forschung und industrieller Anwendung, der über die öffentliche Finanzierung nicht inhaltlich tangiert wird. Den Erfolg der forschungspolitischen Strategie bezüglich der FHG zeigt die Tatsache, daß die FHG ihre Einnahmen aus Vertragsforschung innerhalb von drei Jahren um 100 % steigern konnte: von 16 Mio. DM in 1972 auf 32 Mio. DM in 1975 (Regierungsauskunft in BT-Protokoll 7. Wahlperiode, 244. Sitzung v. 19. 5. 76, 17284). Im FHG-

Haushalt 1976 machte die Vertragsforschung 40 % aus (vgl. Die Zeit v. 25. 6. 76, 45). Die Mischfinanzierung stellt den strukturellen Mechanismus dar, über den die Forschungspolitik den wissenschaftlich-wirtschaftlichen *Verbund* (vgl. FB V, Tz 6, 28; Wissenschaftsrat 1975, 150) absichert. Welchen Wert die Politik auf diesen von ihr selbst forcierten, sie »entlastenden« Verbund legt, zeigt der Ausbau der Fraunhofer-Gesellschaft in den letzten Jahren (vgl. Wissenschaftsrat 1975, 205 ff.; FB V, 207 ff.). Der Ausbau läßt sich am besten in Relation zur MPG darstellen. Die MPG als Trägerorganisation für die Grundlagenforschung weist für die Zeit von 1971 (Ist) bis 1977 (Planung) eine durchschnittliche jährliche Ausgabensteigerung (des Gesamthaushalts, nicht nur der darin enthaltenen öffentlichen Mittel) von 8 % auf; für die FHG, als der Trägerorganisation für die angewandte Forschung, beträgt die entsprechende Rate 17 % (Tab. 9). 1971 (Ist) standen die Haushalte von FHG und MPG im Verhältnis von 1:8,8; 1974 (Soll) hatte sich der Abstand bereits auf 1:6,7 verringert; und nach der Planung soll 1977 das Verhältnis von 1:5,4 erreicht werden.

Mit einer neuen Satzung 1971 und einem »Sprung« in der öffentlichen Finanzierung im gleichen Jahr wurde der 1949 gegründeten FHG (Rechtsform: e. V.) eine Übersetzungsaufgabe zwischen der öffentlich geförderten institutionellen Forschung und privat-ökonomischer Anwendung der Forschungsergebnisse übertragen: »Die Fraunhofer-Gesellschaft (FHG) soll die Aufgabe einer allgemeinen Trägergesellschaft für Institute der anwendungsnahen Forschung übernehmen und damit eine Lücke zwischen der MPG als Trägergesellschaft für die Grundlagenforschung einerseits und der industriellen Forschung andererseits ausfüllen.« (FB IV, Tz 288) »Sie soll ... die Überführung wissenschaftlich-technischer Ergebnisse in den Produktionsbereich fördern.« (Wissenschaftsrat 1975, 205 f.). Diese Aufgabenstellung für die FHG fügt sich ein in die allgemeine politische Strategie der Förderung von Schlüsseltechnologien »im Vorfeld der industriellen Produktion«: »Dabei soll auch die Fraunhofer-Gesellschaft in der systematischen Zielfindung aussichtsreicher Entwicklungsgebiete, bei der Analyse des Innovationsprozesses und durch Beteiligung an wichtigen Spezialgebieten der angewandten Forschung eine besondere Rolle spielen.« (BT-Drucks. VI/3827, 4)

Die Zielformel der »aktiven Strukturpolitik« deckt also die tatsächliche Entwicklung der institutionellen Forschungsförderung. Sie verdeckt aber deren empirisch festgestellte, über den Mechanismus der Mischfinanzierung vollzogene und strukturell abgesicherte *Entpolitisierung*. Dem makroökonomischen Wachstumskriterium der »Strukturpolitik« entspricht – wie sollte es auch anders sein?! – in der faktischen (institutionellen) Forschungsförderung der konkrete *Verbund* wissenschaftlicher Institutionen mit spezifischen Unternehmen, deren Interessen sich über Forschungsaufträge mitteilen. Die »strukturpolitische« (institutionelle) Forschungsförderung entpuppt sich als von allem Beiwerk politischer Willensbildung und Einflußnahme – sog. Prioritätensetzung – gereinigte öffentliche Finanzierung der Forschung für privat-ökonomischen »Bedarf«. »Strukturpolitisch orientierte« institutionelle Forschungsförderung heißt, in die Worte des Parlamentarischen Staatssekretärs im BMFT gefaßt: »Man sollte die Industrie, die einmal Abnehmer der Ergebnisse sein soll, viel unmittelbarer und nicht nur über die Beratungsgremien in den Entscheidungsprozeß einbeziehen« (Hauff 1975, 858). Dies ist die Realität.

Insofern es sich bei ihnen regelmäßig (wenn auch nicht notwendigerweise) um wissenschaftliche Institutionen handelt, gehören auch die neuerdings installierten sog. *Projektträger* – zur Zeit 13 (vgl. BMFT-Förderungskatalog 1975, VII; BT-Drucks. 7/5683 v. 10. 8. 76, Anlage; Borst 1976, 16) – in den Zusammenhang dieses Abschnitts, obwohl ihre Funktion in der »Verwaltung« von meist in der Industrie bearbeiteten Einzelprojekten besteht (die erst im folgenden Abschnitt behandelt werden). Die Vermittlung der Forschungspolitik durch (von ihr bestimmte) Projektträger (regelmäßig Großforschungseinrichtungen; neuerdings auch VDI und Umweltbundesamt) ist als Parallelerscheinung zur Mischfinanzierung zu sehen. Allerdings findet bei *diesem* Vermittlungsmechanismus »nur« eine bewußte Entpolitisierung im Sinne der Kompetenzdelegation an *wissenschaftliche* Institutionen statt; die privatökonomische Ausrichtung der Forschungsinhalte ist dabei, weil Objekt der Projektträger-»Verwaltung« (öffentlich finanzierte) industrielle Projekte sind, schon vorausgesetzt. Wegen dieser Voraussetzung – die Entpolitisierung ist schon vollzogen, bevor die Projektträger in Funktion treten – nehmen die Projektträger auch eher eine verwaltungstechnische als eine politische Funktion wahr.

»*Projektträger* übernehmen für den BMFT die Vorbereitung und Abwicklung der Förderung von Projekten und Teilprogrammen in wissenschaftlich-technischer und verwaltungsmäßiger Hinsicht. Im Rahmen allgemeiner Richtlinien und gegebenenfalls besonderer Weisungen sind die Projektträger ermächtigt, im Namen und für Rechnung des BMFT die zur Durchführung der Aufgabe notwendigen Rechtshandlungen vorzunehmen. Die Förderungsentscheidung, d. h. die Entscheidung, wer in welcher Höhe eine Zuwendung erhalten soll, wird jedoch im Ministerium getroffen, das die für die Förderung benötigten Mittel dem Projektträger in einer Sammelbewilligung zur Weiterleitung an die ausgewählten Forschungs- und Entwicklungsstellen zur Verfügung stellt.« ... »Als Projektträger ... können grundsätzlich Großforschungseinrichtungen, wissenschaftlich-technische Institute, Anstalten und Einrichtungen sowie Unternehmen der gewerblichen Wirtschaft beauftragt werden.«[31]

Die Projektträgerschaft kann als die institutionelle Lösung der zwischen bloßer Finanzförderung und inhaltlicher Bestimmung lavierenden Forschungspolitik unter Bedingungen von Komplexität angesehen werden. Die bisherigen Erfahrungen mit dieser Institution, mit der nach den eigenen Angaben des Ministeriums bereits ein Förderungsbereich von knapp 1 Mrd. DM »betreut« wird – »mindestens jede zweite neue Förderung läuft heute über ... Projektträger« (Borst 1976, 14) –, werden positiv beurteilt. Allerdings zeigt diese Beurteilung deutlich, daß das Ziel materiell-politischen Förderungseinflusses dabei überhaupt keine Berücksichtigung erfährt; im Gegenteil: Im Vordergrund stehen neben Effizienzbehauptungen und Kostenerwägungen die Vorteile der ministeriellen Arbeitsentlastung (!) als Folge der Delegation. Das »weitgehend selbständige Handeln« der Projektträger »im Rahmen allgemeiner Richtlinien des BMFT« »führt zu einer ›Filter‹- bzw. Bündelungswirkung: Der BMFT erhält nur solche Informationen, die er für seine Entscheidungen benötigt. Diese Informationen werden vom Projektträger aufbereitet (!) und in übersichtlicher Form so zusammengefaßt, daß sie den Planungs- und Entscheidungsprozeß im Ministerium vereinfachen und beschleunigen.«

In diesem System *informationeller Filterung* und *entscheidungsmäßiger Delegation* (aus der Politik heraus) einen Vorteil sehen kann nur, wer an sachlich-politischem »Durchgriff« in der Forschungsförderung kein Interesse hat. Im Ergebnis werden mit dieser neuen Verwaltungsstrategie die oben benannten Empfänger von öffentlichen Förderungsmitteln weiter autonomisiert und miteinander kurzgeschlossen. »Das Projektträger-System beinhaltet trotz der bleibenden Entscheidungs- und Weisungsrechte des Ministeriums Elemente einer Selbstverwaltung oder einer Privatisierung öffentlicher Aufgaben ...« – urteilt ein ehemaliger hoher Ministerialbeamter des BMFT (Borst 1976, 16). Daß diese Lösung sowohl strukturpolitisch wie für die Empfänger effizient sein kann, soll nicht bestritten werden. Allerdings ist diese Effizienz nicht notwendig zugleich »gesellschaftliche Rationalität«.

3.3.4. Staat und Wirtschaft: die Projektförderung in der Forschungspolitik

Gemessen an den dafür verwendeten öffentlichen Mitteln wird die wissenschaftlich-institutionelle Forschungsförderung weit übertroffen von der sog. *Projektförderung in Wirtschaftsunternehmen;* auf sie entfällt ungefähr die doppelte Menge an Haushaltsmitteln, wobei dies das Ergebnis eines in den letzten Jahren stark ansteigenden Trends ist. Fielen 1969 noch nur 38 % der Bundesforschungsausgaben in diese Kategorie, so waren es 1972 schon 56 % (Tab. 1).

Die Forschungsförderung von Wirtschaftsunternehmen erfolgt nahezu ausschließlich über den Bundeshaushalt; die Länder tragen hierzu nur wenig bei[32]. Setzt man (dennoch) die unternehmensadressierten und die gesamten (eine problematische Bezugsgröße, in die ein recht hoch geschätzter Forschungsanteil der länderfinanzierten Hochschulen eingerechnet ist) FuE-Ausgaben aller öffentlichen Haushalte ins Verhältnis, so kommt man auf folgende Anteile (in %):

1969	:	17,9
1970	:	21,3
1971	:	22,4
1972	:	22,1
1973	:	21,0
1974	:	20,5

(Berechnet nach FB V, Tab. 4; vgl. auch BT-Drucks. 7/4651 v. 27. 1. 76, S. 1)

Die an Wirtschaftsunternehmen gerichtete öffentliche Forschungsförderung erfolgt in der Form von *Einzelauftragsvergabe,* in geringem Ausmaß auch in der Form von Bürgschaften. Durch die damit verbundene Auftragsbestimmung unterscheidet sie sich gleichermaßen von der institutionellen Förderung wie von den konditional-pauschal gewährten »echten« Subventionen für produktivitätsförderliche Zwecke, die im übrigen umfangsmäßig von untergeordneter Bedeutung sind.

Nicht alle Projektförderungsmittel fließen an Wirtschaftsunternehmen, aber dieser Adressat besitzt doch eine herausragende Stellung. Von den Förderungsmitteln des BMFT (für Projekte) gelangten 1975 72 % an die Wirtschaft (Tab. 3). Der Rest verteilt sich auf Hochschulen und Forschungsinstitutionen.

Folgende Ergebnisse einer Analyse der wirtschaftsadressierten Forschungsförderung[33] sind hervorzuheben.

a) Die FuE-Zuwendungen des Bundes an Wirtschaftsunternehmen wiesen in den letzten Jahren eine stark ansteigende Tendenz auf: von 1964 bis 1972 wurden sie (nominal) mehr als vervierfacht; in absoluten Zahlen erreichten die Zuwendungen 1974 die Höhe von 2,43 Mrd. DM (vgl. BT-Drucks. 7/3740, 7; ferner FB V, Tab. 11).

b) Die FuE-Zuwendungen des Bundes an die Wirtschaft können jedoch nur mit Einschränkung funktional als Forschungsförderung verstanden werden. Man muß hier zunächst die vom Verteidigungsministerium vergebenen FuE-Aufträge (für »öffentliche Güter«: Rüstungsgüter) unterscheiden von den Aufträgen und Zuwendungen der anderen (zivilen) forschungsfördernden Ministerien. Bei den Aufträgen des Verteidigungsministeriums handelt es sich »eher um eine Art Kauf von Forschungsleistungen als um eine Förderungsmaßnahme« (Wissenschaftsrat 1975, 143). Die Anteile der Ministerien an den FuE-Zuwendungen an die Wirtschaft verteilten sich 1974 folgendermaßen:

	in Mio. DM	in %
BMVg:	1 132,0	46,6
BMFT:	966,5	39,8
BMWi:	299,0	12,3
BMI:	16,3	0,7
Sonst.	15,7	0,6
	2 429,5	100,0

(Quelle: BT-Drucksache 7/3740, 7)

Der Anteil des Verteidigungsministeriums an diesen FuE-Zuwendungen an die Wirtschaft ist übrigens in den letzten Jahren rapide zurückgegangen; 1970 betrug er noch 62,4 % (vgl. FB V, Tab. 11).

Die jährlichen Zuwachsraten der *zivilen* FuE-Zuwendungen an die Wirtschaft sind in jüngster Zeit – vermutlich konjunkturell bedingt – stark abgesunken: von 1970 auf 1971 betrug der Zuwachs noch 60 %; von 1973 auf 1974 nur noch 3 % (berechnet nach FB V, Tab. 11 und BT-Drucks. 7/3740, 7).

Auch die Wirtschaftszuwendungen des Wirtschaftsministeriums – immerhin 21 % der zivilen wirtschaftsadressierten Forschungsaufwendungen (vgl. Rembser 1975, 24) – sind nur mit Einschränkung als Forschungsförderung zu verstehen. Bei ihnen ist eine tendenziell subventionäre Funktion – vor allem Erhaltung der Luftfahrtindustrie – unverkennbar; diese Mittel erscheinen deshalb auch im Subventionsbericht (vgl. SB V, BT-Drucks. 7/4203, Anlage 1, Nr. 62).

c) Die öffentlichen FuE-Zuwendungen machen allerdings nur einen relativ bescheidenen – und derzeit wieder sinkenden – Teil der gesamten Wirtschaftsaufwendungen für FuE aus (in %):

1969	13,9
1970	16,4
1971	18,2
1972	18,4
1973	17,9
1974	17,5

(Berechnet nach FB V, Tab. 4)[34]

Die öffentliche Forschungsförderung weist eine branchenmäßige Selektivität auf, die aber wohl nicht als Ausdruck politischer Prioritätensetzung interpretiert werden kann. Eine Assoziation zu Schlüsselindustrien kommt jedenfalls bei der statistischen Analyse nicht auf. Die Chemische Industrie, die wohl immer noch als eine der fortgeschrittensten der BRD im Weltmaßstab anzusehen ist, finanziert ihre – besonders aufwendige – Forschung nahezu vollständig selbst, während die öffentliche Förderung ihren Schwerpunkt im Industriesektor Stahl-, Maschinen-, Fahrzeugbau, Gießerei, Stahlverformung (und darin insbesondere beim Luftfahrzeugbau) hat. Die hier eingesetzten öffentlichen Mittel machten 1972 rund 60 % der gesamten wirtschaftsadressierten Bundesforschungsausgaben aus und deckten etwa 30 % der FuE-Ausgaben dieser Branche[35]. Es ist zu betonen, daß in dieser Hinsicht Haushaltszahlen eine nur beschränkte Aussagekraft besitzen, denn es ist durchaus möglich, daß eine kleinere, aber weltmarktstarke Branche mit geringer FuE-Förderung auf »schlüsseltechnologischem Niveau« gehalten werden kann. Darüber hinaus erbringt auch hier bereits die Differenzierung von zivilen und militärischen Forschungsaufträgen eine völlig veränderte Selektivitätsstruktur. Der genannte Schwerpunkt der wirtschaftsadressierten Bundesforschungsausgaben reduziert sich von rund 60 % auf 42 %, wenn man die Aufträge des BMVg aus der Gesamtheit herausnimmt (vgl. Bräunling/Harmsen 1975, 116 f.). Bräunling/Harmsen (ebd., 117) können deshalb resümieren: »Die nicht-militärischen Zuwendungen lassen keine eindeutigen Trends im Verteilungsmuster auf die einzelnen Wirtschaftszweige erkennen«.

d) Auch im Hinblick auf Betriebsgrößen läßt sich eine Selektivität feststellen, die freilich sachlich begründet ist und ebenfalls keine Prioritätensetzung der Politik reflektiert (vgl. FB V, Tz 14). Die unternehmensgerichteten FuE-Ausgaben gelangen vorwiegend an Großunternehmen (vgl. auch die Spezialanalyse eines Programms von Neuendorff 1973; ferner die statistische Übersicht in BT-Drucks. 7/4304 v. 11. 11. 75, Anlage 2). 1971 etwa gingen die Bundesmittel zu rund 80 % an Unternehmen mit mehr als 5000 Beschäftigten. Bezogen auf Jahresumsätze flossen 1973 mehr als 90 % der wirtschaftsadressierten BMFT-Mittel in Großunternehmen mit mehr als 700 Mio. DM Umsatz und Gemeinsame Unternehmen von Großunternehmen (vgl. BT-Drucks. 7/2343, Tab. 1 und 2).

e) Die unternehmensgerichtete FuE-Politik vollzieht sich in der Regel – von der insbesondere die Rüstungsforschung abweicht – in der Form der *Mischfinanzierung:* Politische Zuwendungen werden von »spürbarer finanzieller Eigenbeteiligung der geförderten Unternehmen« abhängig gemacht, wobei die Eigenbeteiligung im Regelfall 50 % der Gesamtaufwendungen betragen soll (FB V, Tz 10). Der als Regelfall deklarierte Eigenfinanzierungsanteil der Industrie von 50 % wird zwar bei etwa der Hälfte der Projekte eingehalten. Betrachtet man aber nicht die Zahl der Vorhaben, sondern ihre Kostenstruktur, so zeigt sich, daß mehr als ein Drittel der BMFT-Mittel für Projekte verwendet wird, die zu 100 % öffentlich finanziert sind; mit einem weiteren knappen Drittel werden Projekte gefördert, die einen öffentlichen Finanzierungsanteil von mehr als 50 % aufweisen; und nur beim letzten Drittel wird die Regelfinanzierung eingehalten (vgl. Tab. 10)[36].

f) Eine Gewinnbeteiligung des Staates an forschungspolitisch geförderten, auf dem Markt erfolgreichen Industrieprodukten gibt es nur in Ausnahmefällen (vgl. Bräunling/Harmsen 1975, 121). Als »harter Kern« einer mit Absichtserklärungen aufgeplusterten Antwort der Bundesregierung auf eine parlamentarische Kleine Anfrage zur Erfolgsbeteiligung des Bundes bei staatlich geförderten Forschungs- oder Entwicklungsvorhaben (BT-Drucks. 7/3740) schälte sich heraus, daß bis zum 9. 6. 75 insgesamt 11,18 Mio. DM aus Förderungsmaßnahmen des Bundes zurückgeflossen sind, davon im Bereich des BMFT 0,18 Mio. DM. Die Unternehmen könnten entsprechende politische Absichten auf vielfältige Weise konterkarieren (vgl.

Bräunling/Harmsen 1975, 122). Die Forschungspolitik verfolgt freilich, wie die neuen Bewilligungsbedingungen für FuE-Projekte in der Wirtschaft[37] zeigen, derartige Absichten heute (im Gegensatz zur offiziellen Strategie des FB IV, Tz 54; vgl. auch BT-Drucks. 7/1279, 10 f., und 7/3740) nicht mehr oder höchstens noch am Rande (§ 26 der Bewilligungsbedingungen).

Die Bewertung dieses Befunds zum Verhältnis Staat-Wirtschaft in der Forschungsförderung geht in die gleiche Richtung wie hinsichtlich des Staat-Wissenschaft-Verhältnisses. Die privat-ökonomische Funktionalisierung der öffentlichen Forschungsförderung ist hier noch viel klarer. Der Mechanismus der Mischfinanzierung sorgt auch hier für eine strukturelle Absicherung der »Privatisierung« öffentlicher Förderungsmittel, d. h. verhindert eine Politisierung von Forschungsthemen und -prozessen. Diese wird freilich auch offiziell nicht mehr angestrebt. Mit der öffentlichen Finanzierungsbeteiligung (auch der hundertprozentigen) an privaten und in der Hauptsache privat genutzten Forschungsprojekten soll gemäß expliziter forschungspolitischer Strategie (FB V, Tz 10 ff.) eine politische Orientierung und Determinierung – über die Selektion der Projekte selbst hinaus, bei der freilich der Staat weitgehend zu informationell bedingter Reaktivität verurteilt ist – nicht verbunden werden; vielmehr soll umgekehrt der privat-industrielle Finanzierungsanteil (an Industrieforschungsprojekten!) die Marktorientierung gewährleisten (ebd., Tz 10)![38] Die Forschungspolitik kann sich über die »elegante Lösung des Transferproblems« (Gutachten der Prognos AG, zit. bei Bräunling/Harmsen 1975, 127) freuen, das im Zentrum strukturpolitischer Ausrichtung steht und damit deren Inhalt charakterisiert. »Strukturpolitische Orientierung« der Forschungspolitik bedeutet nichts anderes als Marktorientierung, wobei sich der Markt nur über die Marktstrategien einzelner Unternehmen erschließt.

Die zu Zeiten des FB IV propagierten Gewinnbeteiligungsabsichten des Staates an von ihm geförderten Forschungsergebnissen bzw. deren Produktfolgen (als Minimalstrategie der »Politisierung«) sind weitgehend zurückgeschraubt. Politikdarstellung und -faktizität stehen heute im Einklang. Gemäß FB V (Tz 11) »werden die Zuwendungen des Bundesministers für Forschung und Technologie (grundsätzlich; VR) ohne Rückzahlungsverpflichtung oder finanzielle Erfolgsbeteiligung (des Staates; VR) gewährt« und liegt bei den Bewilligungsbedingungen »das Hauptgewicht nicht auf erweiterten finanziellen Zugriffsmöglichkeiten des Bundes«. Die neue offizielle Strategie lautet: Verbesserung des Zugangs zu den Forschungsergebnissen für den Staat und dritte Unternehmen – dies *aber,*

»ohne berechtige Verwertungsinteressen der geförderten Unternehmen unangemessen einzuengen« (ebd., Tz 11). Mit dieser Formel ist die Privatisierung der öffentlich subventionierten Forschungsergebnisse gesichert. Nur in Ausnahmefällen wird noch Rückzahlung der öffentlichen Förderungsmittel (»bei marktnahen Vorhaben ..., sofern das Vorhaben kein Fehlschlag war« (!); Tz 11) oder öffentliche Erfolgsbeteiligung (bei »besonders hohen Lizenzeinnahmen, die die Eigenleistungen des geförderten Unternehmens übersteigen«; Tz 11) vorgesehen. In der Wirklichkeit folgt der staatlichen Förderung der Produktentwicklung oft genug noch die notwendig werdende Förderung der Produkt-»Vermarktung« (vgl. etwa BT-Drucks. 7/2986, 13 f.).

Zur Abrundung des Bildes ist noch eine forschungspolitische Strategie zu beschreiben, die etwas am Rande liegt, jedenfalls vom Umfang der eingesetzten öffentlichen Mittel her gesehen, deren »strukturpolitischer Charakter« aber ganz besonders rein ausgeprägt ist. Es wurde gezeigt, daß die Forschungsförderung auf Schlüsseltechnologien und folglich auf ökonomisch potente, monopolisierte Schlüsselindustrien setzt; darin besteht die ökonomische Selektivität der sich als sektorale Strukturpolitik begreifenden Forschungsförderung. So (ökonomisch) verständlich und offenbar (legitimatorisch) verständlich zu machen diese forschungspolitische Strategie ist (vgl. Matthöfer 1975b; BT-Drucksache 7/2343; Uhlmann 1974, 135) – es gibt Gründe, ihr ein, wenn auch weit schwächeres »zweites Bein« hinzuzufügen: nämlich eine *Innovationsförderung kleinerer Unternehmen.* Dafür spricht ökonomisch, daß die Innovationsfreudigkeit bei Unternehmen dieser Größenordnung besonders hoch ist (vgl. Röthlingshöfer 1975, 13; generell Müller 1975 und Jüttner-Kramny 1975), wobei es sich hier allerdings eher um nicht-aufwendige »Prozeßinnovationen« oder Anpassungsinnovationen handelt; es wäre nicht rational, auf dieses Potential zu verzichten, solange man es mit relativ geringen Förderungsmitteln nutzen kann.

Der periphere Charakter dieses Teils der Forschungspolitik – der auch als Zugeständnis an mittelständischen Lobbyismus anzusehen ist – zeigt sich nicht nur in den darauf gerichteten fiskalischen Mittelansätzen, sondern auch in der strukturellen Ausgestaltung der Förderung. Die Zuständigkeit für diese Förderung liegt mehr beim Wirtschafts- als beim Forschungsressort; zu ihrer Verfolgung werden gern nicht-öffentliche Vergabeinstitutionen geschaffen wie die Arbeitsgemeinschaft Industrieller Forschungsvereinigungen e. V. (AIF) und die Wagnis-Finanzierungs-Gesellschaft; oder die

Förderung erfolgt als (echte) Subvention. Im Kontext der hier verfolgten Fragestellung bedeutet diese Förderungsstruktur einen klaren Verzicht auf politische Einflußnahme, auf Politisierung; die Bedeutung dieser Förderung besteht darin, daß – mit geringen öffentlichen Mitteln – den kleineren, in der Regel kapitalschwachen Unternehmen Kapitalhilfe für ihre Innovationsprojekte (!) vom Staat angeboten wird (vgl. Röthlingshöfer 1975, 14 f.).

Ich möchte die drei wichtigsten Teilbereiche des »zweiten Beins« der Forschungsförderung kurz beschreiben.

a) Der fiskalisch größte Posten der insgesamt niedrigen Förderungsmittel für kleine und mittlere Unternehmen (vgl. FB V, Tz 13 ff.; BT-Drucks. 7/1988 und 7/2343; Wissenschaftsrat 1975, 143 f.; Rüdt von Collenberg 1974; Rembser 1975, 25 ff.) ist die Zuwendung des Wirtschaftsministeriums für die *industrielle Gemeinschaftsforschung*. Hierbei handelt es sich um Zuschüsse – 1974 von 42 Mio. DM – an die AIF, deren Haushalt insgesamt etwa das Vierfache dieser öffentlichen Mittel beträgt (Wissenschaftsrat 1975, 144). Die AIF betreibt Forschungsprojekte, die gerade für kleinere Unternehmen ökonomisch interessant sind.

b) Die neueste forschungspolitische Verbundstrategie, die freilich qua Größenordnung nicht als repräsentativ für das Staat-Wirtschafts-Verhältnis insgesamt stehen kann, realisierte sich in der 1975 gegründeten Deutschen *Wagnis-Finanzierungs-Gesellschaft*[39], die Vorläufer in bestimmten ERP-Programmen hatte (vgl. Rüdt von Collenberg 1974, 233 f.). Hierbei handelt es sich um eine private, von verschiedenen Banken getragene Finanzierungsgesellschaft, mit der der Bund einen Risikobeteiligungsvertrag abgeschlossen hat. Die Gesellschaft fördert durch Bereitstellung von Risikokapital (in der Form von Minderheitsbeteiligungen) technologische Innovationen bei Unternehmen. Der Bund verpflichtet sich zum Einspringen bei Gesellschaftsverlusten (bis zu 75 %), mit denen man jedenfalls in den ersten Jahren rechnet (vgl. Regierungsantwort auf eine parlamentarische Anfrage: BT-Sitzungsprotokoll 7. Wahlperiode, 244. Sitzung v. 19. 5. 76, 17283 f.). Diese neue Forschungsförderungsform ist ganz auf die Probleme kleiner und mittlerer Unternehmen (mit weniger als 50 Mio. DM Jahresumsatz) zugeschnitten, die überhaupt nur derartige Finanzierungsprobleme haben und für die auch kleinere Beteiligungsbeträge eine Bedeutung besitzen. Das zeigt auch das relativ geringe Stammkapital der WFG von 10 Mio. DM, das selbst in der Endstufe auf nicht mehr als 50 Mio. DM aufgestockt werden soll.

c) Schließlich kann man annehmen, daß die indirekten Förderungsmaßnahmen in Form von »echten« Subventionen für die kleineren Unternehmen eine relativ größere Bedeutung haben als für Großunternehmen. Nachdem 1974 die Möglichkeit der Sonderabschreibung für FuE-Güter ausgelaufen ist, ist in diesem Bereich nurmehr die jetzt 7,5 %ige Investitionszulage für FuE-Investitionen von einigem Gewicht. Diese belief sich 1971 auf 140 Mio. DM, 1972 auf 155 Mio. DM, 1973 auf 215 Mio. DM (Wissenschaftsrat 1975, 141); 1974 ungefähr 240 Mio. DM (Röthlingshöfer 1974, 14).

Das Gemeinsame des aufgeführten »strukturpolitischen Ausgleichs zur Förderung von Spitzen- oder Zukunftstechnologien« (Krupp 1975b, 8) besteht darin, daß »der Staat die Entscheidung über Art und Umfang der FuE-Aktivitäten völlig der Wirtschaft« überläßt. »Auf das Ziel wird kein Einfluß genommen. Die Entscheidung über die Zielrichtung von FuE erfolgt dezentralisiert bei jedem einzelnen Unternehmen. Die Steuerung ist also den Kräften des Marktes überlassen.« (Röthlingshöfer 1975, 13)

»Politisierung« in diesem Bereich der Forschungspolitik heißt bestenfalls öffentliche Finanzierung und Initiative (z. B. bei der Gründung der WFG); ein inhaltlicher Einfluß der Politik auf die Forschung ist hier noch weniger gegeben als bei der Projektvergabe an die Wirtschaft, weil hier Initiative und Inhalt der geförderten Forschung vollständig unternehmensabhängig sind.

3.3.5. Ergebnis: entpolitisierte Forschungsförderung

Die vorangehende Untersuchung stand unter der Frage, ob die faktische Entwicklung der Forschungsförderung mit dem Begriff der »Politisierung« angemessen bezeichnet ist bzw. was die propagierte »strukturpolitische Orientierung« der Forschungsförderung tatsächlich bedeutet. Die Kategorien, unter denen die Forschungsförderung analysiert wurde, ergaben sich aus dem als problematisch, aber auch begrenzt »offen«, unterstellten Verhältnis zwischen Finanzierung und materieller Richtungs- und Inhaltsbestimmung von Forschung und technologischer Entwicklung.

In der forschungspolitischen Selbstdarstellung und Programmatik zu Zeiten des FB IV nahm die »Politisierung« – als inhaltliche, steuernde Bestimmung der öffentlich geförderten Forschungstätigkeit in wissenschaftlichen Institutionen und privaten Unternehmen – einen zentralen Stellenwert ein: von »gesellschaftlichen Bedürfnissen« und »Interessen der Bevölkerung«

abgeleitete »politische Prioritäten« sollten mit der Verausgabung öffentlicher Mittel implementiert werden – gegen die auch seinerzeit bekannte Schwierigkeit, die vermittelnden »Subsysteme« Wissenschaft und Wirtschaft materiell zu durchdringen (vgl. Berger 1974). Die vorangehende Analyse hat gezeigt, daß es sich dabei um bloße Programmatik (evtl. mit legitimatorischer Absicht) gehandelt hat.

»Politisierung« der Forschungsförderung hätte bedeuten können,

- die Forschung als Verwaltung durchzuführen oder
- die fiskalische Mittelvergabe mit inhaltlichen Auflagen zu verknüpfen.

Beides, so hat sich gezeigt, ist nicht der Fall (und auch nicht politisch beabsichtigt). Die faktische forschungspolitische Entwicklung ist das genaue Gegenteil von »Politisierung«: was forschungspolitisch geschieht, geschieht immer weniger *als Politik*. Die »Privatisierung« bzw. »Ökonomisierung« erfolgt über vermittelnde Institutionen (Institutionen der Wissenschaft, Projektträger, AIF, WFG, Unternehmen) und/oder über entpolitisierende Mechanismen wie Mischfinanzierung. Dieses Ergebnis gilt jedenfalls, wenn man nicht (wachsende) öffentliche Finanzierung selbst schon als »Politisierung« ansehen will.

Damit erscheint, was der zuständige Minister immerhin als Möglichkeit einkalkuliert, als widerlegt: »Neben der industriellen Eigenforschung und abgesehen von den unabhängigen Stiftungen kommt nahezu das gesamte für die Forschung benötigte Geld vom Staat. Er hat damit als Geldgeber zunächst einmal die Möglichkeit, zur Durchsetzung seiner Ziele in der Forschungspolitik Einfluß auszuüben.« (Matthöfer 1976c, 45)

Allerdings folgt die faktische Restringiertheit, die auch Matthöfer konstatiert, nicht, wie er meint (ähnlich auch Oberender 1975, 272; Berger 1976, 330), aus Institutionalisierung, Langfristigkeit der Vorhaben und gebotener Kontinuität (ebd.) – jedenfalls weder ausschließlich, noch primär. Es ist nicht so, daß gezielt ansetzende Forschungspolitik durch irgendwelche Mechanismen oder Strategien, durch viele »Selbständigkeiten«, konterkariert wird. Vielmehr verzichtet die Forschungspolitik auf eigene, spezifische, in demokratisch-politischer Willensbildung zustande gekommene Zielsetzungen; sie verbindet mit ihrer Geldleistung nur die – unsichere – Erwartung einer »Gegenleistung«, eines Nutzens, in gesamtwirtschaftlichen *terms* – eines somit problematischen Nutzens. Und auf diese Weise wird sie nicht durch die Grenzen anderer Systeme behindert, sondern von Zielen, Inhalten, Rationalitätskriterien anderer Systeme durchdrungen.

Im Kontext einer Analyse des kapitalistischen Staates, die dessen strukturelle Selektivität auch empirisch zu erfassen sucht (vgl. Offe 1972, 78), ist die Untersuchung des Politikformulierungsprozesses von erheblicher Bedeutung. »Formale Regelstrukturen ... sind niemals *bloße* prozedurale Formalismen, sondern sie präjudizieren als solche den möglichen Inhalt bzw. das mögliche Resultat des jeweiligen Prozesses. Sie tun das, indem sie bestimmte Politikinhalte mit erhöhten Durchsetzungschancen ausstatten, bestimmten Interessen einen Vorsprung einräumen, ihnen zeitliche Priorität, relativ günstigere Koalitionschancen oder die Möglichkeit zum Einsatz spezifischer Machtmittel gewähren. Jede prozedurale Regel schafft Begünstigungs- und umgekehrt Ausschließungsverhältnisse für bestimmte Themen, Gruppen oder Interessen.« (ebd., 80) *Diese* Selektivität erfolgt in gesellschaftlichen Prozessen, die *als Politik* stattfinden. Innerhalb der (kapitalistischen) Gesellschaft hat die politische Willensbildung und Entscheidungstätigkeit jedoch nur ein beschränktes Feld. »Jedes politische Institutionensystem verfügt über einen definitiven – rechtlich und faktisch festgelegten – Aktionsradius, der bestimmt, welche Materien und Sachverhalte überhaupt zum Gegenstand staatlicher Politik werden können.« (ebd., 79; vgl. auch Hirsch 1974a, 228) Im übrigen herrschen Privatheit und Naturwüchsigkeit (und dahinter Kapitalverwertung). An der Forschungspolitik kann man sehen, daß zwischen diesen beiden Selektivitäten ein trade-off besteht: die Selektivität *des* Politikformulierungsprozesses besteht hier darin, bewußt den Entscheidungsprozeß zu *entpolitisieren.*

Die strukturelle Ausgliederung der Bestimmung über Forschungsinhalte aus der Politik löst am ehesten das Problem einer *strukturpolitisch orientierten Forschungsförderung:* was denn die Forschungspolitik inhaltlich tun und woher sie entsprechendes, dafür erforderliches Wissen über die Produktions- und Marktentwicklung, für die sie ja Vorbedingungen produzieren will, nehmen soll. Die Inhalte werden auf diese Weise »vor Ort«, von den »Produzenten« selbst, bestimmt, die die (Markt-)Entwicklung jedenfalls besser als sonst jemand kennen.

Die Begriffe des »*Verbunds*« und des (beschleunigten und effektivierten) »*Transfers*« – zwischen Forschung und industrieller Anwendung – markieren am treffendsten die strukturpolitisch-entpolitisierte Faktizität der Forschungspolitik (vgl. Harmsen/Niederwemmer 1976; Krupp 1975a). Im Hinblick auf die hier verfolgte Fragestellung kommt es darauf an, daß diese Begriffe bzw. die entsprechenden Konzepte über die Differenzierung öffentlich-privat einfach hinweggehen. Diese Entdifferenzierung der »neuen« Forschungspolitik – die aus ökonomischen Gründen als effizient erscheinen muß[40], wenn der kapitalistische Status quo unterstellt wird – bedeutet die Ausschaltung der politischen Willensbildung aus den Entscheidungen über Forschungsinhalte und die Funktionalisierung öffentlicher Mittel für privatökonomische (eben den kapitalistischen Status quo reproduzierende) Zwecke.

Hinter der von mir vorgenommenen Verkoppelung von staatlicher Politik (als Institution) und Gebrauchswertproduktion (als Entscheidungsinhalt) mag eine »reformistische« Fragestellung stehen (vgl. einerseits die sehr grundsätzliche Kritik an einem derartigen Ansatz von Pohrt 1976, andererseits die diesbezügliche Zwiespältigkeit bei Marx, wie sie Meyer 1975 nachgewiesen hat). Die empirisch gefundene Antwort auf diese Fragestellung läßt (richtigen oder falschen) Reformismusverdacht nicht mehr aufkommen: die faktische Forschungspolitik definiert sich programmatisch wie realiter als Hilfsmechanismus zur Warenproduktion.

»Politisierung« (inhaltlicher Art) ist also bestenfalls ein *Darstellungs*konzept der Politikpraxis; und dieses findet heute (zu Zeiten des FB V) auch schon keine Verwendung mehr. Als wissenschaftlicher Begriff genommen, trifft »Politisierung« die Realität der Forschungspolitik nicht – jedenfalls dann nicht, wenn mehr gemeint ist als zunehmende Verwendung öffentlicher Mittel in der privaten Ökonomie oder politische Initiative hinsichtlich inhaltlich entpolitisierender Institutionen und Mechanismen.

Das Charakteristikum der »strukturpolitischen Orientierung« kann für die Forschungspolitik akzeptiert werden, sofern man damit nicht die Vorstellung von Politisierung, etwa im Sinne von »Innovationslenkung«, verbindet. Das Attribut »aktiv« etwa, das Hauff/Scharpf (1975, 38 ff.) für die Forschungspolitik bemühen, erweckt reformistische Assoziationen (vgl. Mayntz/Scharpf 1973, 115 ff.), die jeder Grundlage entbehren. »Strukturpolitische Ausrichtung« bedeutet in der Forschungspolitik die Aufgabe politischer Willensbildung und den Verzicht auf die Produktion von Gebrauchswerten auch dort, wo eine entsprechende Ressource (fiskalische Mittel) vorhanden ist und autonome Verwendung finden könnte (Haushaltshoheit). Strukturpolitische Orientierung bedeutet die Ausrichtung an ökonomischem Wachstum und am (Welt-)Markt – in immer »reinerer« Weise –, die konkret immer nur über die Anbindung an Unternehmensstrategien zu realisieren ist. Insofern sie die öffentliche Finanzierung bestimmter Unternehmensproduktionsfunktionen beinhaltet und auf inhaltliche Zwecksetzung verzichtet, degeneriert strukturpolitische Forschungspolitik zur Subventionierung.

Die Analyse zeigt aber auch, daß die private »Indienstnahme« der Forschungspolitik nicht, wie bestimmte marxistische Interpretationen annehmen (siehe insbesondere Hirsch 1970; auch Simon 1975), im Rahmen eines symbiotischen, interaktionistischen Verhältnisses zwischen staatlichen Instanzen und Industrieunternehmen erfolgt. Die Interaktionsverhältnisse sind viel zu komplex, als daß sie nicht auf institutionelle, strukturelle Weise organisiert werden müßten. Darüber hinaus produziert die institutionalisierte Form der Entpolitisierung bzw. Ökonomisierung Legitimation: die faktisch resultierende Unkontrollierbarkeit, ja Unsichtbarkeit, muß weit weniger suspekt erscheinen als etwa personelle Verfilzungen und an Personen gebundene Bargaining-Prozesse.

4. Politisierung und »politische« Konflikte

Die angestellte Untersuchung hat mit einem evolutionstheoretischen Ausgangspunkt angesetzt, und dieser Zusammenhang ist bis hierhin nicht überschritten worden. Es ging darum, für die gegenwärtige Epoche des Kapitalismus oder, spezifischer, für den derzeitigen Politikformulierungsprozeß (in der BRD, am Beispiel der Forschungspolitik) im Zusammenhang des systemspezifischen Staat-Ökonomie-Verhältnisses einen angemessenen Begriff zu finden bzw. einen vorgeschlagenen Begriff – »Politisierung« – mit empirischen Mitteln zu prüfen.

Die evolutionstheoretische Optik stellt freilich eine Verkürzung dar, die jetzt aufgehoben werden soll. Die (bisher untersuchte) Politisierungshypothese steht – für einen der Marxschen Tradition verhafteten Ansatz selbstverständlich – in einem durchaus »praktischen« Zusammenhang, der hier (in Kürze) aufgerollt werden soll, obwohl er hierarchischer Art ist und von daher nach Problematisierung der Politisierungshypothese die logisch *daran angeschlossene* »politische Krisentheorie« eigentlich ihren Boden (der Plausibilität – solange Empirie fehlt) verloren hat. Dabei geht es nicht nur darum, dem »spätkapitalistischen« Theorieansatz Fairness widerfahren zu lassen; wichtiger ist, daß die empirische Problematisierung der Politisierungshypothese auch konkrete Hinweise auf eine eigenständige »legitimatorische Ressource« gibt, die den hypothetischen Zusammenhang von Politisierung (selbst, wenn sie erfolgen sollte) und »politischen« Folgekonflikten, der in der »politischen Krisentheorie« behauptet wird, zumindest lockert.

Es ist vorauszuschicken, daß es im folgenden nicht darum geht, daß Politik der Legitimation bedarf (vgl. Luhmann 1970, 157; Scharpf 1973, 33), sondern spezifischer darum, ob eine sich in der Gesellschaft funktional »ausdehnende«, d. h. zunehmend mehr an Vergesellschaftung leistende, Politik (a) erhöhte und (b) spezifisch politisch herzustellende Legitimation benötigt, und welche Legitimationsmittel der Politik zur Verfügung stehen.

4.1. Das Argument »politischer« Konflikte bei Habermas und Offe

Die im Folgenden kurz skizzierten Krisenhypothesen von Habermas und Offe setzen die empirische Richtigkeit der logisch vorgeschalteten Politisierungsthese (s. o. Abschnitt 1.4.) voraus, die für den Fall der Forschungspolitik hier bestritten wurde.

Habermas bezeichnet die krisentheoretischen Effekte der Politisierung folgendermaßen: »Mit den Funktionsschwächen des Marktes und den dysfunktionalen Nebenfolgen dieses Steuerungsmechanismus bricht auch die bürgerliche Basisideologie des gerechten Tausches zusammen. Die Rückkoppelung des ökonomischen Systems an das politische, welche die Produktionsverhältnisse in gewisser Weise repolitisiert, schafft ... einen verstärkten Legitimationsbedarf: der Staatsapparat ... muß, wie der vorkapitalistische Staat, legitimiert werden, ohne daß jetzt die Möglichkeit bestünde, auf die im Laufe der Entfaltung des Kapitalismus untergrabenen und verbrauchten Traditionsbestände zurückzugreifen. (...) Partizipation der Staatsbürger an den politischen Willensbildungsprozessen, also materiale Demokratie, müßte den Widerspruch zwischen der administrativ vergesellschafteten Produktion und einer nach wie vor privaten Aneignung und Verwendung des Mehrwerts zu Bewußtsein bringen. Um diesen Widerspruch der Thematisierung zu entziehen, muß das administrative System gegenüber der legitimierenden Willensbildung hinreichend autonom sein.« (Habermas 1973, 54 f.)

Politisierung, oder staatliche Intervention zur Stabilisierung der defizienten Ökonomie, schafft demnach für den Staat Legitimationsprobleme. Eine politische Legitimation muß quasi an die Stelle der systemisch-ökonomischen treten, die mit der Offenbarung der ökonomischen Defizienzen verlorengeht – graduell verstanden. Der Staat selbst muß sich, entsprechend dem Politisierungsfortschritt, durch seine Aktivität legitimieren, ohne dabei die Möglichkeit zum Rückgriff auf ältere (feudale oder liberalstaatliche) Legitimations»bestände« zu haben. Das Lösungsmuster »Partizipation« scheidet aus, weil es nur den Systemwiderspruch (zwischen Ökonomie und Politik, zwischen Privatheit und Sozialität, zwischen bewußter Steuerung und Naturwüchsigkeit), der auch das spätkapitalistische System noch charakterisiert, ins allgemeine Bewußtsein heben würde. Die Politik muß sich also im Maße der Politisierung des Systems legitimieren und, bei Beibehaltung des Systems, autonomisieren. Wie das möglich ist, ist die offene Frage, von deren Offenheit her sich Konflikte vermuten lassen.

Es soll unterstellt werden, daß eine administrative Erzeugung von Legitimation scheitern muß (Habermas 1974, 74), daß ein Rückgriff auf »verbrauchte« Legitimationen nicht möglich ist und die »Flucht« in die Partizipation gefährlich, weil systemsprengend, wäre. Zweifelhaft an der Argumentation von Habermas scheint mir dann deren Kern, nämlich die Annahme zu sein, daß mit einer Politisierung die systemisch-ökonomische Legitimation quasi automatisch verlorengehe. Diese Legitimation war immer *doppelt begründet:* durch die (scheinbare) Gerechtigkeit des Tauschs – insbesondere von Arbeitskraft gegen Lohn – *und* durch den materiellen Erfolg der Systemmechanismen, d. h. die materielle (Versorgungs-)Fortschrittlichkeit der Produktionsweise (heute nicht mehr historisch, sondern im Vergleich zu alternativen Produktionsweisen) (vgl. Mueller 1975, 174 f.). Habermas berücksichtigt m. E. zu Unrecht nur den ersten Aspekt, dessen legitimatorische »Potenz« wahrscheinlich immer hinter der des (»materialistischen«) zweiten zurückgestanden hat. Die Berücksichtigung des zweiten Aspekts würde zu einer »weicheren« krisentheoretischen Konsequenz führen, nämlich stärker offenlassen, ob nicht mit der Politisierung die Aufrechterhaltung der systemischen Legitimität – und dies sogar als ökonomische – zusammengehen kann. Die Politik – als Infrastrukturpolitik, als die sie sich z. B. darzustellen versucht – erzeugt ja gerade eine wieder funktionierende Ökonomie, die dann auch als Ökonomie fortschrittlich erscheint und dadurch legitim wird (und die Politik mitlegitimiert). Daß die Politik dabei »mitgeholfen« hat, wird zwar möglicherweise allgemein bewußt. Aber es wäre vorschnell anzunehmen, daß von daher der ökonomische Erfolg oder Mißerfolg der Politik zugerechnet würde. Die Politik definiert sich, wenn sie »klug« ist, als »marktwirtschafts-konform« und damit substitutiv – ganz unabhängig vom tatsächlichen Politisierungsausmaß. Nur eine »unüberlegte« Reformpolitik zieht sich Legitimationsprobleme zu, indem sie sich als »aktiv« im Sinn von systemverändernd-politisierend darstellt.

Ganz abgesehen von dieser inhaltlichen Frage ist aber das Habermassche Krisenargument nicht operationalisiert genug, um als empirische Hypothese dienen zu können. In dieser Hinsicht verspricht der Offesche Ansatz (auf den sich Habermas auch beruft) mehr.

Bereits vor deren empirischer Prüfung und Bestätigung hat *Offe* an die Politisierungsthese eine »politische Krisentheorie« angeschlossen, die in Kürze besagt, daß entsprechend dem Übergang von ökonomischer zu politischer Steuerung und Organisation in der Gesellschaft sich die sozialen Probleme verändern: statt ökonomischer Funktionskrisen treten zunehmend politische Legitimationskonflikte auf. Politscher Interventionismus in die Ökonomie – Politisierung – löst die ökonomischen Steuerungsprobleme weitgehend – Politik fungiert ja als systemischer »Auffangmechanismus« (vgl. Offe 1972, 21 f.) –, aber erzeugt, sozusagen »dafür«, Legitimationsprobleme für eben diese Aktivität und, als deren Ausdruck, »delegitimatorische Konflikte« (vgl. zur Definition Offe 1975, 315): »je zahlreicher und sichtbarer die Steuerungsleistungen des politisch-administrativen Systems, desto intensiver sind die Konflikte, die durch policies konstituiert werden« (Offe 1973, 216). Neben *Zahl* und *Sichtbarkeit* der Politiken hat Offe ergänzend den Aspekt der *Indiviuumsnähe* oder *Betroffenheit* eingeführt: das Legitimationsproblem der Politik verstärkt sich, »je deutlicher staatliche ›policies‹ auf Lebensumstände und Austauschchancen der einzelnen Warenbesitzer einwirken« (Offe 1975, 289; vgl. auch 314). Unter den gleichen Gesichtspunkt fällt auch die These, daß Politik immer mehr zur »Verwaltung am Einzelnen«, sozusagen »exekutivischer« wird und dabei auf die Mitwirkung der einzelnen Bürger angewiesen ist: »Eine nur noch lückenhaft rechtsförmig *programmierte*, vielmehr die von ihr benötigten Rechtsinstitute selbst *programmierende*, insbesondere *planende* Verwaltung ... ist ... auf die ›unterlegale‹ Ebene der Konsensbildung als Berufungsinstanz und als Quelle für ihre Legitimationen angewiesen.« (Offe 1974b, 340) Offe vertritt hier die (die »Politisierung« ergänzende) These, »daß die öffentliche Verwaltung sich heute in vielen ihrer Aufgabenbereiche einer Situation gegenübersieht, in der der Vollzug staatlicher Planungen und Funktionen gar nicht mehr von der Verwaltung allein übernommen werden kann, sondern der einzelne Bürger und seine gesellschaftlichen Organisationen selbst in eine exekutive Funktion einrücken. (...) Der Bürger wird zum letzten und entscheidenden Vollzugsorgan staatlicher Politik überall dort, wo die anstehenden Aufgaben von Politik und Verwaltung von einer Art sind, daß sie mit den klassischen Mitteln von Strafandrohung und Zuteilung von Sachwerten, also mit positiven und negativen Anreizen, nicht gelöst werden können, sondern wo es auf eine aufgabenspezifische Mobilisierung der ›Basis‹ und deren Kooperationsbereitschaft ankommt. Verhaltensvariable der ›Basis‹ werden dann zum entscheidenden Kriterium dafür, ob und zu welchen fiskalischen und administrativen Kosten die Verwaltungspolitik ihre deklarierten Ziele einlöst.« (ebd., 340 f.) Schließlich hat Offe (de-)legitimatorische Effekte nicht nur an politischer Faktizität, sondern auch bereits an politikprogrammatischen Ansprüchen oder Prätentionsniveaus festmachen wollen: »Das politisch-administrative System muß nicht nur *faktisch*, sondern auch eingestandenermaßen und *programmatisch* die Aufgabe übernehmen, die Lebensumstände und faktischen Lebenschancen der Masse der Bevölkerung in Übereinstimmung mit geltenden Normen und Erwartungen zu regulieren und zu steuern. Dieser Zwang führt zu Prätentionen und zur Übernahme von Verantwortlichkeiten, deren Nicht-Einlösung sehr viel deutlicher sichtbar und zurechenbar ist, als das in Phasen der gesellschaftlichen Entwicklung der Fall war, in denen der Staat nur faktisch, nicht aber eingestandenen Programmatiken zufolge Stabilisierungs- und Steuerungsaufgaben wahrnahm.« (Offe 1973, 219; als angewandtes Beispiel vgl. Offe 1974a)[41]

Veranlaßt durch empirisch gewonnene Erkenntnisse hat Offe inzwischen seine Krisenhypothese um einiges relativiert. Zum einen hat er relativ erfolgreiche politische Legitimierungsstrategien entdeckt: »Die entschuldigende Berufung auf das Unveränderliche, die strukturelle Widerstände und Konflikte verleugnende Symbolisierung von Erfolgszuversicht sowie die ›paradoxe‹ Mobilisierung des Vertrauens von Verbänden und Gewerkschaften, die sozusagen aufgefordert werden, ihre eigenen Handlungsmöglichkeiten stillzulegen und an die Regierung abzutreten ...« (Offe 1975, 310) Zum anderen hat er auch strukturell ins politische System eingebaute Legitimations»ventile« festgestellt: »Die organisatorischen und politischen Prämissen der Gewerkschaftsbewegung und der Erpressungseffekt, der von konjunkturellen Abwärtsbewegungen ausgeht, sind zwei der ›intervenierenden Variablen‹, die den unterstellten Zusammenhang durchbrechen können. Eine weitere intervenierende Variable sind die Restriktionen des Parteiensystems, dessen Alternativspektrum schwerlich ein Wählerverhalten plausibel macht, das die reformpolitischen ›Mißerfolge‹ einer Regierungspartei oder -koalition durch ein Protestvotum für die andere Partei kurieren wollte.« (ebd., 309) Insgesamt kommt Offe selbst schon zu einer deutlichen Relativierung der Konflikthypothese: »Die Hypothese, daß die ›Enttäuschung‹ über verfehlte Reformziele sowie die Belastungen, die aus den unverändert fortbestehenden Strukturmängeln auf die Arbeitnehmer zukommen, mit einer gewissen Zwangsläufigkeit zur Steigerung des politischen und ökonomischen Konfliktniveaus oder gar zu einer krisenhaft erzwungenen Abänderung der politischen Systemstruktur, der die Reformpolitik gehorcht, führen müssen, ist also erheblich zu relativieren.« (ebd.)

Den von ihm selbst gefundenen Einwänden und Relativierungen zum

Trotz hält Offe aber an seiner Hypothese politischer Konflikte grundsätzlich fest. Daß ihm dies möglich ist, resultiert m. E. daraus, daß er im Zuge der Modifikation seiner Konzeptualisierung von Staat und Politikformulierungsprozeß (s. o. 1.5.) auch die Krisenhypothese verändert hat. Die *Formalisierung* des Poltikbegriffs wirkt sich auf die Krisenhypothese aus. Offes neue Konzeption geht, wie gezeigt, dahin, »daß der Prozeß der Politikentwicklung erklärt werden kann als eine Sequenz von Schritten, von denen sich jeder einzelne daraus ergibt, daß das Nebeneinander konfligierender Elemente der Organisationsstruktur des Staatsapparates bewältigt werden muß . . . die Probleme, auf die sich die Politik bezieht, sind ihre eigenen Organisationsprobleme.« (Offe 1975, 285) Politikerklärung bezieht sich bei Offe auf »die *dynamische Struktur*, unter der bestimmte Gesetze und Maßnahmen unter bestimmten *staatsorganisatorischen* Prämissen zustande kommen« (ebd., 283). Nach einer *solchen* Politikkonzeption müssen auch die Legitimationsfolgen der Politik grundsätzlich formaler Art sein.

Im Gegensatz zu seinen früheren Thesen, wo Offe politische Konflikte noch festgemacht hatte an den »materialen, sozialen und zeitlichen ›biases‹«, d. h. den konkreten Auswirkungen (!) von »Privilegierungs- und Diskriminierungsregeln« (1973, 216), bezeichnet er als legitimatorisches Problem der Politik jetzt die (angeblich dilemmatische) Aufgabe, »ihre eigenen *Schwankungen zu rechtfertigen* und von ihrem *Zickzack-Kurs* die Gestaltwahrnehmung sinnvollen und zielstrebigen Handelns *zu vermitteln*« (ebd., 289; Hervorhebungen von mir, VR; vgl. auch ebd., 302).

Nachdem Offe die Politikaufgabe auf höchster Abstraktionsebene als »Integration« formal faßt (ebd., 31), stellen sich auch die Legitimationsprobleme der Politik *entsprechend* dar: gegen formale Inkonsistenz muß (angeblich) eine konsistente Gestaltwahrnehmung vermittelt werden, bzw. die legitimatorischen Konflikte entzünden sich an der formalen Inkonsistenz, am »Zirkel von Desorganisation und Reorganisation« des Staates (ebd., 304).

In der eigentlichen Krisenhypothese verliert von daher das Argument der Betroffenheit als Konfliktbedingung an Gewicht; Konflikte erscheinen mehr und mehr als Handlungskonsequenz aus bloßer *Beobachtung* von *Inkonsistenz*. Die Wirksamkeit von »Isolatoren«, »die mehr oder weniger zuverlässig dafür sorgen, zwar nicht Konsens herzustellen, die Staatsgewalt aber gegen die Folgeprobleme von Dissens zu sichern« (ebd., 289), setzt, so Offes Hypothese, »um so wahrscheinlicher aus, je deutlicher staatliche ›policies‹ auf Warenbesitzer einwirken und je genauer die widersprüchlichen Handlungsbedingungen einer Regierung gleichsam auf der Bühne des politischen Prozesses zu beobachten sind« (ebd.). Zwei ganz unterschiedliche Bedingungen für Konflikte sind hiermit gleichgesetzt. Offe setzt tendenziell auf die beobachtete Inkonsistenz staatlicher Aktivität: Konflikte werden nicht durch konkrete Betroffenheit von Benachteiligungen ausgelöst, sondern durch die Beobachtung inkonsistenter Politikformulierung. Konflikte entzünden sich, so die neue Hypothese, an den »*institutionalisierten Verfahren* ..., welche die Interessenauseinandersetzung reglementieren. In delegitimatorischen Konflikten weigern sich die Handelnden, ihr Konfliktverhalten an den entsprechenden staatlichen Verboten und Vorschriften auszurichten und sich auf die Anwendung der Machtmittel zu beschränken, die vom staatlichen Reglement der Konfliktverarbeitung eingesetzt bzw. lizensiert werden; staatlichen Instanzen und Prozeduren wird dann ihr Geltungsmonopol streitig gemacht.« (Offe 1975, 315)

Der Konfliktuslöser ist also *abstrahiert* worden: nicht an konkreter Politik entzünden sich Konflikte, sondern eigentlich am (widersprüchlichen) Staat und seinen generellen Mitteln. Da die Widersprüchlichkeit von Staat und Politik aber aus ihrer »kapitalistischen Einbettung« folgt, richten sich entsprechende Konflikte eigentlich gegen das System – und somit handelt es sich gar nicht mehr um *spezifisch politische* Konflikte, worum es der »politischen Krisentheorie« ursprünglich zu tun war.

Ich will, über diese Darstellung hinaus, die neue politische Krisentheorie Offes hier nicht im einzelnen diskutieren (vgl. die grundsätzliche Kritik von Koch/Narr 1976). Stattdessen werde ich später zu zeigen versuchen, daß gerade die »Gestaltwahrnehmung« der Politik, von der Offe so viel Konflikthaltigkeit erwartet, von den politischen Akteuren recht gut beeinflußt, wenn nicht gesteuert werden kann – und dies selbstverständlich in einer Weise getan wird, die Konflikte zu verhindern trachtet. Die Politik kann sich selbst so darstellen – Politikdarstellung als legitimatorische Ressource –, daß sie nicht als widersprüchlich *erscheint* (obwohl sie möglicherweise widersprüchlich – konkret: selektiv – *ist*). Da ich darauf nicht mehr eingehe, sei hier wenigstens angemerkt, daß im übrigen ein nicht unerhebliches Maß an Widersprüchlichkeit der Politik ausgehalten und akzeptiert (u. a. gar nicht bemerkt! vgl. Bassos Kategorie des »spontanen« Konsenses: 1975, 20; ferner Luhmann 1969, 36; Gerlach 1973, 139) werden dürfte. Die Schlußfolgerung daraus kann nur sein, daß eine politische (und im übrigen jede sonstige) Konflikttheorie ohne den Gesichtspunkt der Betroffenheit nicht sinnvoll konstruiert werden kann (vgl. Rodenstein 1975, 46).

4.2. Die Legitimation der Forschungspolitik

Zunächst ist festzustellen, daß der hier untersuchte Fall der Forschungspolitik sich als zur Diskussion von »politisch-delegitimatorischen Konflikten« ungeeignet erwiesen hat, weil für ihn keine Politisierung konstatiert werden konnte, sondern das ganze Gegenteil. Die Hypothese der politischen Krisentheorie steht aber unter der Voraussetzung von Politisierung. Andererseits behauptet die Krisentheorie bestimmte Zusammenhänge, die am Fall der Forschungspolitik diskutiert werden können.

Unter Bezugnahme auf Offes ursprüngliche Hypothesenformulierung, in der *Betroffenheit* von Politik eine Konfliktbedingung darstellte, wäre zu sagen, daß Forschungspolitik, selbst wenn sie eine Politisierung der Forschung beinhalten würde, nicht besonders konfliktträchtig sein dürfte, weil sie – in der Sache – eine besonders *abstrakte* Politik darstellt. Die Bürger bekommen Forschung und Forschungspolitik immer nur *vermittelt* zu spüren: Forschung inkorporiert in Produkten und Prozessen; Forschungspolitik überlagert von Handlungsstrategien und -kriterien anderer Institutionen, insbesondere Industrieunternehmen, wissenschaftliche Institute, Universitäten; beides im übrigen in einem erheblichen zeitlichen »lag«. Die Materie »Forschungspolitik« muß so als von vornherein ungeeignet zur Prüfung der »politischen Krisentheorie« (»alter Art«) erscheinen.

Die neueren Bürgerinitiativen, die sich gegen die Politik der Kernkraftenergieerzeugung richten (insbesondere Wyhl und Brokdorf), bestätigen diese »Vermittlung«. Zum Thema wird dort nämlich nicht die Forschungspolitik, sondern die Energie- und Standortpolitik und die Wachstumspolitik generell. Dadurch verschieben sich zugleich die zuständigen Konfliktadressaten in der Politik: vom Bund zu den Ländern (Standortfragen), vom Forschungsministerium zum Innenministerium (Sicherheitsfragen gemäß Atomgesetz) oder Wirtschaftsministerium (Wachstumspolitik) (vgl. SZ v. 11/12. 12. 76, 8). Daraus folgt z. B. die grotesk anmutende Erscheinung, daß sich der Forschungsminister bis zu einem gewissen Grade auf die Seite der Bürgerinitiativen schlagen kann.

Von besonderem Interesse im Hinblick auf die krisentheoretische Argumentation (insbesondere diejenige »neuer Art«, in der die konsistente »Gestaltwahrnehmung« der Politik eine herausragende Rolle spielt) ist die Forschungspolitik gleichwohl. Die Forschungspolitik ist nämlich *in besonderem Maße* legitimationsbedürftig – nicht aufgrund von Politisierung, sondern aufgrund des Gegenteils: ihrer Privatisierung, ihrer Anbindung an privatökonomische Interessen. Von daher lassen sich an der Forschungspolitik besonders gut politische *Legitimierungsstrategien* studieren (die auf andere Politikbereiche mindestens partiell übertragbar sein dürften).

4.2.1. Legitimatorisch eingesetzte Selbstdarstellung

Die Politikpraxis, speziell die Ministerialadministration, kann ihre Selbstdarstellung und -interpretation strategisch zur Legitimierung einsetzen (vgl. Storost 1976). Dies ist ihr um so besser möglich, je größer ihr Informationsvorsprung gegenüber anderen (konkurrierenden) Informationsquellen ist und je weniger sie durch (gegenteilige) konkrete Erfahrung (Betroffenheit) korrigiert werden kann (vgl. Mueller 1975, 178). In der Forschungspolitik treffen beide Voraussetzungen in besonderem Maße zu. Einerseits verhindert sowohl der komplizierte Charakter forschungspolitischer Themen als auch der systemspezifische (konkurrenzbedingte) Geheimhaltungsschleier um alle Forschung, daß der offiziellen Politik relevante »Informationskonkurrenz« erwächst. Andererseits unterbinden der Abstraktionsgrad und die lange »Ausreifungszeit« der forschungspolitischen Sache, worauf bereits hingewiesen wurde, das Entstehen unvermittelter Betroffenheit.

Die Forschungspolitik ist sich der Ressource »Darstellung« sehr wohl bewußt, was sich etwa darin äußert, daß entsprechende Reflexionen in der jüngsten Vergangenheit verstärkt angestellt wurden. Zu Zeiten des FB IV mußte die Darstellung zum besonderen Problem werden, als nämlich eine reformpolitische Programmatik und Intention mit einer bereits erfolgenden Entpolitisierung darstellungsmäßig zu vereinbaren war.

»Die Darstellung der öffentlichen Forschungsförderung hielt sich in den früheren Bundesforschungsberichten im allgemeinen an organisatorische Einteilungen, nämlich nach finanzierenden Stellen, geförderten Einrichtungen und nach wissenschaftspolitischen und förderungstechnisch begrenzten Fachprogrammen. Die Öffentlichkeit interessiert aber vor allem, was die Forschung zur Lösung wichtiger Aufgaben beiträgt: zur Gesundheit, zu Ernährung und Umweltschutz; zur Raumordnung, zum Städte- und Wohnungsbau und für leistungsfähigere Verkehrssysteme; zur Bewältigung der Informationslawine; zur Energie- und Rohstoffversorgung; zur Beherrschung der Folgen des technischen Wandels; zur Sicherung des Friedens und für die notwendige Hilfe für die Dritte Welt; zur Reform des Bildungswesens etc.« (FB IV, Tz 56; vgl. auch BT-Drucksache 7/1279, 2)

Der zeitweilige Forschungsminister Ehmke hat die gleiche Strategie folgendermaßen beschrieben: »Zu lange ist der Versuch gemacht worden, dem Bürger Forschungspolitik als Forschungspolitik nahezubringen. Es kommt vielmehr darauf an, dem Arbeitnehmer Forschungspolitik als etwas nahezubringen, was seine Stadt menschlicher machen kann; dem Kranken Forschungspolitik nahezubringen, als etwas, was ihm helfen kann in seiner Not. Man muß eigentlich den Zugang über soziale Bereiche suchen, dann wird man auch Verständnis finden, für das, was Forschungspolitik leistet.« (Ehmke 1974, 371)

Aus diesem Darstellungs-Konzept folgt z. B. das Bemühen, Forschungspolitik möglichst nach *Programmen* differenziert darzustellen. Dieses Bemühen geht so weit, daß geförderte Projekte immer wieder unter veränderten, aktuellen und für legitimierungswirksam gehaltenen Programmtiteln – z. B. Humanisierung der Arbeitswelt, Gesundheit, öffentlicher Nahverkehr – neu zusammengefaßt werden[42].

Ein weiterer Aspekt politisch bewußt eingesetzter Selbstdarstellung ist hervorzuheben, durch den das zitierte Habermassche Argument relativiert wird, daß Partizipation eine für die Erhaltung dieses Systems dysfunktionale Legitimierungsstrategie sei. Dem Bürger wird nicht nur Forschungspolitik *in bestimmter Weise dargestellt,* sondern diese Darstellung wird ihm auch *nahegebracht.* Aus *Schein*partizipation wird Legitimation gezogen, ohne daß die Dysfunktionen echter Partizipation erwachsen. Der demokratische Willensbildungsprozeß spielt in der Selbstdarstellung der Forschungspolitik eine zunehmende Rolle: »Forschungspolitik muß sich demokratisch legitimieren durch einen kritischen Dialog nicht nur mit den Beteiligten und Begünstigten, sondern vor allem auch mit den Betroffenen ihrer Entscheidung. (...) Der gesellschaftliche Bedarf, an dem sich die Forschungspolitik der Bundesregierung zu orientieren sucht, ... kann nur das Ergebnis eines kritischen Dialoges und argumentativen Prozesses sein. In ihm muß die Exekutive versuchen, durch ihre Argumente und gegebenenfalls durch eine Korrektur ihrer Position (sic!) Konsens zu erzielen.« (Hauff 1974, 15) Der somit betonte »gute Wille« der Politikformulierungsagentur realisiert sich auch. Die Publizierung des FB IV wie des FB V wurde von Umfragen begleitet. Die den FB IV begleitende Fragebogenaktion erfaßte rund 70 000 Wissenschaftler, die nach den Verteilern einiger Zeitschriften ausgewählt worden waren (vgl. BT-Drucks. 7/1628, 74; BMFT/BMBW-Förderungskatalog 1972, lfd. Nrn. 645, 647, 652). Die Umfrage zum FB V richtete sich an 352 Organisationen und Personen[43].

Es verdient hervorgehoben zu werden, daß hiermit eine Politikdarstellung und -legitimierung unternommen wird, die das Parlament umgeht. Das Parlament ist weder »sachverständig« genug, um für die forschungspolitische Administration ein Informationskonkurrent zu sein, noch ist seine legitimationsvermittelnde Potenz groß genug, als daß es zum Legitimations»adressaten« gewählt werden könnte. Ministerieller »Sachverstand« (mit Informationsmonopol) und eine diffuse (in der Forschungspolitik häufig selbst »interessierte«) »Basis« werden in einem »von oben« veranstalteten »forschungspolitischen Dialog« kurz-geschaltet (vgl. FB V, Tz 30): veranstaltete Scheinpartizipation oder »Konfliktorganisation« (vgl. BT-Drucks. 7/1279, 7)

4.2.2. *Selbstdarstellungsmuster*

Die Funktion der politischen Selbstdarstellung ist stark legitimatorisch geprägt (vgl. für die Bewegung des Technology Assessment: Wynne 1975). Die Selbstdarstellung muß von daher Rücksicht nehmen auf herrschende Legitimationsmuster. Da dieses herrschende Muster sicherlich noch nicht die Konzeption einer funktionalisierten Politik aufgenommen hat, sondern wohl noch durch die »klassische« Dichotomie von Ökonomie (= private Interessenverfolgung und Tauschwertproduktion) und Politik (= Gemeinwohlverfolgung und Gebrauchswertproduktion) geprägt ist, muß sich alle Politik (auch heute noch) als gesonderte Verfolgung des »Gemeinwohls« oder allgemeinen Interesses und als Produzent von Gebrauchswerten darstellen und legitimieren. Das bedeutet zweierlei: sie muß sich gegenüber der privaten Verfolgung besonderer Interessen, wie sie vor allem in der Ökonomie erfolgt, *absetzen,* und sie muß sich *inhaltlich,* unter Bezug auf soziale Wohlfahrt – öffentlichen Bedarf –, begründen und beschreiben. Die Aufgabe der Absetzung gegenüber der Sphäre der Privatheit bekommt eine besondere Schärfe dadurch, daß die Politik zwangsweise erhobene fiskalische Mittel verausgabt: von daher ist die »politische Weise« der Mittelverausgabung rechtfertigungsbedürftig. Die potentielle Kritik mithilfe der Formel der »Sozialisierung privater Verluste« (bzw. Kosten, Risiken) unter Beibehaltung der privaten Zurechnung privater Gewinne stellt deshalb einen Angelpunkt jeder politischen Rechtfertigungsstrategie dar.

Drei Muster der politischen Selbstdarstellung verdienen m. E. besondere Aufmerksamkeit. Erstens wird die Politik, wo immer möglich, sich dadurch von der Privatproduktion absetzen, daß sie sich als Produktion von Gebrauchswerten – sog. öffentlichen Gütern – darstellt, die nicht in der üblichen Weise mit Gewinn verkauft (gegen Geld getauscht), sondern der Allgemeinheit unentgeltlich (oder gegen Entgelt unter Wert) zur Verfügung gestellt werden. Die Politikdarstellung muß also in diesem Punkt die faktisch selektive Nutzung öffentlicher Güter verbal »überspielen«. Zweitens wird die Politik sich, wo möglich, durch Bezug auf das Wohl des »Ganzen«, der Gesellschaft insgesamt, darzustellen versuchen. Das Gesamtwohl kann als Spezialfall eines Gebrauchswertes angesehen werden, für den es außer der Politik keinen »Produzenten« gibt (Musterbeispiel: nationale Sicherheit). In dieser Hinsicht spielt der makroökonomisch definierte Zusammenhang (die »Volkswirtschaft«) eine besondere Rolle im Zuge der Weltmarktausrichtung der Ökonomie (vgl. Globerman 1976). Die Politikdarstellung muß also hier die mikroökonomische Selektivität zu überspielen versuchen, die sich aus makroökonomischer Orientierung und Ausrichtung konkret ergibt. Drittens wird die Politik sich, um möglichst wenig Verantwortung auf sich zu ziehen, als substitutiv zu »primären Vergesellschaftungsmechanismen« – Marktkräfte, unternehmerische Entscheidungen – darstellen. Sie wird sich insbesondere nicht als konkurrierend zur Ökonomie darstellen.

Die drei Darstellungs- bzw. Legitimierungsmuster sollen an der Forschungspolitik kurz exemplifiziert werden.

Obwohl die Forschungspolitik nicht eigentlich öffentliche Güter produziert, kann sie sich als Produktion von Infrastruktur darstellen. Der »output« der Forschungspolitik sind ja keine eigenständigen, konsumtiv nutzbaren Güter. Aus öffentlicher Förderung hervorgehende Forschungsergebnisse werden zu »Gütern« erst, indem sie in der – regelmäßig privaten – Produktion »umgesetzt« werden und sich – am Markt – »realisieren«. Dabei aber »verschwindet« ihr öffentlicher Charakter in einem privaten Gut bzw. Produktionsprozeß. Das öffentliche Gut »Forschung« stellt dann nurmehr einen Teilbeitrag zu privater Produktion dar. »Das Problem einer effizienten staatlichen Forschungspolitik wird dadurch kompliziert, daß das eigentlich gewünschte Ergebnis ja nicht FuE per se ist, sondern die Umsetzung der hierbei gewonnenen neuen Erkenntnisse in neue, bessere oder preiswertere Produkte und Verfahren. Diese Innovation wird jedoch im wesentlichen der Wirtschaft als Aufgabe zugewiesen.« (Röthlingshöfer 1975,

13) Freilich liegt hierin nicht nur ein Effizienz-, sondern auch ein Legitimationsproblem.

Die produktive Funktionalität dominiert in der forschungspolitischen Selbstdarstellung deshalb gegenüber der konsumtiven (vgl. zur Unterscheidung Frey 1970, 37 ff.). In diesem Sinne kann sich Forschungs- als Infrastrukturpolitik darstellen, bei der weder die Inhalte *als solche* im Vordergrund stehen, noch Politik sich *als Politik* deklariert. Infrastrukturpolitik ist dadurch bestimmt, daß zugunsten der privaten Produktion privater Güter – als deren materielle wie immaterielle Produktionsvorbedingung – öffentliche Mittel eingesetzt bzw. Teilproduktionen übernommen werden.

Infrastrukturpolitik ist um so legitimer, je allgemeiner sie wirkt bzw. nützt. Je selektiver sie wirkt, desto mehr wird sie zur erheblich stärker legitimierungsbedürftigen Subventionierung. Forschungspolitik versucht immer, sich auf höchster, makroökonomischer Ebene zu verorten. Die Argumentation bezieht sich über den Umweg gesamtwirtschaftlicher Erfordernisse auf die individuellen Vorteile aller: Wachstumsbedingungen sind herzustellen, um Wohlstand und Vollbeschäftigung zu sichern. Der Staat muß »dafür sorgen, daß auch langfristige und risikoreiche technologische Entwicklungen ... rechtzeitig und mit ausreichenden Mitteln aufgegriffen werden, um langfristig die Wettbewerbsfähigkeit der Wirtschaft zu erhalten und die Arbeitsplätze zu sichern« (BT-Drucks. 7/1988, 6 f.). *Welche* Wachstumsbedingungen *politisch* produziert werden müssen, liegt nicht in der Hand der Politik.

»Eine staatliche Förderung erfolgt, wenn die privatwirtschaftlichen Kräfte allein nicht ausreichen, um die erforderlichen Maßnahmen überhaupt oder rechtzeitig in Gang zu bringen. Das gilt vor allem, wenn

– das wissenschaftlich-technische und wirtschaftliche Risiko hoch eingeschätzt werden muß;
– der finanzielle Einsatz groß ist;
– Entwicklungen so langfristig sind, daß auf absehbare Zeit nicht mit Gewinnen gerechnet werden kann;
– der Markt bessere technologische Lösungen vorläufig unterbewertet, weil er sich weniger nach den künftigen als nach den augenblicklichen Bedarfs- und Knappheitsverhältnissen und Rahmenbedingungen richtet, oder
– die Nachfrage nicht ausreicht, um neue technologische Lösungen hervorzubringen, die ausschließlich oder überwiegend im Interesse der Allgemeinheit oder im öffentlichen Anwendungsbereich liegen.« (FB V, Tz 8)

Die makroökonomische »Ableitung« der Forschungspolitik ist legitimatorisch vorteilhaft. Forschungspolitik kann so nur auf dem Umweg des gesamtwirtschaftlichen Erfolgs evaluiert werden, ohne daß dieser zurechenbar von ihr abhinge. Denn der Produktionserfolg, konkret: das Wachstum, kann nicht quasi nach rückwärts, bis in seine Faktoren, aufgeschlüsselt und der Forschungspolitik von daher eine spezifische Verantwortung zugerechnet werden.

Das für die produktiv ausgerichtete Infrastrukturpolitik typische Problem der Legitimierung *unmittelbar* privaten Unternehmen zufließender politischer Vorteile bzw. öffentlicher Mittel besteht auch in der Forschungspolitik und erfordert je nach allgemeiner legitimatorischer Lage Rechtfertigungen. Zu Zeiten des FB IV diente die programmatische Strategie der Gewinnbeteiligung des Staates zur Legitimierung. Zur Zeit des FB V ist die legitimatorische »Front« so entspannt (bzw. die ökonomische Situation so prekär, daß offenbar eine gesonderte Legitimierung entbehrlich ist.

Selbstverständlich verzichtet die Politikdarstellung nicht ohne Grund auf Legitimierungsmöglichkeiten – selbst dann nicht, wenn sie im (potentiellen) Widerspruch zueinander stehen. Allerdings darf dieser Widerspruch nicht offensichtlich sein oder von relevanten Bevölkerungssektoren »erfahren« werden können. Die makroökonomisch-tauschwertbezogene und die gebrauchswertbezogene Rechtfertigung treten in der Forschungspolitik üblicherweise nebeneinander auf. Typisch ist die folgende Programmatik des FB V (Tz 1): »Die Forschungspolitik der Bundesregierung soll ... dazu beitragen,

– die Leistungs- und Wettbewerbsfähigkeit unserer Wirtschaft zu erhalten und auszubauen,
– die Lebens- und Arbeitsbedingungen der Bürger zu verbessern, ...«

Schließlich stellt sich die Forschungspolitik als bloß restriktive Förderung privater Interessen dadurch dar, daß sie sich als sozusagen strukturellen Sonderfall deklariert: »Eine selektive Förderung von Vorhaben der industriellen Forschung und Entwicklung einzelner Unternehmen kommt nur in Sonderfällen von besonderer Bedeutung und unter einschränkenden materiellen und zeitlichen Bedingungen in Betracht.« (FB IV, Tz 49) Die Forschungspolitik beschränkt sich darauf, marktwirtschaftliches Versagen zu kompensieren: »Förderung der gewerblichen Wirtschaft setzt voraus, daß marktwirtschaftliche Mechanismen und die privatwirtschaftlichen Kräfte allein nicht ausreichen, um die forschungspolitischen Ziele zu erreichen.« (FB V, Tz 6)

Insbesondere die strukturpolitische Darstellung ist so konstruiert, daß die Politik sich als Hilfsfunktion für ökonomische Prozesse deklariert. Strukturpolitik bedeutet in legitimatorischer Hinsicht eine Entlastung: die Politik ist bestenfalls indirekt verantwortlich. Strukturpolitik definiert ihre eigene Rationalität und ihre Erfolgskriterien gerade nicht als *politische*, sondern unter Bezug auf die makroökonomische Größe »Wachstum« (Forschungspolitik spezifischer auf Produktivität), in welcher Politik und Ökonomie nicht als Faktoren erscheinen, sondern ununterscheidbar ineinanderfließen. Die Legitimation wird verschoben auf die systemische Gleichung »Wachstum = Wohlfahrt«. Die allerdings könnte konfliktisch thematisiert werden; allerdings würde damit weder die Forschungspolitik noch die Politik überhaupt adressiert, sondern »das System« insgesamt.

4.2.3. Forschungspolitische Legitimierung und parlamentarische Aktivität

Der Einsatz politischer Selbstdarstellung als legitimatorische Ressource ist u. a. davon abhängig, daß die Politik nicht unter Informationskonkurrenz steht. Die parlamentarische Opposition könnte eine derartige Konkurrenz abgeben. Es wurde aber bereits angedeutet, daß das Parlament in der Forschungspolitik einen besonders geringen Part spielt. Der Informationsvorsprung (und damit die Darstellungsfreiheit) der Administration ist hier so groß, daß selbst im Parlament eher ein Informationsbedürfnis herrscht, als daß Kritik geübt wird (die man als Vorform von delegitimatorischen Konflikten interpretieren könnte). »Forschungspolitik ist als Forschungsförderung vornehmlich Leistungsverwaltung und daneben, soweit es um Schwerpunktbildung und Strukturmaßnahmen geht, planende Verwaltung. Der gestaltende Einfluß des Parlaments auf die Forschungspolitik ist gering. Das Parlament beschränkt sich in aller Regel auf die jährlichen Haushaltsberatungen. (...) Das gesamte Parlament ist als Träger einer Forschungspolitik kaum in Erscheinung getreten.« (Hauff 1974, 12 f.) Forschungs*politik* erscheint als *Verwaltung* mit nur einem »relativ kleinen Kreis Interessierter in Wirtschaft und Wissenschaft« (ebd., 13).

Art und Ausmaß des Informationsmonopols der Regierung in der Forschungspolitik sowie die Art und Weise, wie davon Gebrauch gemacht wird, sollen im folgenden ein wenig verdeutlicht werden. Für eine ganz unprätentiöse Analyse werden die forschungspolitischen Parlamentsinitiativen über den Zeitraum eines Jahres untersucht[44]. Es gibt für diesen Zweck ausreichend breites Material, denn die parlamentarische Opposition (CDU/

CSU) zeigte sich im forschungspolitischen Bereich recht aktiv. Wegen des spezifischen Charakters der Forschungspolitik als Leistungsverwaltung erfolgt die Parlamentsaktivität hauptsächlich in der Form Kleiner und Großer Anfragen an die Regierung.

Parlamentarische Große und Kleine Anfragen zur Forschungspolitik (Zeitraum der Beantwortung: 23. 11. 73 bis 12. 11. 74)

lfd. Nr.	betr.	Autor	KA/GA	BT-Drucks. (Antwort)
1	Forschungspolitik	SPD/FDP	GA	7/1279
2	Forschungspolitik und gesellschaftliche Bedürfnisse	CDU/CSU	KA	7/1957
3	Industrieforschung in der BRD	CDU/CSU	KA	7/1988
4	Forschungsprogramme der BReg	CDU/CSU	KA	7/2007
5	Technologische FuE im BMFT	CDU/CSU	KA	7/2035
6	Rationalisierung, Kosten- und Erfolgskontrolle im BMFT*	CDU/CSU	KA	7/2036
7	Kernenergie und Kernkraftwerke	SPD/FDP	KA	7/2061
8	Beraterverträge bei vom BMFT geförd. Forschungsinstituten u. -zentren	CDU/CSU	KA	7/2122
9	Forschungsförderung kleiner und mittlerer Unternehmen	CDU/CSU	KA	7/2343
10	Energieforschung, Energieersparnis	CDU/CSU	KA	7/2366
11	Kosten der Verwaltung von Forschungsmitteln im BMFT	CDU/CSU	KA	7/2693
12	Meerestechnik	CDU/CSU	KA	7/2732
13	Prioritäten in der Forschungspolitik	CDU/CSU	KA	7/2754
14	Förderung von FuE im Bereich der Datenverarbeitung	CDU/CSU	KA	7/2781

* Vgl. ergänzend einen Antrag der CDU/CSU zum gleichen Thema, behandelt (abgelehnt) im BT-Ausschuß für Forschung und Technologie und für das Post- und Fernmeldewesen: BT-Drucks. 7/1904

Eine Auswertung der entsprechenden parlamentarischen Aktivität (siehe Tab.) zeitigt folgende Ergebnisse. Innerhalb eines Jahres (Nov. 1973 bis Nov. 1974) hat die Regierung 14 parlamentarische Anfragen beantwortet, darunter 1 Große Anfrage. 2 der Anfragen kamen von den Regierungsfraktionen, darunter die Große Anfrage; alle anderen stammten von der Opposition. Eine thematische Aufschlüsselung zeigt, daß 4 der Anfragen die allgemeine forschungspolitische Programmatik thematisierten, 5 Anfragen sich auf besondere forschungspolitische Programme bezogen, 3 Anfragen die Verwaltungsrationalisierung zum Inhalt hatten und 2 Anfragen sich mit dem Staat-Wirtschaft-Verhältnis in der Forschungspolitik beschäftigten.

a) *Allgemeine forschungspolitische Programmatik*
Die allgemeine forschungspolitische Programmatik wurde mit den Anfragen 1, 2, 4 und 13 (lfd. Nr. der Tab.) thematisiert.

Einen besonderen Stellenwert nimmt dabei die Anfrage 1 (BT-Drucksache 7/1279) ein: erstens, weil sie die einzige Große Anfrage im Untersuchungszeitraum darstellt; zweitens, weil sie von den Regierungsfraktionen gestellt wurde. Daß beide Merkmale zusammentreffen, ist natürlich kein Zufall. Die Große Anfrage 1 stellte den Versuch der Aktualisierung der Regierungsprogrammatik im Bereich der Forschungspolitik dar. Diese Funktionalität wird sowohl in den Fragen wie den Antworten deutlich. Auch die Ausführlichkeit der Antwort und ihre Verwendung als Sonderdruck für die breite Öffentlichkeit stützen diese Interpretation. Die Regierungsfraktionen gaben mit dieser Anfrage der (neuen) Regierung Gelegenheit zur Selbstdarstellung, konkret zur programmatischen Fortführung des FB IV vom April 1972, dessen Nachfolger (FB V) erst später fällig war. Entsprechend beinhaltet die Regierungsantwort eine Gesamtdarstellung der Forschungspolitik, gegliedert nach Zielen und Maßnahmen.

Die drei anderen Anfragen dieses Themenbereichs sind Kleine Anfragen und stammen von der Opposition. Es ist wohl mehr als nur der Form der parlamentarischen Anfrage angepaßter Stil, wenn die Opposition ihre Fragen vornehmlich dahingehend stellt, was denn die Forschungspolitik bzw. -verwaltung eigentlich tue[45]. Typische Fragen, deren Zahl beliebig vermehrt werden könnte, lauten:

- »Von welchen Prioritäten ... geht die Bundesregierung gegenwärtig in ihrer Forschungspolitik aus, und plant sie eine Umstrukturierung ihrer Prioritäten?« (BT-Drucks. 7/2754, 1)

- »Wie vollzieht sich im einzelnen die Prioritätensetzung im Bundesministerium für Forschung und Technologie ... und welche methodischen Ansätze werden hierbei verwendet ...?« (ebd., 4)
- »In welchem Umfange ist überhaupt eine Forschungsplanung für die gesamte Bundesrepublik Deutschland möglich, wenn über den gegenwärtigen Stand der Forschung, insbesondere über die Aktivitäten im nichtstaatlichen Bereich, nur geringe Informationen vorliegen ...?« (ebd.)
- »In welchem Umfange findet bei festgelegter Priorität in der Forschungspolitik eine Abgrenzung der staatlichen direkten und indirekten Maßnahmen gegenüber den Forschungsanstrengungen in der Wirtschaft statt, und welche Kriterien legt hierbei die Bundesregierung im einzelnen an?« (ebd., 5)
- »Wie entwickelten sich nach Ansicht der Bundesregierung die realen Forschungsausgaben im staatlichen Bereich ...?« (BT-Drucks. 7/2007, 3)

Diese Fragen zeigen, abgesehen von Psychologismen der Kritikerrolle, die große informationelle Kluft zwischen minsterialen Akteuren und parlamentarisch-oppositionellen Kritikern der Forschungspolitik, bei der die Kritiker eben höchstens fragen können, was denn die Akteure eigentlich tun bzw. wollen. (Die Fragen zeigen auch, daß sich die parlamentarischen Kritiker, die ja über viele Jahre in der Regierung vertreten waren, in diese Situation eingelebt haben.) Die Regierung wird nicht mit Informationen konfrontiert, die sie nicht bereits hat; sie wird nichts gefragt, was zu beantworten ihr Schwierigkeiten machen könnte. Dieser Einschätzung der Oppositionslage entspricht es, daß die Regierung auf die Oppositionsfragen mit betonter, überlegener »Lässigkeit« reagiert: ein belehrender, ja verweisender Ton ist häufig. Diese Situation verändert sich eigentlich nur dann, wenn die Opposition um allgemeine, nicht die eigentliche politische Aktivität betreffende Informationen nachsucht, an denen auch die Regierung selbst ein gewisses Interesse besitzt, z. B. Informationen zum Stand der Industrieforschung (BT-Drucks. 7/1988).

b) *Besondere forschungspolitische Programme*

Auf besondere forschungspolitische Programme der Regierung bezogen sich die Kleinen Anfragen 5, 7, 10, 12, 14, die bis auf eine von der Opposition stammten. Mit diesen Anfragen wurden die wichtigsten großen Förderungsprogramme des BMFT erfaßt: Kernforschung bzw. Energieforschung, Datenverarbeitung, Meeresforschung, technologische Forschung.

Die oben angestellte Beurteilung der parlamentarischen Fragetätigkeit kann auf diesen Bereich ausgedehnt werden. Das Informationsbedürfnis der Opposition wird in den vorliegenden Anfragen nur auf einzelne Programme ausgedehnt, die damit quasi nacheinander abgehakt werden. Allerdings sind zwei Dinge bemerkenswert. In einer der Anfragen wird erkennbar, daß die Opposition durch irgendwelche Kanäle eine Informationsandeutung erhalten hat, die über das Informationsangebot der Regierung hinausgeht; mit der parlamentarischen Anfrage wird in dieser Richtung »nachgebohrt«. Im betreffenden Fall hatte das BMFT zur Vorbereitung des 3. Datenverarbeitungsprogramms einer Palette von Sachverständigen eine Reihe von Fragen vorgelegt. Dieser Fragenkatalog ist offensichtlich in die Hände der Opposition gefallen und von dieser zum Gegenstand einer parlamentarischen Anfrage gemacht worden. Die Reaktion der Regierung in ihrer Antwort:

»Die Bundesregierung begrüßt, daß die CDU/CSU-Fraktion mit dem inhaltsgleichen Aufgreifen der Fragestellungen des Bundesministeriums für Forschung und Technologie zu erkennen gibt, daß sie sich dieser Sicht über die Probleme in der Datenverarbeitung anschließt. Sie bittet jedoch um Verständnis dafür, daß sie die Antworten auf die von ihr selbst gestellten Fragen nicht vor Abschluß der Umfrage, zu der noch Antworten eingehen, und nicht vor einem die Antworten einbeziehenden Meinungsbildungsprozeß in der Regierung geben kann.« (BT-Drucks. 7/2781, 2) Hier zeigen sich wieder deutlich die klaren informationellen Fronten zwischen Regierung und Opposition in der Forschungspolitik.

Der zweite bemerkenswerte Aspekt betrifft die Anfrage 7 (BT-Drucks. 7/2061), welche die einzige Kleine Anfrage der Regierungsfraktionen im Berichtszeitraum darstellt. Die naheliegende Vermutung eines besonderen Anlasses dafür erweist sich als zutreffend. Die Regierungsfraktionen gaben der Regierung Gelegenheit, sich zu der aufkommenden öffentlichen Diskussion über angewandte Kernenergie zu äußern. Hier liegt also eine besondere Konstellation vor: ein drohender »delegitimatorischer Konflikt« wird mittels eines parlamentarischen Kritikinstruments an die Regierung rückgekoppelt, die damit die Gelegenheit erhält, sich verantwortlich zu zeigen oder Verantwortung abzuweisen. (Die Forschungspolitik ist in diese Probleme allerdings nur insoweit verwickelt, als der Bau von Kernkraftwerken zur Stromerzeugung »in letzter Instanz« auch etwas mit der Förderung der Kernenergieforschung zu tun hat.) Die parlamentarische Anfrage hat entsprechend den Zweck, der Bundesregierung eine Absichtserklärung zu ermöglichen: daß sie die friedliche Nutzung der Kernenergie für relativ umweltfreundlich hält, daß sie sich um Reaktorsicherheit bemüht, daß sie für die Information und Aufklärung der Bevölkerung eintritt, daß sie sich Überlegungen darüber macht, wie das Genehmigungsverfahren beim Kernkraftwerksbau verbessert werden kann.

c) *Verwaltungsrationalisierung*
Die Kleinen Anfragen 6, 8 und 11, alle eingebracht von der Opposition, bezogen sich auf den Politikformulierungsprozeß selbst. Zwei der Anfragen thematisieren die Tätigkeit des Ministeriums, die dritte die von diesem geförderten Forschungsinstitute.

Die Fragen beziehen sich vornehmlich auf Personal- und Verwaltungskosten, Stellenzahl und Koordinationsprobleme. Auf den in den Fragen implizit enthaltenen, durchgängigen Vorwurf überhöhter Verwaltungskosten reagiert die Regierung allergisch und heftig: »Es kann keine Rede davon sein, daß der ›Verwaltungsapparat‹ des Ministeriums und der Forschungseinrichtungen in den letzten Jahren erheblich ausgeweitet worden wäre.« (BT-Drucks. 7/2693, 6)

Bemerkenswert, weil hier wieder die informationelle Rückständigkeit und Abhängigkeit der Opposition demonstriert werden, ist eine spezifische Nachfrage: Die Opposition kritisiert innerhalb einer Anfrage eine ihr auf eine frühere Anfrage erteilte Antwort der Regierung, betreffend die Existenz von Beraterverträgen beim Forschungsministerium (BT-Drucks. 7/1253). Die Regierung gibt daraufhin zu, daß die erste Beantwortung »unvollständig« gewesen sei. »Dies ist im wesentlichen darauf zurückzuführen, daß der Begriff ›Beratervertrag‹ nicht klar definierbar ist und demgemäß offenbar bei der Bearbeitung verschieden aufgefaßt wurde. In dem kurzen Zeitraum zur Beantwortung der Anfrage konnte dies bei der Zusammenstellung nicht ohne weiteres erkannt werden.« (BT-Drucks. 7/2122, 2)

d) *Staat-Wirtschaft-Verhältnis bei der Forschung*
Die industrielle Forschung und deren politische Förderung thematisierten die Kleinen Anfragen 3 und 9 der Opposition.

Die beiden Anfragen bauen aufeinander auf. In der ersten (BT-Drucks. 7/1988) fragt die Opposition nach statistischem Material über die industrielle Forschungsaktivität, das die Regierung vornehmlich unter Rückgriff auf Erhebungen des Stifterverbandes für die Deutsche Wirtschaft vorlegt, und nach der wirtschaftsadressierten Förderungsaktivität der Forschungspolitik.

Die Anfrage drückt ein reines Informationsbedürfnis aus. Die zweite Anfrage (BT-Drucks. 7/2343) bezieht sich dann spezifisch auf die Forschungsförderung kleiner und mittlerer Unternehmen, über die die Regierung ausführliches statistisches Material präsentiert. In dieser Anfrage zeigt sich die Opposition als »Anwalt« mittelständischer Interessen.

Insgesamt wird in der parlamentarischen »Kritik« eine Dominanz des Informationsbedürfnisses deutlich. Der Informationsrückstand der Opposition ist so groß, daß ihre Kritik der Regierung nie gefährlich wird. Die informationelle Voraussetzung für die Darstellungsfreiheit der Regierung ist offenbar gegeben.

Die parlamentarische Opposition hat inzwischen auch gemerkt, daß sie außerhalb des »forschungspolitischen Dialogs« steht. Von daher können jedenfalls ihre wiederholten Fragen zu den Ausgaben des BMFT für Öffentlichkeitsarbeit (vgl. z. B. BT-Sitzungsprotokoll 7. Wahlperiode, 210. Sitzung v. 12. 12. 75, 14567 f.; BT-Drucks. 7/5641 v. 23. 7. 76) erklärt werden.

4.3. Zusammenfassung

Es ging hier nicht darum, die politologische Legitimationstheorie oder auch nur die im Kontext der Spätkapitalismustheorie entwickelte, an die Hypothese der »Politisierung« angeschlossene Theorie »delegitimatorischer« (politischer) Konflikte erschöpfend zu diskutieren (vgl. dazu neuerdings Kielmannsegg 1976 und Ebbighausen 1976). Die Forschungspolitik als solche rechtfertigt auch die Diskussion des Delegitimationsansatzes gar nicht: weder trifft für sie die für den Ansatz vorausgesetzte Politisierung zu, noch eignet sie sich qua Abstraktheit zum repräsentativen empirischen Fall. Hier sollte ausschließlich (ergänzend zu vielen anderen Einwänden gegen die »politische Krisentheorie«; insbes. Koch/Narr 1976) auf eine bisher nicht ausreichend gewürdigte Ressource – Selbstdarstellung – aufmerksam gemacht werden, mit der die Politik ihrer Delegitimation entgegenwirken kann. Die exakte faktische Bedeutung dieser Ressource kann aus den genannten Gründen an der Forschungspolitik nicht empirisch ermittelt werden. Gleichwohl sollte sie nicht unterschätzt werden. »Die politische Sprache *informiert* über Absichten, Leistungen und Meinungen. (. . .) Die politische Sprache ist aber auch selbst *politische Praxis*, sie überredet, sie trägt zur Willensbildung bei, sie verspricht, sie verteidigt, weckt Hoffnungen, schafft Bewußtsein, entscheidet, provoziert und beschwichtigt.« (Fetscher/Richter 1976, 48)

Mit Blick auf konkurrierende Ansätze sei eine Bemerkung angefügt. Poulantzas hat, um die nach seiner Meinung in den Staatstheorien regelmäßig unterbewertete Bedeutung der Ideologie zu korrigieren, vorgeschlagen, erstens Ideologien als institutionalisiert zu verstehen und zweitens ideologische Institutionen als »Teil« des Staates und nicht separat zu konzeptualisieren: »the system of the State is composed of *several apparatuses or institutions* of which certain have a principally repressive role, in the strong sense, and others a principally ideological role. The former constitute the repressive apparatus of the State, that is to say the State apparatus in the classical Marxist sense of the term (government, army, police, tribunals and administration). The latter constitute the *ideological apparatuses of the State*, such as the Church, the polical parties, the unions . . ., the schools, the mass media . . ., and, from a certain point of view, the family.« (1972, 251)

Sowohl meine allgemeine Bewertung der Ressource »Darstellung« als auch die empirische Analyse forschungspolitischer Darstellung legen zwar nahe, die Ideologieproduktion in die Staats- und Politiktheorie zu integrieren, wie das Poulantzas vorschlägt, aber dies in einer Weise zu tun, bei der sie nicht institutionell verselbständigt und, vor allem, nicht von der Administration separiert wird. Ideologieproduktion erfolgt *in* policies – nämlich in deren »Darstellung«.

Anmerkungen

1 In einem bisher auf deutsch nicht veröffentlichten Manuskript von Marx heißt es: »Wie man bei der Reihenfolge der verschiedenen geologischen Formationen nicht an plötzliche, scharf getrennte Perioden glauben muß, so nicht bei der Bildung der verschiedenen ökonomischen Gesellschaftsformationen. Im Schoß des Handwerks entwickeln sich die Anfänge der Manufactur und findet sich stellenweise, in einzelnen Sphären und für einzelne Processe, schon Anwendung von Maschinerie.« (zit. nach Jungnickel 1975, 804 f.) Vgl. ferner Basso 1975, 32 ff. und Hennig et al. 1974, 477 ff.

2 Bei Habermas übernimmt im klassisch-bürgerlichen Gesellschaftsmodell die Öffentlichkeit – als Organ – die Funktion der *Vermittlung* zwischen Staat und Gesellschaft (Habermas 1962, 95, 172, 263 f.); sie erzeugt damit die *Legitimität* staatlicher Gewaltanwendung (ebd., 104). Die entscheidende Legitimitätsquelle (jenseits der Beteiligung überhaupt) liegt dabei weniger in den Inhalten der Staatstätigkeit als in deren Kalkulierbarkeit, d. h. in *Rechtssicherheit* (ebd., 101 f.). Daraus ergeben sich weitere Charakteristika des Staates: »Kompetenzmäßigkeit und Justizförmigkeit sind daher Kriterien des bürgerlichen Rechtsstaats; ›rationale‹ Verwaltung und ›unabhängige‹ Justiz sind organisatorisch die Voraussetzung.« (ebd., 102) Als Handlungsform folgt das *Gesetz* (ebd., 103).

3 In manchen Konzeptualisierungen erscheint die gesellschaftliche »Umwelt« dieser zwei »Kernsysteme« selbst wieder als ein *System*: als soziales oder legitimatorisches System (vgl. etwa Offe 1973, 213). Darin liegt nach meiner Ansicht eine irreführende Aggregation und Stilisierung. So richtig es ist, Politik und Ökonomie als die »primären« gesellschaftlichen Steuerungssysteme mit »funktionalem Primat« (vgl. Luhmann 1970, 225 ff.) anzusehen und die »restliche Gesellschaft« als eher gesteuert und betroffen, so falsch wäre es, diesen »Rest« selbst zu einem (homogenen) besonderen System zu stilisieren. Dieser »Rest« ist vielmehr eher diffus (und dabei in viele Systeme differenziert). Im Hinblick auf die dominanten Systeme »Politik« und »Ökonomie« erscheint dieser Rest eher als das, was Luhmann innerhalb des politischen Systems als »Publikum« mit »Komplementärrollen« charakterisiert hat (Luhmann 1970, 163 ff.).

3a Die »ordnungspolitisch« interessierte Nationalökonomie ist übrigens ebenfalls institutionell ausgerichtet und verwendet den Begriff der »Politisierung« gleichfalls. Vgl. z. B. Jöhr/Singer 1969, 23.

4 Die Unvereinbarkeit dieses Ansatzes mit einem durchaus materiell-konkreten – »Rekommodifikation« – im gleichen Buch (Offe 1975, 43 f., 47 f.) und andern-

orts (Offe/Ronge 1976) sei hier nur angemerkt.

5 Der »Politikzentrismus« resultiert in der Systemtheorie aus dem methodischen Ansatz des »Bezugssystemrelativismus« (vgl. Ronge/Weihe 1976).

6 Offe (1972, 65 ff.) hat diese ökonomisch-kapitalistische Determination der Politik mit dem Begriff der »Selektivität« (der Politik) erfassen wollen.

7 Offes Formel, es handele sich »nicht um Planung *statt* Konkurrenz, sondern um Planung *der* Konkurrenz« (1975, 22), ist in dieser Hinsicht gleich zu behandeln; sie bringt nur die These der Politisierung noch deutlicher zum Ausdruck.

8 Zur Widersprüchlichkeit der Politikbestimmung bei Offe (1975) vgl. Ronge 1977.

9 Meine Ausführungen bleiben ausschließlich auf die Bundesrepublik Deutschland beschränkt – was ihre partielle Übertragbarkeit auf andere Länder nicht ausschließt. Vgl. etwa für Frankreich Friedberg/Schmitges 1974.

10 Der evolutionäre Aspekt – sowohl der Politisierungsthese wie der strukturpolitischen Orientierung – ist in einer Hinsicht zu relativieren. Die Weltkriege, insbesondere der zweite (zusammen mit seiner nationalsozialistischen Vorbereitung und seiner amerikanischen »Nachbereitung«) haben den »normalen« historischen Prozeß stark beeinträchtigt. Man könnte sagen, daß (zumindest in Deutschland) der Kapitalismus bereits zum zweitenmal in seine Spätform eintritt, sich politisiert. Denn schon die Zwischenkriegszeit ist in dieser Weise zu charakterisieren (vgl. etwa Pollock 1975 mit Offe 1972). Ein derartiger, außergewöhnlicher historischer Bruch wie der Krieg muß außerhalb der evolutionstheoretischen Argumentation bleiben (ist evolutionstheoretisch überhaupt nicht bearbeitbar), macht diese aber nicht einfach falsch.
Vgl. zur Frage der Neuartigkeit der Nachkriegs-Strukturpolitik Kleps in: Kleps/Peters/Pachucki 1972, 17, 39 f.

11 Mit der Stimme eines Praktikers: Für die sektorale Strukturpolitik «gibt es ... nicht die Spur einer theoretischen Basis. *Welche* Branchenstrukturen geeignet sind, bestimmten übergeordneten Zielsetzungen – Wachstum, Vollbeschäftigung, Stabilität oder Verteilungsgerechtigkeit – bestmöglichst zu entsprechen, ist bisher unbeantwortet geblieben ... So hat die Wissenschaft für denjenigen, der sektorale Strukturpolitik ... im politischen Tagesgeschäft zu betreiben hat, als Richtschnur bisher nicht mehr hervorgebracht als dieses: Er sollte tunlichst Investitionen fördern, die geeignet sind, das gesamtwirtschaftliche Wachstum zu steigern, die aber ohne Förderung durch den Staat unterbleiben würden. Welches solche Investitionen sind, ist dem vollen Risiko der Fehleinschätzung durch die zuständigen Bürokraten unterworfen ...« (Wieting 1975, 123).

12 Zur Ergänzung der institutionellen Darstellung vgl. die ökonomisch orientierten Darstellungen von Hirsch 1970 und 1974a; Rilling 1970; Leisewitz/Rilling 1971, 375 ff.; ferner Bräunling/Harmsen 1975, 10 ff.

13 Die verfassungsrechtliche Möglichkeit zur Aufgabenbearbeitung durch den Bund ergab sich aus Art. 74 Ziff. 13 GG; vgl. Staff 1971, 36 ff.

14 Dabei ist – entgegen dem allgemeinen Trend – der Anteil des Wirtschaftsministeriums von 4,2 % in 1962 auf 6,4 % in 1972 gestiegen. Diese Sonderentwicklung hängt vermutlich mit der Innovationspolitik für kleine und mittlere Unternehmen zusammen.

15 Vgl. zur Vorgeschichte Staff 1971, 18 ff.

16 Vgl. die Begründung bei Stoltenberg 1968, 43.

17 Vom Manpower- zum Social-demand-Ansatz; vgl. Ronge/Schmieg 1973, 3. Kap.

18 Vgl. exemplarisch die Gründung des Wissenschaftszentrums Berlin, dargestellt

bei Hirsch/Leibfried 1971, 95 ff.

19 Vgl. zur Umorganisation auch BT-Drucks. 7/2693, 1 f.

20 Die Konfliktperzeption zeigt sich quer durch den gesamten OECD-Bericht: »serious social upheavals« (29); »a general feeling of insecurity and instability« (29); »a crisis of growth and a crisis of the linkage of science policy to social aspirations« (38); »discontents« (60); »crisis at present besetting educational systems« (72).
Allerdings muß bei Einschätzung dieser Perzeption bedacht werden, daß die OECD größere programmatische Freiheit genießt als nationale Regierungen, woraus sich die Möglichkeit zu einer besonders kritischen Attitüde ergibt.

21 »a system of ›early warning‹ of growing imbalances, social disbenefits, dissatisfactions, and emerging social needs« (OECD 1971, 104).

22 Diese wird allerdings häufig überschätzt. Die FuE-Ausgaben aller Gebietskörperschaften zusammen im Verhältnis zum öffentlichen Gesamthaushalt bzw. zum Bruttosozialprodukt haben sich von 1967 bis 1974 folgendermaßen verändert:

	in % des öffentl. Gesamthaushalts	in % des BSP
1967	3,1	0,97
1968	3,1	0,92
1969	3,3	0,94
1970	3,6	1,01
1971	3,9	1,14
1972	4,0	1,21
1973	4,0	1,21
1974	3,9	1,21

Berechnet nach bzw. entnommen aus: FB IV, Tab. 25; FB V, Tab. 1; Statistiken für die Arbeits- und Sozialpolitik 1974, hrsg. v. Bundesminister für Arbeit und Sozialordnung, Bonn 1974.

23 Wynne (1975) interpretiert in einem ausgezeichneten Aufsatz die Bewegung des Technology Assessment als die verschleiernd-rhetorische Reaktion auf die (Phase der) Kritikstimmung in der öffffentlichen Meinung: »as the response of government, industry, and academic science, to an increasingly hostile climate of general public opinion with respect to technological ›progress‹.« (116)

24 Nach der neuesten Statistik des Wissenschaftsrats (1975, 20, 49, 55) entfallen von den gesamten Wissenschaftsausgaben der *Länder* in 1973 von rd. 11 Mrd. DM nur etwa 1,1 Mrd. DM (= 10 %) auf Forschung außerhalb der Hochschulen und Zuwendungen an MPG und DFG (incl. Sonderforschungsbereiche) (vgl. auch FB V, Tab. 15 und 16). Die Hochschulforschung konnte auch hier nicht isoliert werden. Immerhin resümiert der Wissenschaftsrat (49):
»Der Schwerpunkt der Wissenschaftsausgaben der Länder liegt also bei der Finanzierung der Hochschulen. Diese Ausgaben kommen allerdings nur zum Teil der Forschung zugute, überwiegend dienen sie der Lehre und sonstiger Aufgabenerfüllung der Hochschulen.«
Von den 8,3 Mrd. DM an FuE-Ausgaben des *Bundes* in 1973 entfällt umgekehrt nach derselben Statistik nur ein geringer Teil auf allgemein-wissenschaftliche Zwecke (ebd., 55), sodaß hier der Wissenschaftsrat resümieren kann (55):
»Der Schwerpunkt der Wissenschaftsausgaben des Bundes liegt also bei der

Forschungsförderung.«

Vgl. auch Rembser 1975, 24; ferner die Regierungsantwort auf eine parlamentarische Anfrage: BT-Sitzungsprotokoll 7. Wahlperiode, 210. Sitzung v. 12. 12. 75, 14 568.

Eine Zusammenstellung der Bund/Länder-Finanzierungsquoten bei DFG, MPG, Großforschungszentren und Länderinstituten bringen Bräunling/Harmsen 1975, 108.

Inzwischen ist hinsichtlich des Bund-Länder-Finanzierungsschlüssels für die hochschulfreie Forschung eine wichtige Änderung eingetreten. Das bisher angewandte sog. Königsteiner Abkommen ist durch eine Bund-Länder-Rahmenvereinbarung gemäß Art. 91b GG abgelöst worden. Demnach finanzieren Bund und Länder von 1976 an DFG und MPG im Verhältnis 50 : 50, die Großforschungseinrichtungen und die FhG im Verhältnis von 90 : 10. Die SFBs werden 1976 im Verhältnis 70 : 30 und ab 1977 75 : 25 finanziert. Die wichtigste Veränderung betrifft die bisher ausschließlich länderfinanzierten selbständigen Forschungseinrichtungen: sie werden ab 1977 zu 50 % vom Bund mitfinanziert. (Vgl. MPG-Spiegel 1/76, 13)

Eine Gewichtsverlagerung in der Forschungsförderung (außerhalb der Hochschulen) zugunsten des Bundes zeigt auch die (in ihrer Kategorienbildung allerdings nur schwer durchschaubare) Finanz-*Aufgaben*-Statistik. Demnach stieg der Anteil des Bundes an den Nettoausgaben der (gesamten) öffentlichen Verwaltung im Aufgabenbereich »Forschung außerhalb der Hochschulen« von 65 % in 1969 auf 73 % in 1972 (Finanzbericht der Bundesregierung 1974, 290; Finanzbericht 1975, 230).

25 Ich behandle auch die Unternehmen als – die forschungs*politische* Determinierung potentiell konterkarierende – Institutionen.

26 Folgende Bundesforschungseinrichtungen wurden seit 1970 gegründet und ressortierten bei den bezeichneten Ministerien:

Umweltbundesamt	BMI	1974
Bundesinstitut für Bevölkerungsforschung	BMI	1973
Bundesinstitut für Sportwissenschaften	BMI	1970
Bundesanstalt für Arbeitsschutz und Unfallforschung	BMA	1970
Paul-Ehrlich-Institut	BMJFG	1972
Forschungsanstalt für Landwirtschaft (Institut für Tierzucht und Tierhaltung)	BML	1974
Bundesinstitut für Berufsbildungsforschung	BMBW	1970

(BT-Drucks. 7/4764 v. 19. 2. 76, Anlage 1).

27 Vgl. Bundesministerium der Finanzen 1973, 354 ff., wo 8 Beteiligungsunternehmen des Bundes im Forschungsbereich aufgeführt sind (in Klammern Bundesanteil am Stammkapital):

GKSS (46,25 %)
GfK (90 %)
GMD (75 %)
GFS (90 %)
HMI (90 %)
KfA (90 %)
Gesellschaft für Kernverfahrenstechnik (100 %)
Gesellschaft für Strahlen- und Umweltforschung (100 %)
(Zu den Abkürzungen siehe Tab. 4, S. 162.)

28 Ein Aspekt bei der Grenzziehung war, daß der interessante Fall des Wissenschaftszentrums Berlin (WZB), das einzige große sozialwissenschaftliche Institut, im Analysebereich verbleiben sollte.

29 Der FB V, Tz 21, bezeichnet das WZB als Trägerorganisation für die anwendungsorientierte Sozialforschung, womit es etwa den gleichen Status erhielte wie MPG und FHG (vgl. auch BMFT-Mitteilungen 7/75, 82). Es umfaßt inzwischen die folgenden drei Institute (BT-Drucks. 7/4764 v. 19. 2. 76, Anlage 1): Internationales Institut für Management und Verwaltung (gegr. 1969), Arbeitsgruppe Internationales Institut für vergleichende Gesellschaftsforschung (1974), Forschergruppe Internationales Institut für Umwelt und Gesellschaft (1975).

30 Vgl. FB IV, Tz 288 ff.; BT-Drucks. VI/3827, 4; FB V, Tz 17 und 21. Hinzukommt der noch starke Rüstungsforschungsanteil in der FHG, der aber abgebaut werden soll (vgl. Wissenschaftsrat 1975, 205 f.).

31 Die Zitate entstammen einem hektographierten Bericht des BMFT über »Projektträgerschaft und Projektbegleitung als Instrument der Forschungsförderung«, Bonn, Mitte Oktober 1974. Vgl. FB V, Tz 32 und BT-Drucks. 7/1279, 10; ferner inzwischen Borst 1976.

32 Vgl. die Gesamtstaats- und Bundesangaben in BT-Drucks. 7/1988, 2 und 7/2343, Tab. 4. Siehe ferner die Tab. 4 (für den öffentlichen Gesamthaushalt) und 11 (für den Bund) des FB V.

33 Übrigens stammt das statistische Material zu diesem Fragenkomplex vornehmlich aus der privaten Wirtschaft, nämlich vom Stifterverband für die Deutsche Wissenschaft (vgl. zusammenfassend Echterhoff-Severitt 1974). Auch politikamtliche Dokumentationen müssen sich auf dieses Material berufen (vgl. etwa BT-Drucks. 7/1988).

34 Die Berechnungen des Stifterverbandes (Echterhoff-Severitt 1973, Tab. 1) liegen leicht niedriger: für 1971 werden rd. 17 % angegeben. Sowohl diese wie auch die politikoffiziellen Angaben sind mit Vorsicht zu lesen, da sie erstens aus »Selbsterhebungen« der Wirtschaft (Unternehmensauskünfte) stammen und zweitens viele Abgrenzungsprobleme enthalten (vgl. auch BT-Drucksache 7/2343, 4).

35 BT-Drucks. 7/1988, 2; Echterhoff-Severitt 1973, Tab. 1.

36 Auch dokumentierte Einzelfälle zeigen, daß die unternehmerische Finanzierungsbeteiligung häufig nur symbolischer Art ist. So ist etwa für die zivilen Luftfahrtprojekte eine Bundesbeteiligung an den Entwicklungskosten bis zu 90 % vorgesehen bzw. üblich. Eine vom Verkaufserfolg abhängig gemachte Rückzahlungspflicht hat häufig nur deklamatorischen, fiktiven Wert, etwa bei abzusehender, notwendig werdender Vermarktungshilfe. Vgl. BT-Drucks. 7/2986, 12.
Höhere als 50-prozentige Bundesbeteiligungen werden pauschal legitimiert: »Der Regelsatz kann jedoch überschritten werden, wenn es sich um Vorhaben hohen öffentlichen Interesses handelt oder – ausnahmsweise – das Vorhaben sonst an der begrenzten Finanzkraft des Unternehmens scheitern würde.» (FB V, Tz 10; vgl. FB IV, Tz 54).

37 Bewirtschaftungsgrundsätze für Zuwendungen auf Kostenbasis an Unternehmen der gewerblichen Wirtschaft für Forschungs- und Entwicklungsvorhaben (BKFT) v. 1. 7. 75 des Bundesministers für Forschung und Technologie (hektogr.). Vgl. dazu die Regierungsantwort auf eine schriftliche Frage im Bundestag, Sitzungsprotokoll 7. Wahlperiode, 210. Sitzung v. 12. 12. 75, 14566.

38 Die Entpolitisierungsthese wird auch umgekehrt, von der geförderten Industrieseite, bestätigt. Das Vorstandsmitglied der Siemens AG, einem stark geförderten Unternehmen (vgl. Neuendorff 1973, 156), U. Haier, äußerte in einer Diskussion über Innovationsforschung:

»Insgesamt ist die Rolle des Staates als Auftraggeber mit gezielter Innovationswirkung für uns begrenzt, selbst bei Berücksichtigung der Nachrichtentechnik, wenn man das Ganze sieht.« (in: Ifo-Institut 1974, 352).

39 Vgl. BT-Drucks. 7/1988, 4; BT-Drucks. 7/2343; SZ v. 28./29. 12. 74; SZ v. 11. 6. 75; Wirtschaftswoche Nr. 25/1975, 41 f.; BMFT-Mitteilungen 6/75, 72; Forschung + Entwicklung (Mitteilungen der Arbeitsgemeinschaft Industrieller Forschungsvereinigungen) 1/1975, 23; Rüdt von Collenberg 1974, 234 ff.

40 Die ökonomische Effizienz der strukturpolitischen Verbundstrategie der Forschungspolitik zeigt sich z. B. im Bereich der jahrelang geförderten Kerntechnik, die derzeit ökonomische Früchte in Form des Exports von Kernkraftanlagen trägt; vgl. Wirtschaftswoche Nr. 27 v. 27. 6. 75, 12 ff.

41 Dieser Aspekt wird im letzten Buch Offes noch stärker herausgestellt. Dort heißt es:

»Der unübersehbare *Anspruch* der staatlichen Politik besteht darin, die Rigiditäten und Funktionslücken des marktgesteuerten Austauschs von Gütern und Arbeitskräften zu kompensieren, indem durch politisch-administrative Vorkehrungen Austauschchancen sozusagen ›künstlich‹ geschaffen werden, d. h. im ›Idealfall‹ jeder Wert ›marktgängig‹ *gemacht* wird. Die Verfolgung dieses Leistungsanspruchs durch die Politik muß aber – gleichgültig, ob und wie er erfüllt wird (sic!) – per se schon Tatsachen, nämlich eine veränderte Definition der Situation erzeugen, und zwar insofern, als jeder Warenbesitzer im Lichte dieses Anspruchs (sic!) seine konkreten Austauschchancen als *von der Politik zu verantwortende ansieht.*« (Offe 1975, 311)

42 Ein besonders »darstellungs-intensives«, inhaltsleeres Beispiel stellt das im April 1976 publizierte Rahmenprogramm »Forschung und Technologie im Dienst der Gesundheit« der Bundesministerien für Forschung und Technologie und für Jugend, Familie und Gesundheit dar. Nach über 80 Seiten Diskussion über denkbare Probleme eines derartigen Programms wird auf wenigen Seiten zur Programm-»Durchführung« folgendermaßen »Farbe bekannt«:

»Der Bund fördert seit langem medizinisch orientierte Forschung und Entwicklung. Dies erfolgt in Form der institutionellen Förderung und der Projektförderung:

Zur Finanzierung der Max-Planck-Gesellschaft (MPG) und der Deutschen Forschungsgemeinschaft (DFG) leistet der Bund einen Zuschuß in Höhe von 50 % (bei den Sonderforschungsbereichen der DFG liegt der Bundesanteil höher). Damit wird ein erheblicher Teil der medizinischen Grundlagenforschung in der Bundesrepublik Deutschland abgedeckt. Darüber hinaus wird vom Bund eine Reihe von Forschungseinrichtungen, z. T. gemeinsam mit den Ländern nach dem Schlüssel 90 (Bund): 10 (Land) finanziert, in denen langfristige biologisch-medizinische Aufgaben und Vorhaben von unmittelbarem gesundheitspolitischen Interesse durchgeführt werden. Zu diesen Einrichtungen gehören die biologisch-medizinisch orientierten Institute der Großforschungseinrichtungen (Deutsches Krebsforschungszentrum (DKFZ), Gesellschaft für Strahlen- und Umweltforschung mbH (GSF) und Kernforschungsanlage Jülich (KFA)).

Als Bundesbehörden erfüllen u. a. das Bundesgesundheitsamt (BGA), das Deutsche Institut für medizinische Dokumentation und Information (DIMDI) und

das Paul-Ehrlich-Institut wichtige Forschungsaufgaben.
In Form der Projekt-Förderung werden anwendungsorientierte FE-Arbeiten in der Industrie, bei Hochschulinstituten, Kliniken und außeruniversitären Forschungseinrichtungen finanziert. Diese FE-Maßnahmen sind in der Regel in Fachprogrammen oder Schwerpunkten zusammengefaßt. Bei der Durchführung der Projektförderungsmaßnahmen wird der Bund vielfach von Großforschungseinrichtungen oder von nachgeordneten Behörden, die als Projektträger wirken, unterstützt.« (S. 83 f.)

S. 88:

Übersicht über die Ausgaben des Bundes zur Förderung von Forschung und Entwicklung im Bereich Medizin und Gesundheitswesen.

Förderndes Ressort	FE-Aktivitäten	1975 Mio. DM	1976 Mio. DM
BMFT	institutionell geförderte biomedizinisch-orientierte Aufgaben der Großforschungseinrichtungen; Bundesanteil zur Finanzierung der Max-Planck-Gesellschaft (medizinische Institute); Projektförderung	233,9	246,8
BMJFG	Bundesgesundheitsamt; Deutsches Institut für medizinische Dokumentation und Information; Paul-Ehrlich-Institut; Projektförderung	99,0	100,7
BMA	Bundesanstalt für Arbeitsschutz und Unfallforschung (Forschungsanteil); Projektförderung	6,0	7,0
BMBW*	Bundesanstalt zur Finanzierung der Deutschen Forschungsgemeinschaft (medizinische Forschung; ohne Sonderforschungsbereiche).	69,7	75,9
	insgesamt	408,6	430,4

* Zu berücksichtigen sind ferner die Mittel für den Hochschulbau nach dem Hochschulbauförderungsgesetz, die zu etwa einem Drittel in medizinische Institute und Einrichtungen fließen.

43 Bericht über die Auswertung der Umfrage zum Bundesbericht Forschung V, hrsg. v. Bundesministerium für Forschung und Technologie, Bonn Mai 1976.

44 Der Zeitausschnitt (Nov. 1973 bis Nov. 1974) ist (bis auf die Vermeidung von Wahlkampf-Beeinflussungen) willkürlich gewählt und erscheint mir ausreichend

umfassend. Der Beginn der Periode hat einen Grund darin, daß das 1972 aus dem BM für Bildung und Wissenschaft herausgelöste BM für Forschung und Technologie nach einjähriger Anlaufphase im Oktober 1973 erst zu seiner endgültigen Innen-Organisation fand (vgl. BMFT, Jahresbericht '73, Bonn 1974, 6). Der Beginn des Zeitausschnitts fällt deshalb zusammen mit der ersten Beantwortung einer parlamentarischen Anfrage durch das BMFT in der Legislaturperiode der SPD/FDP-Koalition.

45 Die erste der Anfragen (BT-Drucks. 7/1957) hat sogar nur den Charakter einer Nachfrage zur vorhergehenden Beantwortung der Großen Anfrage der Regierungsfraktionen (BT-Drucks. 7/1279).

Tabellen

Tabelle 1: Die Forschungsförderung des Bundes (incl. Verteidigungsforschung) in Mio. DM

Lfd. Nr.	1969	1970	1971	1972
1 Forschungsausgaben insgesamt	2 687	3 057	3 796	4 249
davon:				
2 Zuwendungen an die Wirtschaft	1 012	1 468	1 950	2 364
3 Institutionelle Förderung wiss. Einrichtungen	607	785	1 016	1 207
Anteil 2/1 in %	38	48	51	56
Anteil 3/1 in %	23	26	27	28
Anteil 2 + 3/1 in %	61	74	78	84

Quelle: Finanzbericht der Bundesregierung 1974, 196 f.; BT-Drucks. 7/1988, 2; BT-Drucks. 7/2122, Anlage 2.

Tabelle 2: Die Forschungsförderung des BMFT* in Mio. DM

Lfd. Nr.	1971	1972	1973	1974	1975
1 Förderung insgesamt	1656	2668	2705	3064	3619
davon:					
2 Projektförderung der Wirtschaft	327	832	1161	1209	1470
3 Institutionelle Förderung wiss. Einrichtungen	1162	1387	1196	1343	1560
Anteil 2/1 in %	20	31	44	39	41
Anteil 3/1 in %	70	52	43	44	43
Anteil 2 + 3/1 in %	90	83	87	83	84

* Bis 1972 noch integriert bzw. zusammen mit BMBW.

Quelle: Förderungskataloge des BMFT (bzw. BMBW) 1971 bis 1975 (div. Tabellen).

Tabelle 3: Projektförderung des BMFT* in Mio. DM

	Projektförderung insgesamt	davon an Wirtschaft abs.	in %
1971	495	327	66
1972	1280	832	65
1973	1510	1161	77
1974	1713	1209	71
1975	2030	1470	72

* Bis 1972 noch integriert bzw. zusammen mit BMBW.

Quelle: Förderungskataloge des BMFT (bzw. BMBW) 1971 bis 1975, jeweils Tab. 2 (1971 und 1972) bzw. 3 (1973 bis 1975).

Tabelle 4: Zusammenstellung der vom Bund in 1973 (Soll) mit mehr als 1 Mio. DM geförderten Forschungsinstitutionen des Inlands

		in Tsd.	MJS[1]
1	Max-Planck-Gesellschaft zur Förderung der Wissenschaften e. V. (MPG)	224 950,0	15,7
2	Kernforschungsanlage Jülich GmbH (KfA)	221 859,0	42,4
3	Deutsche Forschungs- und Versuchsanstalt für Luft- und Raumfahrt e. V. (DFVLR) und GFW	185 648,0	22,4
4	Gesellschaft für Kernforschung mbH (GFK)	172 620,0	7,7
5	Deutsches Elektronen-Synchotron (DESY)	77 855,0	33,8
6	Gesellschaft für Strahlen- und Umweltforschung mbH (GSF)	71 000,0	25,3
7	Fraunhofer-Gesellschaft zur Förderung der angewandten Forschung e. V. (FHG)	46 722,7	35,1
8	Gesellschaft für Schwerionenforschung mbH (GFS)	44 947,0	–
9	Gesellschaft für Kernenergieverwertung in Schiffbau und Schiffahrt mbH (GKSS)	43 200,0	39,8
10	Max-Planck-Institut für Plasmaphysik	36 990,0	21,6
11	Hahn-Meitner-Institut für Kernforschung GmbH (HMI)	34 650,0	76,3
12	Gesellschaft für Mathematik und Datenverarbeitung mbH (GMD)	32 183,7	29,7
13	Gesellschaft für Kernforschung mbH – Versuchsanlagen (GFK-V)	29 774,0	31,3
14	Deutsches Krebsforschungszentrum (DKFZ)	27 237,0	44,7
15	Gesellschaft für molekular-biologische Forschung mbH (GMBF)	6 273,2	–
16	Wissenschaftszentrum Berlin	4 200,0	194,0
17	Zentralstelle für Atomkernenergie-Dokumentation (ZAED) bei der GFK	3 935,0	11,7

1 Mittlere, jährliche Steigerungsrate seit 1969. Die MJS der institutionellen Forschungsförderung *insgesamt* betrug 21 %.

18	Zentralstelle für maschinelle Dokumentation (ZMD)	3 251,0	15,4
19	Deutsche Gesellschaft für Friedens- und Konfliktforschung e. V. (DGFK)	2 900,0	–
20	Institut für Dokumentationswesen (IDW)	2 885,0	11,6
21	Institut für Meereskunde an der Uni Kiel	2 562,0	34,0
22	Studiengruppe für Systemforschung e. V.	1 937,0	30,0
23	Redaktion der »Physikalischen Berichte« bei der Physikalisch-Technischen Bundesanstalt	1 428,0	22,0
24	Heidelberger Akademie der Wissenschaften	1 346,0	15,2
25	Institut für deutsche Sprache	1 342,9	–6,1
26	Zentralarchiv für empirische Sozialforschung der Uni Köln	1 197,5	–

Quelle: BT-Drucksache 7/2122, Anlage 2.

Tabelle 5: Institutionelle Forschungsförderung des Bundes nach Größenklassen 1973 (Soll)

Zuwendungen	Zahl der Institute	Anteil an den gesamten Förderungsmitteln in %
über 100 Mio. DM	4	63
über 5 Mio. DM	15	97
über 1 Mio. DM	26	99,5
von insgesamt: 1 290 Mio. DM	von insgesamt: 47	100

Quelle: Eigene Berechnung nach BT-Drucks. 7/2122, Anlage 2.

Tabelle 6: Bundeszuschüsse an Forschungsinstitutionen – mittlere jährliche Steigerungsraten für 1969–1973 in %

WZB	194,0	GMD	29,7
HMI	76,3	GSF	25,3
DKFZ	44,7	DFVLR	22,4
KfA	42,4	MPI Plasmaphysik	21,6
GKSS	39,8	MPG	15,7
FHG	35,1	GFK	7,7
DESY	33,8	GFS	–
GFK-V	31,8	GMBF	–

Quelle: Berechnet nach BT-Drucks. 7/2122, Anlage 2.

Tabelle 7: Bundeszuschüsse an Forschungsinstitutionen – Steigerungsrate von 1972 auf 1973 in %

GMD	58	DFVLR	9
WZB	30	HMI	8
GMBF	23	GFS	7
GSF	13	DESY	5
FHG	12	MPI Plasmaphysik	1
KfA	11	GFK	–3
MPG	10	DKFZ	–3
GKSS	10	GFK-V	–28

Quelle: Berechnet nach BT-Drucks. 7/2122, Anlage 2.

Tabelle 8: Anteil öffentlicher (Bundes-)Mittel am Etat (in 1973) in %

WZB	99	DESY	81
GSF	95	GMD	81
DFVLR	91	GFK	78
GFK-V	89	GFS	71
GMBF	87	FHG	68
KfA	85	DKFZ	64
HMI	84	MPG	53*
GKSS	82	MPI Plasmaphysik	53*

* Die niedrigen Zahlen des MPG-Bereichs sind irreführend. Sie entstehen nicht durch ergänzende Vertragsforschung, sondern beruhen auf der Nichterfassung der Länderzuschüsse in dieser Tabelle.

Quelle: Berechnet nach BT-Drucks. 7/2122, Anlage 2.

Tabelle 9: Ausgabenentwicklung von FHG und MPG in Mio. DM (in Klammern: Steigerung gegenüber Vorjahr in %)

	Ist		Soll		Finanzplanung		
	1971	1972	1973	1974	1975	1976	1977
FHG*	51	62 (22)	68 (10)	82 (21)	90 (10)	108 (20)	126 (17)
MPG	449	492 (10)	504 (2)	550 (9)	580 (6)	634 (9)	683 (8)

* Die Zahl für 1975 der FHG ist Soll-, nicht Finanzplanungsangabe.

Quelle: FB V, 214 und 217.

Tabelle 10: Finanzierungsschlüssel in der Förderung von Unternehmensforschungsprojekten durch das BMFT

BMFT-Finanzierungsanteil	Anzahl der Vorhaben	Anteil des BMFT an den Vorhaben in Mio. DM
bis 50 %	688 (55,9 %)	327,6 (28,2 %)
über 50 %	187 (15,2 %)	377,6 (32,5 %)
100 %	356 (28,9 %)	455,3 (39,3 %)
insgesamt	1231 (100 %)	1160,6 (100 %)

Quelle: Berechnet nach Forschungsbericht V, Text-Tab. 3.

Literaturverzeichnis

Agnoli, J.,1975, Überlegungen zum bürgerlichen Staat, Berlin.

Altvater, E., 1972, Zu einigen Problemen des Staatsinterventionismus, in: Probleme des Klassenkampfs Nr. 3, S. 1 ff.

Apel, H., 1975, Reformpolitik und »Funktionszwänge« in der Marktwirtschaft, in: Die neue Gesellschaft, S. 612 ff.

Bader, J. et al., 1976, Einführung in die Gesellschaftstheorie, Frankfurt/M.

Badura, B., 1972, Bedürfnisstruktur und politisches System, Stuttgart usw.

Bartelt, M. et al., 1976, Forschungspolitik und gesellschaftliche Entwicklung, in: Aus Politik und Zeitgeschichte. Beilage zur Wochenzeitung Das Parlament Nr. 27/1976 vom 3. 7. 76, S. 26 ff.

Basso, L., 1975, Gesellschaftsformation und Staatsform. Drei Aufsätze, Frankfurt/M.

Berger, R., 1976, Strukturpolitische Rettung durch Technologiepolitik?, in: Die neue Gesellschaft, S. 328 ff.

Birnbaum, N., 1976, Möglichkeiten einer neuen Politik im Westen, in: A. Touraine et al., Jenseits der Krise. Wider das politische Defizit der Ökologie, Frankfurt/M., S. 189 ff.

Blanke, B., 1976, Entscheidungsanarchie und Staatsfunktionen: Zur Analyse der Legitimationsprozesse im politischen System des Spätkapitalismus, in: E. Ebbighausen (Hrsg.), Bürgerlicher Staat und politische Legitimation, Frankfurt/M., S. 188 ff.

Blanke, T., 1975, Das Dilemma der verfassungspolitischen Diskussion der Linken in der Bundesrepublik, in: H. Rottleuthner (Hrsg.), Probleme der marxistischen Rechtstheorie, Frankfurt/M., S. 419 ff.

Blankenburg, E./Schmid, G./Treiber, H., 1974, Von der reaktiven zur aktiven Politik? Darstellung und Kritik des Policy-Science-Ansatzes, in: P. Grottian/A. Murswieck (Hrsg.), Handlungsspielräume der Staatsadministration, Hamburg, S. 35 ff.

Böckenförde, E.-W., 1976, Staat, Gesellschaft, Freiheit, Frankfurt/M.

Borner, S., 1975, Zur Frage des wirtschaftspolitischen Weltbildes, in: Wirtschaft und Gesellschaft, Heft 2, S. 19 ff.

Borst, W., 1974, Planung und Kooperation, in: H. Matthöfer/V. Hauff (Hrsg.), Forschungspolitik für eine lebenswerte Zukunft, Grafenau–Döffingen, S. 21 ff.

Borst, W., 1976, Dezentralisiertes Management der Forschungsförderung: Das System der Projektträger, in: Wirtschaft und Wissenschaft 1/1976, S. 14 ff.

Bräunling, G./Harmsen, D.-M., 1975, Die Förderungsprinzipien und Instrumente

der Forschungs- und Technologiepolitik, Göttingen.
BRUS, W., 1971, Funktionsprobleme der sozialistischen Wirtschaft, Frankfurt/M.
BRUS, W., 1975, Sozialisierung und politisches System, Frankfurt/M.
Bundesministerium der Finanzen, 1973, Beteiligungen des Bundes, Bonn-Bad Godesberg.
Bundesministerium für Forschung und Technologie, 1976, Bericht über die Auswertung zum Bundesbericht Forschung V (hektogr.), Bonn.
BUSSHOFF, H., 1975, Systemtheorie als Theorie der Politik, Pullach.

DAHRENDORF, R., 1966, Markt und Plan. Zwei Typen der Rationalität (Vorträge und Aufsätze des Walter Eucken Instituts), Tübingen.

EASTON, D., 1965, A Systems Analysis of Political Life, New York/London/Sydney.
EBBIGHAUSEN, R. (Hrsg.), 1976, Bürgerlicher Staat und politische Legitimation, Frankfurt/M.
ECHTERHOFF-SEVERITT, H., 1973, Forschung und Entwicklung in der Wirtschaft 1971, in: Wirtschaft und Wissenschaft, Heft 2 und 3/1973, Beilage.
ECHTERHOFF-SEVERITT, H., 1974, Forschung und Entwicklung in der Wirtschaft (Arbeitsschrift C 1974 des Stifterverbandes für die Deutsche Wissenschaft), Essen.
EDELMAN, M., 1976, Politik als Ritual, Frankfurt/M.
EHMKE, H. (Hrsg.), 1969, Sozialdemokratische Politik im Übergang zu den siebziger Jahren, Reinbek.
EHMKE, H., 1973a, Forschungspolitik – Stetigkeit und Neuorientierung, hrsg. v. BPA, Bonn.
EHMKE, H., 1973b, Wissenschaft und Wirtschaft, in: Bulletin des BPA Nr. 150 v. 23. 11. 73, S. 1492 ff.
EHMKE, H., 1974, Aufgaben der Forschungspolitik, in: Bulletin des BPA Nr. 39 v. 26. 3. 74, S. 371.
EHRENBERG, H., 1976, Was heißt vorausschauende Industriepolitik?, in: Wirtschaftsdienst, S. 404 ff.
EPPLER, E., 1974, Maßstäbe für eine humane Gesellschaft: Lebensstandard oder Lebensqualität? Stuttgart usw.

FETSCHER, I./RICHTER, H. E. (Hrsg.), 1976, Worte machen keine Politik, Reinbek.
FREY, R. L., 1970, Infrastruktur, Tübingen/Zürich.
FRIEDBERG, E./SCHMITGES, R., 1974, Die industriepolitischen Interventionssysteme des französischen Staats, in: P. Grottian/A. Murswieck (Hrsg.), Handlungsspielräume der Staatsadministration, Hamburg, S. 166 ff.
FUNKE, R./OFFE, C./RONGE, V., 1973, Formwandel der Politikformulierung und delegitimatorische Prozesse, Ms. Starnberg.

GERLACH, F., 1973, Kapitalstrategien und Gewerkschaftspolitik nach der Wirtschaftskrise 1966/67, in: Jacobi/Müller-Jentsch/Schmidt (Hrsg.), Gewerkschaften und Klassenkampf. Kritisches Jahrbuch 1973, Frankfurt/M., S. 139 ff.
GESCHKA, H./SCHWERDTNER, H. E., 1974, Politische Aspekte der Innovationsförderung, in: Wirtschaft und Wissenschaft 2/1974, S. 16 ff.
GIEGEL, H. J., 1975, System und Krise. Kritik der Luhmannschen Gesellschaftstheorie, Frankfurt/M.
GIELEN, V., 1975, Die Aufwendungen für Forschung und Entwicklung insbesondere

in steuerrechtlicher Sicht (Brief Nr. 156 des Instituts »Finanzen und Steuern«), Bonn.

Globerman, S., 1976, Canadian Science Policy and Economic Nationalism, in: Minerva, S. 191 ff.

Habermas, J., 1962, Strukturwandel der Öffentlichkeit, Neuwied/Berlin.

Habermas, J., 1971, Theorie und Praxis (Neuausgabe), Frankfurt/M.

Habermas, J., 1973, Legitimationsprobleme im Spätkapitalismus, Frankfurt/M.

Habermas, J., 1974, Können komplexe Gesellschaften eine vernünftige Identität ausbilden?, in: Habermas/D. Henrich, Zwei Reden, Frankfurt/M., S. 23 ff.

Habermas, J., 1976, Zur Rekonstruktion des Historischen Materialismus, Frankfurt/M.

Hamm, W., 1972, Wettbewerb oder Interventionen als Regulativ der Branchenstruktur? in: D. Cassel/G. Gutmann/H. J. Thieme (Hrsg.), 25 Jahre Marktwirtschaft in der Bundesrepublik Deutschland. Konzeption und Wirklichkeit, Stuttgart, S. 118 ff.

Hamm, W., 1976, Kollektive Investitionslenkung, in: Ordo. Jahrbuch für die Ordnung von Wirtschaft und Gesellschaft, Bd. 27, S. 134 ff.

Harmsen, D.-M./Niederwemmer, U., 1976, Der nationale Forschungs- und Innovations-Verbund, in: Wirtschaft und Wissenschaft, 2/1976, S. 15 ff.

Hart, D., 1974, Vom bürgerlichen Recht zur politischen Verwaltung, in: Kritische Justiz, S. 274 ff.

Hauff, V., 1974, Regierung, Parlament, Öffentlichkeit – Träger der Forschungspolitik, in: H. Matthöfer/V. Hauff (Hrsg.), Forschungspolitik für eine lebenswerte Zukunft, Grafenau–Döffingen, S. 11 ff.

Hauff, V., 1975, Aufgaben und Bedeutung der Energieforschungszentren, in: Bulletin des BPA Nr. 90 v. 11. 7. 75, S. 854 ff.

Hauff, V./Scharpf, F. W., 1975, Modernisierung der Volkswirtschaft. Technologiepolitik als Strukturpolitik, Frankfurt/Köln.

Hennig, E. et al. (Hrsg.), 1974, Karl Marx/Friedrich Engels. Staatstheorie, Frankfurt/Berlin/Wien.

Hetman, F., 1973, Society and the Assessment of Technology (hrsg. von der OECD), Paris.

Hintze, O., 1970, Feudalismus – Kapitalismus (hrsg. v. G. Oestreich), Göttingen.

Hirsch, J., 1970, Wissenschaftlich-technischer Fortschritt und politisches System, Frankfurt/M.

Hirsch, J., 1974a, Staatsapparat und Reproduktion des Kapitals, Frankfurt/M.

Hirsch, J., 1974b, Zur Analyse des politischen Systems, in: Gesellschaft. Beiträge zur Marxschen Theorie 1, S. 78 ff.

Hirsch, J./Leibfried, S., 1971, Materialien zur Wissenschafts- und Bildungspolitik, Frankfurt/M.

Hockel, D., 1974, Prioritäten und Grenzen staatlicher Forschungsförderung, in: Wirtschaftsdienst, S. 79 ff.

Hofmann, W., 1969, Die Krise des Staates und das Recht, in: Kritische Justiz, S. 1 ff.

Hoppmann, E., 1971, Konzertierte Aktion und der »Rahmen der marktwirtschaftlichen Ordnung«, in: ders. (Hrsg.), Konzertierte Aktion. Kritische Beiträge zu einem Experiment, Frankfurt/M., S. 265 ff.

Huar, U., 1976, Über den objektiven Zusammenhang von ökonomischen u. sozialpolit. Gesetzen, in: Wiss. Zeitschrift d. Hochschule f. Ökonomie »Bruno Leusch-

ner« (Berlin) 1/76, S. 69 ff.
HUFFSCHMID, J., 1969, Die Politik des Kapitals. Konzentration und Wirtschaftspolitik in der Bundesrepublik, Frankfurt/M.

Ifo-Institut für Wirtschaftsforschung/O. Hatzold (Hrsg.), 1970, Innovation in der Wirtschaft, München.
Ifo-Institut für Wirtschaftsforschung/K. H. Oppenländer (Hrsg.), 1974, Technischer Fortschritt – Ursache und Auswirkungen wirtschaftlichen Handelns, München.
ISSING, O., 1975, Investitionslenkung in der Marktwirtschaft?, Göttingen.

JOCHIMSEN, R., 1975, Aktive Strukturpolitik – Ansatzpunkt zur Modernisierung unserer Volkswirtschaft, in: P. v. Oertzen/H. Ehmke/H. Ehrenberg (Hrsg.), Thema: Wirtschaftspolitik, 2. Aufl. Bonn-Bad Godesberg, S. 29 ff.
JÖHR, W. A./SINGER, H. W., 1969, Die Nationalökonomie im Dienste der Wirtschaftspolitik, 3. Aufl. Göttingen.
JÜTTNER-KRAMNY, L., 1975, Unternehmensgröße, Unternehmenskonzentration und technologische Entwicklung, Göttingen.
JUNGNICKEL, J., 1975, Bemerkungen über Wissenschaft und Naturkräfte in einem bisher in Deutsch nicht veröffentlichten Manuskript von Karl Marx, in: Wirtschaftswissenschaft, S. 801 ff.

KAISER, P. M., 1976, Aktuelle Tendenzen in der Wissenschaftspolitik am Beispiel der Deutschen Forschungsgemeinschaft, in: Sozialistische Politik Nr. 34/35, S. 95 ff.
KATTERLE, S., 1975, Ökonomische und politische Aspekte zunehmender Staatstätigkeit, in: WSI-Mitteilungen 1975, S. 218 ff.
KATTERLE, S./MERTES, U., 1974, Forschungspolitik nach dem Forschungsbericht IV, in: WSI-Mitteilungen, S. 173 ff.
KECK, O., 1976, West German Science Policy since the early 1960's: Trends and Objectives, in: Research Policy, S. 116 ff.
KIELMANNSEGG, P. G. (Hrsg.), 1976, Legitimationsprobleme politischer Systeme (Sonderheft 7 der PVS), Opladen.
KLEPS, K./PETERS, H.-R./PACHUCKI, H., 1972, Grundfragen staatlicher Strukturpolitik, Linz.
KOCH, C./NARR, W.-D., 1976, Krise – oder das falsche Prinzip Hoffnung, in: Leviathan, S. 291 ff.
KROCKOW, C. G. v., 1972, Staat, Gesellschaft, Freiheitswahrung, in: Aus Politik und Zeitgeschichte. Beilage zur Wochenzeitung Das Parlament Nr. B 7/72, S. 3 ff.
KRÜPER, M., 1975, Wirtschaftsplanung und Investitionslenkung, in: Aus Politik und Zeitgeschichte. Beilage zur Wochenzeitung Das Parlament Nr. B 31/75 v. 2. 8. 1975, S. 21 ff.
KRUPP, H., 1975a, Technologietransfer aus der öffentlich geförderten Forschung: Möglichkeiten und Grenzen, in: Systemtechnik und Innovationsforschung. Zweites Jahreskolloquium des Instituts für Systemtechnik und Innovationsforschung (ISI) der Fraunhofer-Gesellschaft, Pullach bei München, S. 89 ff.
KRUPP, H., 1975b, Strukturpolitisch orientierte Forschungspolitik: ihre Möglichkeiten und Grenzen, in: Wirtschaft und Wissenschaft 2/1975, S. 8 ff.
KUBISTA, B./SCHEER, C., 1976, Steuern und Makropolitik, Neuwied.

LEIBFRIED, S., 1975/1976, Die Verwaltung der etatistischen Reserve, in: Leviathan 1975, S. 473 ff. und 1976, S. 97 ff.

Leisewitz, A./Rilling, R., 1971, Wissenschafts- und Forschungspolitik in BRD und DDR, in: BRD–DDR, Vergleich der Gesellschaftssysteme, Köln, S. 365 ff.

Littmann, K., 1975, Die Chancen staatlicher Innovationslenkung, Göttingen.

Luhmann, N., 1969, Legitimation durch Verfahren, Neuwied/Berlin.

Luhmann, N., 1970, Soziologische Aufklärung, Köln/Opladen.

Luhmann, N., 1971, Politische Planung, Opladen.

Luhmann, N., 1972, Politikbegriffe und die »Politisierung« der Verwaltung, in: Demokratie und Verwaltung (Schriftenreihe der Hochschule Speyer), Berlin, S. 211 ff.

Marshall, W., 1976, Der Staat muß helfen, in: Kernenergie – offen bilanziert (Magazin Brennpunkte 4), Frankfurt/M., S. 59 ff.

Matthöfer, H., 1975a, Neue Aufgaben der Forschungspolitik, in: Bulletin des BPA Nr. 83 v. 18. 6. 75, S. 780 f.

Matthöfer, H., 1975b, Maßnahmen zur Förderung des technischen Fortschritts, in: Bulletin des BPA Nr. 93 v. 18. 5. 75, S. 878 ff.

Matthöfer, H., 1976a, Mit aktiver Forschungspolitik Arbeitsplätze sichern, in: FR v. 22. 7. 76, S. 14.

Matthöfer, H., 1976b, Wirtschaft und Staat als Partner im technologischen Innovationsprozeß, in: Bulletin des BPA Nr. 51 v. 5. 5. 76, S. 478 ff.

Matthöfer, H., 1976c, Für eine menschliche Zukunft. Sozialdemokratische Forschungs- und Technologiepolitik, Düsseldorf/Wien.

Mattick, P., 1974, Kritik der Neomarxisten, Frankfurt/M.

Mayntz, R. / Scharpf, F. (Hrsg.), 1973, Planungsorgansiation, München.

Meissner, W., 1974, Investitionslenkung, Frankfurt/M.

Mensch, G., 1976, Strukturpolitik: das »Rechts-links-Schema« in der Krise, in: Krise ist nicht Schicksal (Magazin Brennpunkte), Frankfurt/M., S. 63 ff.

Merikoski, V., 1973, The Politicization of Public Administration, in: Revue Internationale des Sciences Administraitves (Belgien), S. 211 ff.

Methoden der Prioritätsbestimmung I–III, 1971, hrsg. v. Bundesminister für Bildung und Wissenschaft (Schriftenreihe Forschungsplanung 3–5), Bonn.

Meyer, T., 1974, Einleitung, in: H. Kremendahl/T. Meyer (Hrsg.), Sozialismus und Staat 1, Kronberg, S. 9 ff.

Mirow, J., 1976, Entpolitisierung oder Integration?, in: Zeitschrift für Politik, S. 41 ff.

Mueller, C., 1975, Politik und Kommunikation, München.

Müller, U., 1975, Wettbewerb, Unternehmenskonzentration und Innovation, Göttingen.

Narr, W.-D./Offe, C., 1975, Einleitung, in: dies. (Hrsg.), Wohlfahrtsstaat und Massenloyalität, Köln, S. 9 ff.

Narr, W.-D./Offe, C., 1976, Was heißt hier Strukturpolitik? Neokorporativismus als Rettung aus der Krise?, in: Technologie und Politik 6, Reinbek, S. 5 ff.

Naschold, F., 1972, Zur Politik und Ökonomie von Planungssystemen, in: Fehl/Fester/Kuhnert (Hrsg.), Planung und Information, Gütersloh, S. 69 ff.

Neuendorff, H., 1973, Die Programme des BMBW zur Förderung der »technologischen Forschung und Entwicklung«, in: Pohrt, W. (Hrsg.), Wissenschaftspolitik – von wem, für wen, wie? Prioritäten in der Forschungsplanung, München o. J. (1973), S. 144 ff.

Noé, C., 1970, Chancen und Bedingungen einer Strukturpolitik aus einem Guß, in: Die neue Gesellschaft, S. 729 ff.

Oberender, P., 1975, Der Einfluß staatlicher Forschungs- und Entwicklungs-Strategien auf die private industrielle Forschungs- und Entwicklungs-Aktivität, in: Jahrbuch für Sozialwissenschaft, S. 271 ff.

OECD (Hrsg.), 1963, Science and the Policy of Governments, Paris.

OECD (Hrsg.), 1971, Science, Growth and Society, Paris.

OECD (Hrsg.), 1972/1973/1974, The Research System, 3 Bde., Paris.

OECD (Hrsg.), 1975, The Aims and Instruments of Industrial Policy, Paris.

Offe, C., 1972, Strukturprobleme des kapitalistischen Staates, Frankfurt/M.

Offe, C., 1973, »Krisen des Krisenmanagement«: Elemente einer politischen Krisentheorie, in: M. Jänicke (Hrsg.), Herrschaft und Krise, Opladen, S. 197 ff,

Offe, C., 1974a, »Lebensqualität« – Eine neue Friedensformel sozialdemokratischer Innenpolitik?, in: Leviathan, S. 1 ff.

Offe, C., 1974b, Rationalitätskriterien und Funktionsprobleme politisch-administrativen Handelns, in: Leviathan, S. 333 ff.

Offe, C., 1975, Berufsbildungsreform. Eine Fallstudie über Reformpolitik, Frankfurt/M.

Offe, C./Ronge, V., 1975, Thesen zur Begründung des Konzepts des »kapitalistischen Staates« und zur materialistischen Politikforschung, in: C. Pozzoli (Hrsg.), Rahmenbedingungen und Schranken staatlichen Handelns. Zehn Thesen, Frankfurt/M., S. 54 ff.

Oppenländer, K. H., 1974a, Technischer Fortschritt – Ursache und Auswirkung wirtschaftlichen Handelns: Zusammenfassende Übersicht über die Ergebnisse der zweiten Innovationstagung , in: Ifo-Institut für Wirtschaftsforschung / K. H. Oppenländer (Hrsg.), Technischer Fortschritt – Ursache und Auswirkung wirtschaftlichen Handelns, München, S. 359 ff.

Oppenländer, K. H., 1974b, Ansatzpunkte und Probleme der sektoralen Strukturpolitik in der Bundesrepublik Deutschland, in: IFO-Studien, Heft 1/2, S. 1 ff.

Orientierungsrahmen '85 der SPD, 1973, Hannover.

Orientierungsrahmen '85, 1976, hrsg. v. P. v. Oertzen/H. Ehmke/H. Ehrenberg, Bonn-Bad Godesberg.

Ott, A. E., 1974, Wachstumszyklen und technischer Fortschritt, in: Ifo-Institut für Wirtschaftsforschung / K. H. Oppenländer (Hrsg.), Technischer Fortschritt – Ursache und Auswirkung wirtschaftlichen Handelns, München, S. 47 ff.

Papon, P., 1975, The State and Technological Competition in France or Colbertism in the 20th Century, in: Research Policy, S. 214 ff.

Paschen, H. / Krauch, H. (Hrsg.), 1972, Methoden und Probleme der Forschungs- und Entwicklungsplanung, München/Wien.

Paschukanis, E., 1970, Allgemeine Rechtslehre und Marxismus, 3. Aufl. Frankfurt/M.

Pavitt, K. / Walker, W., 1976, Government Policies towards Industrial Innovation: a Review, in: Research Policy, S. 11 ff.

Perels, J., 1973, Kapitalismus und politische Demokratie, Frankfurt/M.

Peters, H.-R., 1971, Grundzüge sektoraler Wirtschaftspolitik, Freiburg.

Pohle, W. / Lutzke, H.-H., 1974, Marktwirtschaft als Programm (Tb-Ausgabe), München.

Pohrt, W., 1976, Theorie des Gebrauchswerts, Frankfurt/M.

Pollock, F., 1975, Stadien des Kapitalismus, hrsg. von H. Dubiel, München.

Poulantzas, N., 1972, The Problem of the Capitalist State, in: R. Blackburn (ed.),

Ideology in Social Science, Bungay/Suffolk, S. 238 ff.
Poulantzas, N., 1974, Politische Macht und gesellschaftliche Klassen, Frankfurt/M.

Rembser, J., 1975, Prospektive Bilanz der staatlichen Forschungs- und Technologieförderung, in: Wirtschaft und Wissenschaft 2/1975, S. 22 ff.
Riedel, M., 1969, Studien zu Hegels Rechtsphilosophie, Frankfurt/M.
Rilling, R., 1970, Die Forschungspolitik der BRD, (als Anhang) in: A. M. Weinberg, Probleme der Großforschung, Frankfurt, S. 275 ff.
Rilling, R., 1971, Kontinuität statt Erneuerung, in: Blätter für deutsche und internationale Politik, S. 3 ff.
Rodenstein, M., 1975, Bürgerinitiativen – Ein neues Phänomen politischer Beteiligung, in: Arch +, Heft 28, S. 44 ff.
Rödel, U., 1972, Forschungsprioritäten und technologische Entwicklung, Frankfurt/M.
Röthlingshöfer, K. Ch., 1975, Direkte und indirekte Forschungsförderung: Instrumente der Forschungs- und Wirtschaftspolitik, in: Wirtschaft und Wissenschaft 2/1975, S. 13 ff.
Ronge, V., 1974, Politisierung der Verwaltung in modernen kapitalistischen Gesellschaften, in: Res Publica (Belgien), S. 233 ff.
Ronge, V., 1977, Horizontale Differenzierung in den Strukturen des Politikformulierungsprozesses, in: V. Brandes et al. (Hrsg.), Handbuch 5: Staat, Frankfurt/M.
Ronge, V./Schmieg, G. (Hrsg.), 1971, Politische Planung in Theorie und Praxis, München.
Ronge, V./Weihe, U. (Hrsg.), 1976, Politik ohne Herrschaft? Antworten auf die systemtheoretische Neutralisierung der Politik, München.
Rüdt von Collenberg, M., 1974, Wirtschaftliches Risiko und technischer Fortschritt, in: Ifo-Institut für Wirtschaftsforschung / K. H. Oppenländer (Hrsg.), Technischer Fortschritt – Ursache und Auswirkung wirtschaftlichen Handelns, München, S. 228 ff.

Schäfer, C., 1976, Öffentliche Investitionen und staatliche Investitionsplanung als besondere Problemstruktur, in: WSI-Mitteilungen, S. 684 ff.
Scharpf, F. W., 1973, Planung als politischer Prozeß, Frankfurt/M.
Scharpf, F. W., 1976, Wirtschaft und Gesellschaftsstruktur in der Bundesrepublik Deutschland, Entwicklung und Perspektiven, Ms. WZB.
Schlecht, O., 1968, Strukturpolitik in der Marktwirtschaft, 2. Aufl., Köln usw.
Schlecht, O., 1974, Gesamtwirtschaftliche Notwendigkeit und ordnungspolitische Grenzen einer Strukturpolitik für kleine und mittlere Unternehmen. Vortrag vor dem BDI-Mittelstandsausschuß in Köln am 21. 1. 74 (Ms.).
Schluchter, W., 1972, Aspekte bürokratischer Herrschaft, München.
Schmidt, A., 1971, Geschichte und Struktur, München.
Schröder, D., 1971, Wachstum und Gesellschaftspolitik (prognos studien 4), Stuttgart usw.
Schwietert, A., 1974, Industrielle Strukturpolitik als marktwirtschaftliche Wachstumspolitik, in: Ifo-Institut für Wirtschaftsforschung / K. H. Oppenländer (Hrsg.), Technischer Fortschritt – Ursache und Auswirkung wirtschaftlichen Handelns, München, S. 28 ff.
Sieber, R./Söder, G., 1970, Politik und Ökonomie im sozialistischen Gesellschaftssystem, Berlin.

SIMON, W., 1975, Personelle, institutionelle und sachliche Aspekte der Verflechtung von Unternehmerverbänden und Staat, in: Blätter für deutsche und internationale Politik, S. 138 ff.

STAFF, I., 1971, Wissenschaftsförderung im Gesamtstaat, Berlin.

Statistisches Amt der Europäischen Gemeinschaften, 1972, Die öffentlichen Aufwendungen für Forschung und Entwicklung in den Ländern der Gemeinschaft 1968–1972 (Statistische Studien und Erhebungen 1/1972), Luxemburg.

Statistisches Amt der Europäischen Gemeinschaften, 1975, Die öffentlichen Aufwendungen für Forschung und Entwicklung in den Ländern der Gemeinschaft 1974 (Statistisches Studien und Erhebungen 1/1975), Luxemburg.

STOLTENBERG, G., 1968, Hochschule, Wissenschaft, Politik, Frankfurt/Berlin.

STOROST, U., 1976, Die Selbstdarstellung des Staates, in: DVBl, S. 572 ff.

THOLL, G., 1972, Strukturpolitik und Wirtschaftsordnung, Köln.

UHLMANN, L., 1974, Innnovation in der Industrie: Stand und Ergebnisse der Forschung in den USA, in: Ifo-Institut für Wirtschaftsforschung / K. H. Oppenländer (Hrsg.), Technischer Fortschritt – Ursache und Auswirkung wirtschaftlichen Handelns, München, S. 184 ff.

VITT, W., 1975, Krise als Disziplinierungsmittel, in: Die neue Gesellschaft, S. 441 ff.

WIETING, R., 1975, Probleme der staatlichen Strukturpolitik, in: G. Fleischle/M. Krüper (Hrsg.), Investitionslenkung. Überwindung oder Ergänzung der Marktwirtschaft?, Frankfurt/Köln, S. 117 ff.

WINDUS, M. L./SCHIFFEL, D. D., 1976, Recoupment of Government R & D Expenditures: Issues and Practices in the USA, in: Research Policy, S. 180 ff.

Wissenschaftsrat, 1975, Empfehlungen zu Organisation, Planung und Förderung der Forschung, Bonn.

WYNNE, B., 1975, The Rhetoric of Consensus Politics: a Critical Review of Technology Assessment, in: Research Policy, S. 108 ff.

ZOLL, R., 1976, Der Doppelcharakter der Gewerkschaften, Frankfurt/M.

Piper Sozialwissenschaft

Gruppe Soziologie

Bernhard Badura / Peter Gross
Sozialpolitische Perspektiven
Eine Einführung in die Grundlagen und Probleme sozialer Dienstleistungen. 1976. PSW 36. 339 S. Kart.

Empirische Rechtssoziologie
Hrsg. von Erhard Blankenburg. 1975. PSW 26. 291 S. Kart.

Erving Goffman
Wir alle spielen Theater
Die Selbstdarstellung im Alltag. Aus dem Amerikanischen von Peter Weber-Schäfer. 2. Aufl. 1973. PSW 20. X, 255 S. Kart.

Horst Holzer
Gescheiterte Aufklärung?
Politik, Ökonomie und Kommunikation in der Bundesrepublik Deutschland. 2. Aufl. 1972. PSW 3. 268 S. mit Tabellen und Graphiken. Kart.

René König
Kritik der historisch-existenzialistischen Soziologie
Ein Beitrag zur Begründung einer objektiven Soziologie. 1975. PSW 27. 299 S. Kart.

Gruppe internationale Politik

Erdöl und internationale Politik
Hrsg. von Wolfgang Hager. 1975. PSW 29. 259 S. Kart.

Curt Gasteyger
Die beiden deutschen Staaten in der Weltpolitik
1976. PSW 37. Etwa 300 S. Kart.

Roger Morgan
Washington und Bonn
Deutsch-amerikanische Beziehungen seit dem Zweiten Weltkrieg. 1975. PSW 28. 266 S. Kart.

Piper